JN258075

シリーズ　刑事司法を考える

第1巻

供述をめぐる問題

シリーズ 刑事司法を考える

第1巻

供述をめぐる問題

岩波書店

［編集委員］
指宿　信
木谷　明
後藤　昭
佐藤博史
浜井浩一
浜田寿美男

刊行にあたって

もし後世において日本の刑事司法の歴史に関心を寄せる者がいて、二一世紀初頭の法制度や改革、そしてその後の運用を眺めたとき、いかなる評価を下すであろうか。われわれは、これまでそうした未来からの視点に立って今の制度や改革論議を考察する機会を持ったことがあっただろうか。確かに、大きな波が押し寄せているときにその海が静かな凪へと転じる日を思うことが困難であるように、異なる意見を激しく闘わせる席上で、改革が終わった頃に人々が日常的に利用する制度、そこに立ち現れる風景を想起することは簡単ではないだろう。

周知のとおり、日本は今世紀初頭におこなわれた司法制度改革によって、裁判員制度や被疑者国選弁護人制度の導入、検察審査会への起訴強制権付与といった大きな変革を経験し、並行して、また引き続いて、被害者参加制度に加え、少年法における不定期刑の延長や公訴時効の撤廃といった厳罰化を経験した。二〇一六年には、法制審議会の答申を受けて取調べの録音録画(いわゆる可視化)の法制化や、取調べに代わる新たな捜査・立証手法の導入が国会で決まり、大きな変化を目の当たりにするに至った。

司法制度改革以前、被疑者段階にある人が自分で頼んだ弁護士を持たない場合には、「当番弁護士」というボランティア頼みの弁護人が一度限り助言に応じるだけだった(そのような当番弁護士制度ですら、それが動きだしたのは一九九〇年代のことである)。今では法定刑によっては勾留段階から国費で弁護人が与えられるようになっている。憲法の明文は起訴後の被告人段階でのみ国選弁護人を保障していたため起訴前の段階では国費による弁護人は付与されなかったけれども、司法制度改革によってその範囲はずっと広がっている。

捜査の過程で関係者に見返りを保証することによって有益な情報を引き出す手続きはこれまで公式には我が国に存在しなかった。ところが、二〇一六年の法改正によって、他人の犯罪について有益な情報を提供してその見返りに処分を軽減・免除する「協議・合意制度」を取り入れた。長年我が国では、そのような取引き的行為を使って罪責を追及する制度は市民感情に反すると説明されてきたが、いよいよ日本の刑事司法においても取引きを基礎にした刑事裁判が始まろうとしている。

裁判員裁判以前の日本の刑事裁判の法廷を思い出してみても、法曹の言葉は難しいどころか小さすぎて傍聴人には届かず、聴き手の目を見て弁論する法曹は少なかった。今や弁護人や検察官は裁判員となった市民の目を見つめ、その主張を分かり易く伝えようと苦戦している。張りのある声が法廷の隅々に届くようになっている(もっとも、裁判員裁判以外では現在でも以前と変わらず、割合的にはそうした裁判がまだ圧倒的に多いだろう)。

当事者主義の名の下に裁判当事者は独自に証拠を集めるのが当然だとされ、弁護人には検察側がどのような証拠を持って公判に臨んでいるのかを知るすべはなかった。ところが、冤罪を争った少なくない事件で被告人や請求人に有利な証拠が隠されていた事実が明らかになり、検察側の有する証拠に確実にアクセスできる制度が求められてきた。二〇一六年の法改正により、とうとう弁護人は検察側手持ち証拠のリストを手に出来るようになった。

犯罪の被害者にとっても、かつては証人としてしか法廷で語ることが許されず、法律家の質問に答えるだけであった。今では意見として思うところを述べることが出来るし、証人に質問したり、量刑について意見を述べる機会も与えられるようになっている。

九〇年代から少年犯罪の凶悪化現象が繰り返し報道され社会の不安が煽られた結果、厳罰化が求められ、更生保護を目的とした少年法の有り様に大きな変化が生まれたのとは裏腹に、日本の少年犯罪は減少の一途を辿り、二〇一五年の統計では遂に戦後最低をマークした。にもかかわらず、今なお少年法適用年齢の引き下げが議論されようとしている。

かつて受刑者は、刑務所を出ても行き先がなく社会に受け入れてもらえないまま再犯に至るというルートを通りがちであった。知的障がい者は本来福祉の手で救われるべきであったのに、福祉の網から漏れて犯罪に手を出し刑務所に送られていた。いま、検察官は起訴の前に福祉的手法で再犯を防止する手だてを講ずるようになり、刑務所内でも職業紹介ができる仕組みが導入され、弁護人も更生を見通した援助を弁護活動に取り入れるようになっている。

確実に、そして予想を上回る勢いで、日本の刑事司法は変わりつつある。その変化は専門家ですら全体像を掴むことに困難を覚えるほどであり、従来の姿を前提に議論していては将来の予測を誤りかねないだろう。

とりわけ、これまでは専門家によって独占されていた刑事司法の議論の場が、多様なアクターの声を取り入れた政治的アリーナへと変貌を遂げており、刑事司法の運用面も安定しているとは言い難く、現実の制度は絶えず法改正の動きを内包している。加えて、法制審議会における議事が明らかにしているように、改革に携わっている専門家達においてそもそも改革の筋道や改革すべき実務的課題が共有されておらず、改革を望む市民との対話はすれ違いに終わっていて、改革の処方箋すらこの国では用意されていないという現状がある。

これほどのダイナミクスと混乱は、戦後の刑事司法においてかつてなかったと言ってよい。その内容についても、これまで学界や法曹界で論じられながら実現を見なかったものから、当時はまったく予想もされなかったものまで多様な事柄を含んでいる。捜査段階から公判段階、刑事司法に関係する様々なステージに広がっていて、その広がり故に、今起きている変化について刑事司法全般にわたって功罪を論ずるにはたいへんな時間を要することになるだろう。

けれども、だからと言って今の時点でわれわれがなすべき務めを放棄することはできないはずだ。必要なのは、多岐にわたる刑事司法をめぐる改革論議の表層をなぞることではなく、それぞれの根底にある制度的・思想的課題に思いを寄せ、従来のアプローチの限界を見極めると同時に、国際的な動向は言うに及ばず、あるべき法制度を見通し将来の設計図にまで触れるような力強い議論をおこなうことであろう。

わたしたち編集委員は、実務家、研究者として、この変化の著しい時期にあえて日本の刑事司法全般に広くメスを入れ、今後のあるべき刑事司法を見据える必要を感じこの講座を編むこととした。われわれはそのためのミッションとして、刑事司法をめぐる改革論議に否を言うことも含むと了解しており、これまで改革の要が十分に共有化されてこなかった事柄について議論を加速させることも必要と考えている。また、日本では未だ十分に取り上げられ、触れられてこなかった、しかし重要と思われる未開拓の領域に分け入る作業も担うべきだと考えている。

その使命を果たすためには、国内のみならず海外も含めた多くの研究者や実務家にわれわれの思いを伝え、これに賛同する多様なバックグラウンドを持つ執筆者に対してその優れた英知や知見を提示してくれるよう求めることとした。それは後世の人たちのためにではなく、今、日本の刑事司法制度に関わる多くの問題について深く掘り下げ、立ち止まって考えようとする人々＝われわれが心から望む読者＝のためである。そうした読者にこのシリーズの全ての章が届けられるならば、刊行を企画したわれわれの本望である。

編集委員一同

はじめに

刑事裁判の対象となる事件が起こったとき、まずは捜査によって、誰が、何を、いつ、どこで、なぜ、どのようにやったのかを、証拠でもって明らかにしなければならない。そこで、事件の後に残された種々の痕跡から出発して、事件の解明に向け捜査が進められる。そして、そこから動かぬ証拠が見出され、それによって事件の全容が解明されればよいのだが、そうそう簡単にはいかない。多くの場合、採取された物的証拠や確認された客観的状況だけでは、その全容が浮かび上がらず、埋まりきらない空白がいくつも残る。事件によっては、肝心の「誰が」という犯人像さえ不明のまま特定できない。そこで、その「埋まりきらない空白」を埋めるべく期待されるのが、被害者、目撃者、その他の関係者たちの言葉、つまり「供述」である。そして、捜査が進んでいくなかで、犯人ではないかと思われる人物が浮かび上がれば、その被疑者に対する取調べが行われ、そこから自白という名の「供述」が引き出されてくる。かくして「供述」は、事件の全容を解明するための重要な証拠となる。現に、この「供述」を抜きには有罪立証を尽くせない事件もあり、他方で、ちょうどそれと裏腹に、この「供述」のゆえに裁判が混迷を深め、ときに決定的な過誤を生じさせてしまう事件も起こる。

思えば、人の世界に言葉は不可欠である。さまざまな事物が言葉で名づけられ、もろもろの出来事が言葉によって語られ、共有の物語をなし、そこに人どうしの相互理解の世界が生み出されていく。言葉なしには共同世界の構築は不可能である。とりわけ刑事裁判でのように、過去の出来事を再構成して、何が起こったかを共同的に明らかにすることが求められるとき、まさに人の言葉は不可欠である。しかし、言葉は現実を豊かに語る力をもつだけでなく、その同じ力でもって虚構をも巧みに語る。だからこそ、刑事裁判の場で「事実の認定」が争われるとき、これにかかわって人の言葉、つまり「供述」がどのように働いたかを問題にしないわけにはいかない。刑事司法を論じる本シリーズ第1巻に、この「供述の問題」を取り上げるのはそのためである。

　刑事訴訟法三一七条には「事実の認定は、証拠による」と謳われている。この証拠裁判主義は、刑事裁判のもっとも基本的な理念の一つだが、この理念を文字通りに実現するのは容易でない。ほんらい、「証拠」は「事実の認定」を行う前に、それとは独立に採取・聴取されていることが前提だが、実際には「証拠」の採取・聴取過程の背後に、すでに何らかの「事実の想定」が働くことがある。とりわけ供述という「証拠」には、つねにこの問題がつきまとう。DNA鑑定などの物的証拠ならば、その証拠採取・保全に問題がなく、鑑定が公正になされるかぎり、捜査過程でどのような「事実の想定」が事前に働いていようと、鑑定結果がそれに左右されることはない。ところが、人の言葉によって紡ぎ出される「供述」の場合、そこには次のような循環的な影響関係が生じる。

捜査段階の証拠採取・聴取

事前の［事実の想定］→→→→供述→［証拠］→［事実の認定］

裁判での審理

　つまり、捜査段階においてすでになんらかの想定があって、この事前の「事実の想定」によって、聴取される供述「証拠」が影響され、裁判での最終の「事実の認定」もまたこれによって左右される。たとえば、捜査官が被疑者を犯人だと思い込んでしまったとき、その「事実の想定」に基づく取調べが強力になされ、辛くなった被疑者が自分を犯人だと認める自白に落ちて、この自白が「証拠」とされ、結果として、裁判でも有罪の「事実の認定」を受けることにつながる。もちろん、事前の「事実の想定」が妥当なものであればよいのかもしれないが、現実にはそこに深刻な誤謬が忍び込んで、ときに冤罪を引き起こしてしまう。それゆえ供述という「証拠」については、こうした循環を断つべく、供述聴取が事前の「事実の想定」に影響されず、できるかぎり独立になされるように警戒しなければならない。この点、法実務の上では、従来、自白を「証拠」としうるかどうかについて、その任意性および信用性の視点からチェックするという方法が取られてきた。しかし、残念ながら、このチェックが十分に機能したとは言い難い事例が、これまでいくつも積み上げられてきた。

こうした反省に立って、本巻の第Ⅰ部では、供述という「証拠」が法のなかでどのように位置づけられ、その問題性がどう論じられてきたかを説き(第1章)、従来の任意性・信用性判断の到達点とその限界を論じ(第2章)、合わせて心理学のなかで供述という「語り」がどのように捉えられ、心理学的視点が刑事裁判にどのように食い込みうるかを論じる(第3章)。また、最近ようやく制度化された「供述過程の可視化」がこの法的チェックにどこまで寄与しうるのか、それによって「事実認定」のありようがどう変化するかを考える(第4章)。

第Ⅱ部では、供述が「事実の認定」の証拠としてどこまで正確でありうるか、あるいはそこにどういう汚染が生じうるのかの問題を取り上げ、捜査側の描いた事前の「事実の想定」によって、無実の人から自白が強引に引き出されてしまう虚偽自白の現象を心理学的に解明し(第5章)、目撃者や被害者の供述も、捜査側の「事実の想定」等、さまざまな起源の情報によって汚染され、歪曲されるという現実を考える(第6章)。さらには、法廷での被告人の供述の問題性をとりあげ、これが十分に評価されずに冤罪が生じてしまう危険性について論じ(第7章)、くわえて供述者が訴訟能力上のハンディを抱える場合について、その供述聴取のありようを検討し、聴取された供述をどう判断するかを考える(第8章)。

第Ⅲ部では、「証拠」として与えられた供述を前にして、そこから何を読み取ることができるかについて、心理学的鑑定の実際とその可能性を論じる。まず、被疑者の自白や被害者の被害供述などを対象に、その供述が体験者の真の語りなのか非体験者の偽の語りなのかを判別する方法を考察し(第9章)、その供述分析によって供述の信用性判断をする際に、被暗示性や迎合性など、供述者の心理特性をどのように配慮するかを検討し(第10章)、さらには供述が可視化データ(あるいはそれに近い公判廷供述)のかたちで与えられたとき、その文体分析から行う信用性判断の方法について紹介する(第11章)。また、供述心理学においては供述が種々の要因によって汚染され、人びとの判断を誤らせてしまう危険性が指摘されているが、その危険性を一般の人びとにどう伝えればよいか、裁判員裁判で期待される専門家証言を念頭において検討し(第12章)、最後に、膨大な供述データが与えられたとき、そこにある供述変遷についてコンピュータを用いて整理分析する手法、その供述内容の特徴を析出するテキストマイニングの手法を、具体的な事例を用いて紹介する(第13章)。

これまで供述をめぐる議論は、長く法の世界のなかで閉じられていた。そこに心理学の研究者たちが関与しはじめたのは、わが国の場合、まだここ二、三十年のことにすぎない。しかし、この間に、規範学たる法学と事実学たる心理学の交差する現場は広がり、いまやこれまでにない豊かな議論がそこに展開しつつある。その一端を紹介する本巻が、新たな刑事司法へ向かう次なる一歩をしるすものとなることを期待したい。

二〇一七年二月一七日

浜田寿美男

目　次

刊行にあたって
はじめに（浜田寿美男）

Ⅰ　問題としての「供述」

1　法の視点から「供述問題」を考える……中川孝博……2
2　任意性・信用性判断の到達点とその限界……石塚章夫……23
3　供述分析と心理学的合理性……山本登志哉……43
4　供述採取過程の可視化と犯罪の証明……豊崎七絵……65

Ⅱ　供述はどこまで正確か

5　虚偽自白はどのようにして生じるのか……浜田寿美男……92
6　間違った目撃・被害者供述はどのように生じるのか……今村核……110

7　なぜ無実の供述が軽視されるのか
——「不自然・不合理」判断の闇——　守屋克彦　144

8　訴訟能力が疑われる人々の語りをどう読むか
——訴訟能力の鑑定と供述分析と本人の意志尊重と——　中島　直　169

Ⅲ　供述から何を読み取ることができるか

9　供述分析——体験者の語りと非体験者の語りを判別する　大倉得史　190

10　供述の信用性判断と供述者の心理特性　村山満明　209

11　コミュニケーション分析——やり取りに現われる体験性／非体験性　大橋靖史　231

12　供述の危険性をどのように伝えるか
——裁判員裁判における専門家証人——　厳島行雄　250

13　コンピュータを用いた供述の可視化とその分析　稲葉光行　269

I

問題としての「供述」

1　法の視点から「供述問題」を考える

中川孝博

はじめに

刑事裁判において人の供述が証拠として使われる場合は非常に多い。被告人の自白、共犯者とされる人物の供述、被害者の供述、第三者の目撃供述など、その種類は多様である。供述の内容も、犯行の様子を直接述べるものから、間接的な事実を述べるものまで、さまざまである。

また、供述の形態も多様である。被告人の自白についてみても、捜査段階における警察官や検察官の取調べの結果が「調書」という書面の形となって提出される場合もあるし、取調べの様子が録音・録画され、ＤＶＤ、ＢＤなどの記録媒体が提出される場合もある。もちろん、法廷で直接供述する場合もある。

このように、多様な供述が多様な形で法廷に提出されることになる。多様な種類、多様な形があるのであるから、これらの特性に応じて慎重に検討しないと、裁判官や裁判員は判断を誤ってしまいかねない。また、供述する人々はそれぞれパーソナリティーを有しており、当然、供述の仕方もまた人それぞれ個性がある。その個性を適正に捉えて評価しないと、文脈を正しく捉えきれないかもしれない。さらに、ほとんどの場合において、法廷に提出される供述は、その人が単独で語るものではなく、質問・尋問する人がいて、それに答えるという形でなされる。質問・尋問する人にもそれぞれの個性があるわけだから、供述というものは、個性のぶつかり合いの中で出てくるのである。つまり、この人がこのように尋ねたからこのように答えたのだが、別の人が別の尋ね方をしたならば、ニュアンスの異なる別の答えが出てくるかもしれないのである。

供述を正しく評価するためには、これほどまでに多数の要素を正確に検討しなければならない。現実の司法の世界では、このような困難な作業をどのように行っているのだろうか。そしてそこには問題がないか。問題があるとすれば、どのように改善を図るべきか。本稿は、以上のようなテーマについて読者諸兄が考察を深めるためのイントロダクションにしていただくために書かれたものである。

一　供述を評価する際の準則

法廷に提出された供述を受け止め、その供述が信用できるか否かを吟味するのは、裁判官と裁判員である。しかし、どのように吟味すればよいのか、法律は明確に指示していない。刑事訴訟法三一八条は「証拠の証明力は、裁判官の自由な判断に委ねる」としか書いていないし、裁判員法六二条も、「裁判員の関与する判断に関しては、証拠の証明力は、それぞれの裁判官及び裁判員の自由な判断にゆだねる」としか規定していない。

一般的には、経験則、つまり私たちの生活経験の中で培われてきた「こういう状況なのであれば、こういうことが言えるだろう」という法則に従って証拠評価をせよと言われている。しかしながら、やっかいなことに、この経験則なるものが人によって異なるのである。裁判官の間でもまた然りである。

下級審の証拠評価が経験則に違反していると最高裁が明確に断じた最近の事例を取り上げてみよう。最高裁第二小法廷が出したある判決(最判平成二三年七月二五日判例時報二一三二号一三四頁)が扱った事件では、自分は強姦被害者であり、かつ、被告人が犯人だと主張するAの供述が信用できるかが争われた。他に証拠はほとんどなく、A供述が信用できれば被告人は有罪、信用できなければ無罪という関係にある事件であった。一審や二審は、A供述が信用できると判断し、被告人を有罪とした。しかし最高裁は、一審や二審の証拠評価が経験則に違反していると述べ、破棄自判し、無罪判決を出したのである。

判決書の中から、犯人に脅され、犯行現場までついて行ったという供述を検討している箇所を紹介しよう。Aは、午後七時一〇分頃、人通りもある駅前付近の歩道上で、被告人から付近にカラオケの店が所在するかを聞かれ、それに答えるなどの会話をしている途中で突然「ついてこないと殺すぞ」と言われ、服の袖をつかまれ、被告人が手を放した後も、犯行現場とされるビルの階段入口まで被告人の後ろをついて行ったと供述している。最高裁は次のように述べた。

その時間帯は人通りもあり、そこから近くに交番もあり、駐車場の係員もいて、逃げたり助けを求めることが容易にできる状況であり、そのことはAも分かっていたと認められるにもかかわらず、叫んだり、助けを呼ぶこともなく、また、本件現場に至るまで物理的に拘束されていたわけでもないのに、逃げ出したりもしていない。これらのことからすると、「恐怖で頭が真っ白になり、変に逃げたら殺されると思って逃げることができなかった。」というAの供述があることを考慮しても、Aが逃げ出すこともなく、上記のような脅迫等を受けて言われるがままに被告人の後ろを歩いてついて行ったとするAの供述内容は、不自然であって容易には信じ難い。

ところがこの判断は全員一致ではなく、元検察官である古田佑紀裁判官が次のような反対意見を書いている。

通行人が相当数ある路上で脅迫行為、時には暴行も行われることはまれではない。また、性犯罪においては、被害者（多くの場合女性）が、威圧的な言動により萎縮して抵抗できなくなる場合が少なくないのが実態であって、警戒していない相手が、態度を豹変させて、粗暴な威圧的言動を示すと、恐怖を感じ、パニックに陥るのはよくあることである。女性を萎縮させ、心理的に抵抗ができない状態に追い込むには、多くの場合、粗暴な威圧的態度を示すのみで十分であることは、つとに指摘されているところである。「殺すぞ」という明白な危害の告知を受けた場合に抵抗できない状態になることに何の不自然もない。客観的、事後的には、助けを求め、あるいは逃げることが容易であると認められる状況や機会がありながら、積極的にそのような行動に出ることができず、抵抗しないまま犯人の意のままになっていることもしばしば見られる。警察官がすぐ近くにいても助けを求めることができないことも珍しくないのであって、交番が近くにあるということにさして意味はない。被害者としては、周囲の者が怪しんで声を掛けるなどしてくれ、犯人が断念することを願うにとどまることも多い。通行人がいる路上であるから脅迫行為が行われることは通常考えられないとか、容易に逃げたり助けを求めることができる状況があるのに被害者がこれらの行動に出ないのは不自然である、あるいは抵抗を試みていないのは不自然であるというような考えは、一見常識的には見えるものの、この種犯罪の実態から乖離したものであって、現実の犯罪からはそのような経験則や原則が導かれるものではない。このようなことは、性犯罪に関する研究等においてもしばしば指摘されているところであり、多くの性犯罪を取り扱う職務に従事する者の共通の認識となっているといえる。

読者のみなさんは、最高裁の多数意見と古田反対意見のどちらが正しいとお考えになるだろうか。おそらく意見は分かれるだろう。また、もっと詳しい状況がわからないと何ともいえない、つまり、ここに書いてある情報だけではどのような経験則を発動したらよいかわからないと考える方もいらっしゃるに違いない。このように、「経験則」なるものは人によって異なりうるものであり、ある経験則を適用すると決断するか否かもまた人によって異なりうるものなのである。実際、最高裁が下級審の事実認定に介入し有罪判決を破棄する際には、意見が分かれることもある。被害者供述の信用性が論点となり、三対二という僅差で無罪判決を出した事件（最判平成二一年四月一四日最高裁判所刑事判例集六三巻四号三三一頁）、共犯者とされる人物の供述の信用性が論点となり、三対一（本件は四人の裁判官で評決がなされた）で有罪判決を破棄した事件（最判平成二一年九月二五日判例時報二〇六一号一五三頁）、情況証拠の評価が論点となり、四対一で有罪判決を破棄し、五人の裁判官全員が何らかの個別意見を書いている事件（最判平成二二年四月二七日最高裁判所刑事判例集六四巻三号二三三頁）などを参照していただきたい。

以上の説明から示唆されるように、「経験則」なるものは、冤罪を防止し正しく事実認定するための確かな基準とは言い難い。そもそも、このように人によって意見が異なるものを「経験則」という法則として認めること自体に無理がある。覚せい剤関連事件において無罪判決が目立つようになったことを問題視し、裁判員は覚せい剤事件になじみがない（つまり覚せい剤事件で発動すべき経験則を持っていない）から裁判員裁判対象事件から外すべきだという主張が検察サイドからなされ、法改正が検討されたこともあるが、裁判員すなわち一般市民が持っていない経験則なるものが刑事司法業界で通用してきたというのであれば、それは恐ろしい概念矛盾である。

二　供述評価の充実化

証拠開示

経験則という法則が今一つ頼りない中、供述が信用できるか否かを判断するための証拠を多く吟味することによって誤判の危険を減らすことが期待できる。供述それ自体は特に問題がないように見えたとしても、取調官が強烈に誘導したことを示す証拠が加わったり、虚偽の供述をする具体的な動機が供述者にあったことを示す証拠が加わったりすると、証拠の評価は変わってくる。証拠が豊富であるほど、信用性の判断は確かなものとなる。

しかし、金銭やマンパワーが圧倒的に不足している被告人サイドは、自力で証拠を収集することが困難である。これに対し、検察サイドは豊富に証拠を有している。しかし検察サイドは、その中のごく一部しか法廷に出そうとしない。被告人に有利な証拠が隠されているかもしれないのである。そこで、そのような証拠をチェックすることができるように証拠開示の制度が設けられている。

ところが、この制度も万能ではない。現在の法律のもとでは、検察官がどのような証拠を持っているのか知らない場合、具体的にその証拠を出せと請求できないので、見過ごしてしまう危険がある。また、具体的に証拠を特定して請求しても、「重要性の程度その他の被告人の防御の準備のために当該開示をすることの必要性の程度並びに当該開示によって生じるおそれのある弊害の内容及び程度を考慮し、相当と」検察官が認めたときに開示がなされる（刑事訴訟法三一六条の一五第一項）ので、開示されない場合もあり得るわけである。

なお、二〇一六年五月に刑事訴訟法の改正がなされ、検察官が保管する証拠の一覧表を被告人または弁護人に交付しなければならないこととなったが、これにもまた様々な例外が認められている（刑事訴訟法三一六条の一四参照）ため、施行される前から、この新規定の運用が骨抜きにならないか心配されている。さらに、再審請求審においては証拠開示の明文規定が設けられていない。法改正して規定を設けるべきだという主張がなされたが、二〇一六年の刑事訴訟法改正においては取り上げられなかった。

心理学鑑定の導入

検察官が保管している証拠を開示させてチェックする他に、供述の信用性を吟味するための新たな証拠を作ることも重要である。そこで注目されるのが、心理学鑑定である。頼りない経験則だけによりかかることなく、心理学の専門的知見を活用して、供述者のコミュニケーション特性をより深く知ることができたならば、供述の信用性判断はより豊かなものになり、誤判のリスクを減らすことができるだろう。そして、供述心理学の知見による個別事件の分析結果が集積されていけば、供述を評価する際に注意しなければならない点を帰納し、精緻な「注意則」をまとめあげることができるだろう(中川二〇〇八)。

しかし、供述心理学鑑定の導入に対して激しい拒否反応を示す裁判官もいる。例えば、有名な袴田事件の第一次再審請求時において、本書の編集代表である浜田寿美男が実施した心理学鑑定を東京高裁は拒絶した(東京高決平成一六年八月二六日判例時報一八七九号三頁)。

浜田鑑定は、請求人の自白供述をその内容自体及びその変遷状況のほか、取調べの時点で捜査官が有していた情報を重要な考慮要素とし、自白以外の他の証拠との関係にも留意しつつ、詳細に分析したものではあるが、自白以外の証拠の分析・検討については、その専門性を主張し得るとは思われず、その作業は、結局のところ、全証拠を総合しての自白の信用性判断と実質において異ならないのである。してみると、浜田鑑定は、本来、裁判官の自由な判断に委ねられるべき領域(刑訴法三一八条参照)に正面から立ち入るものであって、およそ刑事裁判において、裁判所がこのような鑑定を命じるとは考えられないのである。その意味で浜田鑑定については、そもそもその「証拠」性にも疑問があるといわざるを得ない。

もちろん、柔軟に専門家の意見を参酌する裁判官もいる。浜田が初めて刑事裁判のフィールドに入り、目撃者の供述を分析したのは甲山事件であるが、無罪判決を出した第一審判決(神戸地判昭和六〇年一〇月一七日判例時報一一七九号二八頁)は、浜田の分析を多く採用している。ここでは例として、目撃者Bの供述を分析した箇所を取り上げてみよう。次頁の表の左列は、浜田が裁判所に提出した意見書を一般向けに再構成した書物(浜田一九八六)の中から抜き出したものである。右列は一審判決から抜き出したものである。両者を見比べていただきたい。「コピペ」といってよいほど酷似していることが一目瞭然である。

このように、心理学の知見を参酌する裁判官もいる。そして心理学鑑定は、素朴な「経験則」を使用するだけでは到達できない深い評価を可能にする。前述のように、袴田事件東京高裁決定は「裁判官の自由な判断に委ねられるべき領域に正面から立ち入るもの」と非難していたが、裁判官の自由な判断にただ委ねるだけでは、このような深い評価を期待することは難しい。

大崎事件福岡高裁決定の異様さ

この点を考える好素材として、再審請求中である大崎事件の福岡高裁宮崎支部平成二六年七月一五日決定を取り上げよう(LEX/DB25504376)。本件では、共犯者とされた二名の供述の信用性を吟味した新証拠として、本書でも執筆している大橋靖史と、第2巻に登場予定の高木光太郎の二人による心理学鑑定が提出された。裁判所はこの鑑定結果のうちわずかの部分しか採用しなかったが、それでも、鑑定が指摘した多数の「非体験性兆候」(体験に基づかない供述であることを示す兆候)につき、本当にそのように評価できるのかについて相当数の頁を費やして検討している。

ところが、心理学鑑定の対象にされなかったE(共犯者とされたCの妻であり、同じく共犯者とされたDの母である)供述の信用性を判断する箇所に至ると、人が変わったかのような素朴な判断を行っているのである。

裁判所は第一に、Eに知的障害もなく、記憶力に問題がある様子もなく、大筋で一貫した供述をしており、捜査官による誘導や強要がなかったと供述しているわけでもないと述べている。しかしこれでは、供述者のパーソナリティ

浜田意見書	第一審判決
……現実にあったならば特異で印象的でありえたかもしれぬ「太郎連れ出し」場面については，どうであろうか．……「被告人が太郎を連れ出す」というできごとが現実にあって，Bがこれを目撃し，記憶のなかに保持して，三年後にこれをはじめて供述したというのなら，この目撃事態についての記憶像は，その長い月日の間に，固定化していると考えるのが自然である．	……B供述にあらわれる「太郎連れ出し」の場面は，実際にその述べているような出来事があり，Bがこれを目撃し，三年後になつて初めて供述したというのであれば，Bの記憶の中に固定化している筈の性質のものと考えられる．
三年間誰にも言わずに頭のなかだけでとどめておいたことが，これだけ詳細に語れるというだけでも十分に不思議だが，もしこれがその後，短期間に変転するようなことがあるとすれば，それはまさに記憶の継起法則に明らかに反すると言うべきであろう．ところが，実際，五月七日には固定化していたはずの記憶が，四日後の五月一一日には大きく変転する．	三年もの間だれにも話さず記憶の中だけにとどめていた事実について，Bがこれほど詳細に述べ得るということ自体異常であるが，その点はともかくとしても，固定化している筈の記憶がごく短い期間のうちに大きく変容しているのである． すなわち，52・5・7員と5・11検との間では，……
……「四つんばいで逃げる」という，非常に大きく，見逃し難い行動が付加されているだけでなく，「襟首をつかんで立たせる」のが「両脇に手を入れて立たせる」に変わっているし，「ドアを開ける」「アンアン嫌がる」「座り込む」の順序もことごとく違っているのである．	被告人が非常口のドアを開けた時期，太郎がアンアンといやがつた時期，太郎が座り込んだ時期の順序がいずれも違つており，「襟首をつかんで立たせた」のが「両方の脇の下に手を入れて立たせた」と変つている． 　これだけでも顕著な供述変遷と言うことができるが，何としても見逃せないのは，太郎が四つんばいになつてデイルームの方へ逃げ，これを追いかけて来た被告人が太郎の両足首の辺をつかみ，廊下の奥の方へ引きずつていつたという場面が5・11検に初めて登場していることである． 　……右のような状況は，Bが真実これを目撃したのであれば，動きの上での激しさという点で強く印象づけられる性質のものであるばかりでなく，女子便所からこつそりと盗み見しているBの方へ接近して来るという点でも衝撃的な出来事であるから，目撃状況の中で最も核心的な部分であり，深く記憶に刻み込まれていた筈の情景である．それにもかかわらず，Bが5・7員，5・10員でこの場面を何故述べなかつたのか理解に苦しむと言うほかない．
これほど大きく変転している供述が，同一の固定した記憶イメージに基づくものだと言えるのであろうか．むしろ恣意的に語られた作話だからこそ，その時々のイメージによって変転してしまうのではないだろうか．	もし，Bが固定した記憶像に基づいて供述したというのであれば，右のような供述変転は到底起こり得ないものと言うべきである．

ーの検討が素朴にすぎる。また、捜査機関が大きく事件についての見立てを変えていないのであれば、しかも、供述すべき場面が少ない場合であれば、大筋で一貫した供述になるのは当然であろう。ぶれようがないからである。さらに、捜査官による誘導や強要があったとは述べていないことを重ねて強調しているが、誘導や強要がなかったと供述したわけでもないことに注意する必要がある。

第二に、確定第一審でも確定控訴審でもEは供述を維持しており、虚偽を述べ続けることに強い心理的葛藤があってしかるべきで、そのような経過は悔恨と共に深く記憶に残ると考えられるのに、そのような様子は全くうかがわれないと指摘している。だが、確定第一審においても確定控訴審においても、CやDは自白を維持していた。仮にEが、CやDの刑の軽減を図ろうとして供述を維持していたのだとすると、虚偽を述べることに強い心理的葛藤があってしかるべきとは必ずしもいえない。裁判所は、再審請求人に不利な仮説によってしか当該事実を評価していないのである。

第三に、請求人のせいでCとDが犯罪に加担したとEは考えていたのかもしれないが、そのような事情は虚偽を積極的に述べる理由になるとは思われないという。しかし、CとDが犯罪に加担したとEが考えていた、あるいは信じ込んでいたのであれば、首謀者が請求人であることを積極的に明らかにしていかなければならない。そしてEの供述は、請求人がCを巻き込んだというものである。

第四に、Dが帰宅時にEに対して「加勢をしてきた」と述べたという部分につき、Dがそれと合致する供述をした時期よりも前に当該供述をEがしているため、D供述に合わせて供述をしたとは考え難いと指摘している。また、検察官はこの供述を重視していなかったのであるから、虚偽供述を続ける必要もないとも指摘する。しかしながらEは、夫であるCや息子であるDが自白する前に同人らの本件各犯行への関与を供述したのではなく、CやDの自白内容に追従して供述した可能性は排除されていない。「Cが帰宅後に殺人に関与した旨の発言をしたというストーリーならば、当然、Dも何らかの発言をしたというストーリーになるはずだ」と捜査機関が考えることはあり得ることである。そして、帰宅した後にDが「加勢してきた」と発言するというストーリーなど、誰でも思いつくものである。警察によるこのような犯行ストーリーの見立てがあり、その見立てに沿って供述した可能性を排除することはできない。

第五に、当初事実関係を認める供述をしなかった理由として本人が述べていたことは理解できると裁判所は言う。しかしながら、その理由というのは、「未だ息子のDが逮捕されていないうちに、自分から夫や息子の関与を認めるような供述ができなかった」というものである。誰でも思いつくことができる動機である。

最後に裁判所は、これらの事情を考慮すると、Eの供述に変遷があること、Eには請求人に対する強い悪感情がうかがわれ、Cは中立人から犯行に誘われたと述べることによってCやDの刑を軽減したいという虚偽供述の動機があることを踏まえても、Eの確定審における公判供述は十分信用できると結論する。

以上紹介したE供述の信用性判断は、同じ裁判所がCやDの供述を検討したときとずいぶん異なることがわかる。供述者の供述特性をあぶりだして、非体験性兆候がみられるか否かを検討した形跡がみられないのである。CやDについては、そのような検討を行った心理学鑑定が新証拠として提出されたので、それと対峙しなければならなかった。しかし、心理学鑑定の対象とならなかったEの検討箇所に入ると、そのような検討は全くなされていないのである。

この決定は、心理学鑑定の有用性をシニカルな形で示している。心理学鑑定がある部分とない部分とでは、同じ決定書の中にあるというのに、まるで複数の人間が何ら打ち合わせなく形式的に分担を決めてそれぞれ勝手に書いたかのごとく、まるで異なるレベルの供述評価になってしまうのである。心理学鑑定を出せばそれなりの検討をするが、出さなければ、裁判官は素朴な「経験則」による判断にまた戻ってしまう。

本書では、実際に心理学鑑定を行ってきた心理学者たちがさまざまな分析アプローチを披露している。このような多様な分析アプローチ、素人は思いつきもしない、あるいは、思いついてもスキルがないため同じような分析をすることができないアプローチに具体的に触れてほしい。そして、供述評価は裁判官の自由心証に任せておけば万事解決というものでは決してないこと、多様なアプローチに触れて裁判官が揉まれなければならない必要があることを感じてほしいと思う。最終的に心理学鑑定の結論を否定するにしても、裁判官は鑑定と対峙し、否定する理由を検討し、裁判書に書かねばならない。これらの作業を行うこと自体、裁判官を自省させる契機ともなるだろうし、検討の結果が詳細に書かれた裁判書は、請求人が次に戦う際の足がかりともなるのである。

法の視点からは、このような心理学鑑定を証拠として認めようとせず、事実認定を裁判所の専権事項と捉えてきた実務の考え方を変えていかねばならない。供述の信用性をめぐるコミュニケーションをより豊かにするためのインフラ整備が必要なのである。この点については本シリーズ第2巻で言及があるだろう。

三　供述評価の不要化

自白法則

ここまでは供述評価をより充実したものにするための方策を検討してきた。しかし、誤判を減らすという観点からは別の方策も考えられる。誤判を生じさせるような危険な証拠を法廷に出させないという方策である。

被告人の自白という危険な証拠については、既に憲法と刑事訴訟法がこの方策を採用している。憲法三八条二項の規定を受け、刑事訴訟法三一九条一項は、「強制、拷問又は脅迫による自白、不当に長く抑留又は拘禁された後の自白その他任意にされたものでない疑のある自白は、これを証拠とすることができない」と規定している。法律の世界では、このルールは「自白法則」と呼ばれている。

被告人の自白が果たして本当に信用できるのかを判断することは非常に難しい。強制された嘘の自白であるにもかかわらず、真実を語っていると誤って判断され、冤罪となった事例は数多い。しかしこの自白法則は、リスキーな状況でなされた自白についてはそもそも証拠とさせない、つまり、裁判官や裁判員の眼に触れさせないことにしているわけである。冤罪をもたらす危険の高い証拠はそもそも使えないように予防措置を講じているわけだ。したがって、この自白法則がその役割を十分に果たしていれば、虚偽自白のほとんどは証拠として使えないわけだから、虚偽自白を誤って真実を語っていると評価してしまい冤罪を発生させてしまう可能性は低くなるはずなのである。

しかし、現実世界では虚偽自白による冤罪は発生し続けている。ということは、自白法則という予防措置が適切に機能していないのではないかという疑いを生じさせる。

足利事件における任意性判断

自白法則という冤罪予防装置が適切に機能していない例として、有名な足利事件の再審無罪判決(宇都宮地判平成二二年三月二六日判例時報二〇八四号一五七頁)を読んでみよう。この事件では、DNA型鑑定と被告人の自白が重要な証拠とされたが、前者のDNA型鑑定が誤っていたことが明らかとなり、再審が行われたものである。

被告人のDNA型と真犯人のDNA型が異なっているということは、被告人は犯人ではないということだ。それにもかかわらず被告人は、自分が犯人だと第一審の公判廷で自白し、それを信用できると判断した裁判官たちが有罪判決を出し、維持してきたのである。読者のみなさんは、この自白をどのように捉えるだろうか。犯人でない者が自白しているということは嘘の自白を強制されたということなのではないかと、捜査機関に対し疑惑の目を向けるのではないだろうか。

しかし、この再審無罪判決は自白法則を適用しなかった。判決は、「本件において、被告人質問ではなく公判外での取調べによらなければ公判維持ができないという事情は一切認められないし、A検事は、本件取調べに際し、弁護人への事前連絡等を一切しておらず、また、黙秘権告知や弁護人の援助を受ける権利について被告人に説明するなども一切しなかったというのであるから、本件取調べは、当事者主義や公判中心主義の趣旨を没却する違法な取調べであったといわねばならない」と述べ、本件取調べが違法であったことを認めている。しかし、取調べが違法であっても、公判廷での自白は任意になされたというのである。

……公判期日でなされた被告人の自白は、公開の法廷においてなされたものであるところ、法廷には、訴追する側の検察官のみならず、公正中立な立場の裁判官に加え、被告人の権利を防御する弁護人が列席しているのであり、被告人としては、いつでも弁護人の援助を受けられる状態にある。そして、法廷においては、被告人に対し、黙秘権が十分に保障されていることはもとより、黙秘権を行使せず供述する場合であっても、強制や威迫、不当な誘導等を受けない保障が刑事訴訟法等により制度的に確保されている。そうすると、このような特性を有する公判廷における自白については、捜査官において、殊更被告人の公判廷における任意の供述を妨げるような言辞を述べたり、公判外で拷問や脅迫が加えられるなどしてそのような状態が作出されたといった特段の事情がない限り、公判外の事情を理由として証拠能力が否定されることはないというべきである。そして、本件においては、……そのような事情までは存在しないから、本件取調べの違法は、その後の各公判期日における被告人の自白の証拠能力には影響を及ぼさない。

つまり裁判所は、こう言っているわけである。公判廷は自由が確保されている場なのであるから、否認したければ自由に否認できるのだ。だから、公判廷の外で違法な取調べがあったとしても関係ない、と。被告人が虚偽の自白をしたという厳然たる事実は蚊帳の外に置かれている。私には、「公判廷では自由が確保されているのにもかかわらず自白をしたんですから、被告人、あなたが悪いんですよ」と言っているようにみえる。

もう一カ所挙げておこう。誤ったＤＮＡ型鑑定を示して自白を迫った問題である。これについて判決はこのように評価している。

捜査官は、これが被告人が犯人であることを示す重要な一つの客観的証拠であると評価した上で、そのようなものとして本件ＤＮＡ型鑑定を被告人に示して取調べを行ったと認められ、決して、証拠能力が認められない証拠であると認識した上で被告人に示したものでないことは明らかである。このような取調べによって得られた自白が、偽計による自白として任意性が否定される違法な自白になることはないというべきである。

もっとも、……結果的には本件半袖下着に残された精液のＤＮＡ型は被告人のＤＮＡ型と一致しなかったところ、関係各証拠によれば、取調べにおいて捜査官からこれらが一致するとした本件ＤＮＡ型鑑定の結果を告げられたことが、被告人が本件を自白するに至った最大の要因となっているということができる。したがって、この事情は、被告人の捜査段階における自白の任意性には影響しないものの、その信用性には大きく影響する事情であると認められる。

再審無罪判決は、こう言っているわけである。ＤＮＡ型が間違っていることを知っていたわけではないのだから、捜査官は悪くないのだ。客観的には誤っているＤＮＡ型鑑定を用いて自白を迫っても問題ないのだ、と。自白はあくまでも任意になされたのだと判決はいう。しかし、その自白は虚偽であった。したがって自白は、「任意になされたものであるが、信用できない」と判断されることになる。本判決は、判決の最後でこのように述べている。

被告人の自白には証拠能力自体に影響する事情は見当たらないものの、……〔新しいＤＮＡ型鑑定〕と矛盾するという点に加え、被告人が本件自白をした最大の要因が捜査官から本件ＤＮＡ型鑑定の結果を告げられたことにあると認められ、結果的にこれが被告人と犯人を結びつけるものではなかったこと、再審公判において明らかとなった、当時の取調べの状況や、強く言われるとなかなか反論できない被告人の性格等からすると、むしろ、本件自白の内容は、当時の新聞記事の記憶などから想像をまじえて捜査官などの気に入るように供述したという確定控訴審における被告人の供述に信用性が認められることなどの各事情に照らすと、被告人の自白は、それ自体として信用性が皆無であり、虚偽であることが明らかであるというべきである。

私には、「自白はあくまでも任意になされたのだが、この被告人のキャラがちょっとアレだったので、虚偽の自白が結果としてなされてしまった」と判決が言っているようにみえる。虚偽の自白をしてしまった被告人が非難されているような気すらしてしまう。これが現実である。刑事裁判実務の世界では、問題のある不適切な取調べに対して敢然と立ち向かうことができる人間であることが求められているのである。

このようなおかしな判断がなされているのは、刑事訴訟法業界において「任意」という言葉を日常世界におけるのとは異なる意味で用いているためである。最高裁は、取調べの際に被疑者に有形力を行使した事案において、「強制手段とは、有形力の行使を伴う手段を意味するものではなく、個人の意思を制圧し、身体、住居、財産等に制約を加えて強制的に捜査目的を実現する行為など、特別の根拠規定がなければ許容することが相当でない手段を意味するもの」と定義している（最決昭和五一年三月一六日最高裁判所刑事判例集三〇巻二号一八七頁）。「特別の根拠規定がなければ許容することが相当でない手段」ではない、つまり「それくらい我慢しなさい」と裁判官が考えたならば、有形力の行使も「任意」の処分として許されることになる。また、被疑者の同意や承諾がなくても「任意」の処分とされ得る。

これが法律の世界の「任意」なのである。

ところで、二〇一六年五月の刑事訴訟法改正により、著しく限定された事件に限っているし、例外も多数設けてはいるけれども、取調べの録音・録画を義務付ける条文が遂に付け加わった（刑事訴訟法三〇一条の二）。しかしこの録音・録画が新たな冤罪発生原因となる危険を意識しておいたほうがよいと思う。私たちは、「任意」の意味が日常世界とは異なる空間において、「取調べ受忍義務」（取調べを拒否しても取調室から出ることは許されず、取調べを受け続ける義務）が課され、しかも場合によっては二〇日間を超えて代用刑事施設（警察署附属の留置施設のこと）に収容され警察に管理され続けている被疑者の心情を推し量ることができるだろうか。BDに記録された映像と音声からそれを正しく認識することができるのだろうか。すすり泣きながら「私がやりました」とつぶやく被疑者の姿と声に触れただけで、それが「真犯人の反省によるもの」なのか、「警察の圧力に屈して虚偽自白をしなければならない悔しさによるもの」なのかを、逮捕され取調べを受けたことのない裁判官や裁判員が「経験則」を用いて正しく見分けることができるのだろうか。被疑者の特性や置かれた環境を精緻に検討したうえで、取調べにおけるやり取りの意味を分析した証拠が別途必要なのではないか。もしそうだとするならば、自白法則を適用すべきか否かを判断する場面においてもまた心理学鑑定が必要である。

四　水かけ論になった場合のセーフティネット

これまで書いてきたことをまとめてみよう。誤判を生じさせないために供述の評価は慎重に行わなければならないが、評価の際に依るべき準則である「経験則」はあいまいでありいささか頼りない。そこで、証拠開示をしたり心理学鑑定を活用したりして証拠評価の充実化を図ることが求められる。しかし、証拠開示の規定には枠が設けられていて、検察官が保管している証拠の全てを開示させることは難しい。また、心理学鑑定を拒む裁判官もいる。そこで、証拠評価の充実化を図るのではなく、危険な証拠を法廷に出さないという形で誤判のリスクを減らすという方策も追求されるべきである。しかし、自白法則の適用をしたがらない実務のもとでは、危険な証拠か否かを判断するためにまた詳細な事実認定が求められるというジレンマを抱えている。

このように課題は多いが、これらの課題が解決されたとしても、おそらくまだ問題は残るだろう。どれだけ証拠を増やしても、どれだけ精緻な心理学鑑定が提供されても、最終的に、その供述が信用できると考える人と、信用できないと考える人に分かれる可能性がある。そして、どちらが正しいのかについて論理的に決着をつけることができない、すなわち水かけ論に陥ってしまうということはあり得る。

このような事態を想定して、法の世界では証明基準や証明責任が設定されている。最高裁は、「〔被告人が犯人でないかもしれないという〕合理的な疑いを差し挟む余地のない程度の」証明が必要である（最決平成一九年一〇月一六日最高裁判所刑事判例集六一巻七号六七七頁）とし、その程度の証明に達しなかった場合には、「疑わしいときは被告人の利益に」という刑事裁判における鉄則が適用される（最決昭和五〇年五月二〇日最高裁判所刑事判例集二九巻五号一七七頁）と述べている。本稿の最後に、この「合理的な疑いを差し挟む余地のない程度の証明」に触れておこう。

私は、日本、ドイツ、英米において「合理的な疑い」というタームが実務においてどのような機能を果たしているかを検討したうえで、合理的な疑いを「証拠を適正に検討した結果残る個人的疑い」と定義し、①証拠あるいは証拠の不存在に基づく疑いであり、②自身の疑いが証拠のどこから生ずるかをいちおう言語で指摘できるならばそれは合理的な疑いであり、それを超えて③自身の疑いが他者を納得させうるものであるかを考慮する必要はなく、④自身の疑いを解消させうる説明が可能であったとしても、それが自身の疑いを否定する根拠になるわけではないことを提唱してきた（中川二〇〇三）。自身の疑いを言葉で表明できるならばそれは合理的な疑いとして承認されるのであり、有罪と考えるほかの裁判官や裁判員がそれに納得しなくても意見を撤回する必要はなく、むしろ有罪と考えるほうがそう考えないほうを説得しなければならないのである。

以上のように、合理的な疑いという概念は、まず個人の心証を示すものとして示される。これを「主観的概念としての、合理的な疑いを差し挟む余地のない程度の証明」と呼ぼう。しかし、合理的な疑いという概念は、これにとどまらない。一般的抽象的には当該疑いが合理的な疑いか否か意見が分かれうるにもかかわらず、それでもなお、事実問題について判断する権限と責任を有する者すべてが、合理的な疑いを差し挟む余地のない程度の証明ありと判断すること(moral certainty)が、もう一つの意味である。このmoralという言葉は「間接的」という意味で使用されている。moral certaintyとは、「直接に知覚できず、媒介(証拠)を通して間接的に知覚されるにもかかわらず、偏見なく判断する者すべてが結論に同意すること」である。個人の心証を示すのではなく、みんなが同意している状態がmoral certaintyである。すなわち、現に判断者全員が疑問なしと判断したという状態が十分条件となるのである。これを「客観的概念としての、合理的な疑いを差し挟む余地のない程度の証明」と呼ぼう。

「合理的な疑いを差し挟む余地のない程度の証明」をこのように捉えることにより、供述の評価について意見が分かれ、かつ、どちらの意見が正しいのかを論理的に判定することができず、水かけ論に陥ってしまった際に、無罪と考えている人に対して、性質上不可能な「さらなる論証」を要求することなく、その考えを優先させることによって、冤罪のリスクを減らすことができるようになる。神から見れば真実は一つなのかもしれないが、私たちは神ではない。真実は多様なのである。多様な真実がぶつかり合った時に、単純に多数決で決するのではなく、無罪と考えた者の考えを優先させるのである。これが冤罪のリスクを減らす最後のセーフティネットとなる。

もっとも、日本では単純多数決で決することになっており、これまで述べてきたような証明基準の意義を正しく反映した制度になっていない(裁判所法七七条、裁判員法六七条)。有罪判決を出すためには全員一致でなければならないという法改正を行う必要がある。

また、上訴された場合における上訴審の審査のあり方についても再考する必要がある。上訴審の判断が優越するのは、上訴審の判断のほうが「正しい」からではない。有罪判決を破棄できるのは、事実認定の権限と責任を有する者のなかから合理的な疑いがあると考える者が出てきたので、「客観的概念としての、合理的な疑いを差し挟む余地のない程度の証明」(moral certainty)があるとはいえなくなったからである。

したがって、上訴審裁判官が主観的に合理的な疑いを抱いたならば、その利益は被告人に与えなければならない。下級審の有罪判断が誤っていることを逐一論証する義務は上訴審裁判官にはない。水かけ論にしかならない状況で下級審が誤っていることの論証を破棄の要件とすることは、合理的な疑いの程度を不当に高めてしまうことになる。

ただし、無罪判決破棄の場合は話が別である。なぜなら、上訴審裁判官の判断を優先させるならば、事実認定の責任を有する者すべてが合理的な疑いを抱いていない場合にはじめて客観的に合理的な疑いを差し挟む余地のない程度の証明があったといえるという原則が崩れるからであり、それによって無罪と考える者は高度な疑いを呈示しなければならなくなる環境に置かれるからである。上訴審裁判官が無罪判決を破棄できるのは、個人によって合理的な疑いに関する判断が異なりうることを前提にしてもなお、原審裁判官の疑いはありえないと論証できる場合のみである。

以上説明してきたような「合理的な疑いを差し挟む余地のない程度の証明」原則の意義は、確定力・既判力・法的安定性論にも影響を与えざるをえない。確定判決の事実認定は、水かけ論のレベルでは、それが「正しい」とか「誤っている」とか判定することができない。そうではなく、「確定に至るまで、たまたま、合理的な疑いを抱く裁判所が出てこなかった」とだけ捉えられるべきなのである。別の主体が判断すれば、合理的な疑いを抱くかもしれない。合理的な疑いを差し挟む余地のない程度の証明とはそのようなものにすぎない。そのようなものに権威を付す必要はないし、一般的安定性という意味での法的安定性に配慮する必要もない。したがって、応訴を強制された人に対しては、納得のいくまで何度でも判断主体を変えて審理してもらう権利を与えるべきである。
以上のようなセーフティネットを構築したうえで、さらに徹底して証拠評価の充実を図り、かつ、さらに徹底して危険な証拠の評価を不要のものとする――これが、法の世界が「供述問題」に対処するベストのアプローチではないか。

参考文献

中川孝博(二〇〇三)『合理的疑いを超えた証明――刑事裁判における証明基準の機能』現代人文社
中川孝博(二〇〇八)『刑事裁判・少年審判における事実認定――証拠評価をめぐるコミュニケーションの適正化』現代人文社
浜田寿美男(一九八六)『証言台の子どもたち――「甲山事件」園児供述の構造』日本評論社

2　任意性・信用性判断の到達点とその限界

石塚章夫

はじめに——何が問題か

「○○警察署は、本日、××事件の容疑者として、住居不定・無職の男Aを逮捕したと発表しました。警察への取材によりますと、A容疑者は「自分はやっていない」と犯行を否認しているとのことです。」

××事件が発生し、警察が捜査を開始したことが報道されてしばらく時間が経っていた。私たちが次に××事件に接するのは、右のような容疑者逮捕の報道だ。通常、容疑者を逮捕するには、裁判官の審査を経た逮捕状が必要なので、Aの容疑については、相当程度の証拠が揃っていると思われる。しかし、Aは犯行を否認している。真相はどうなのだろうか。私たちがその次に××事件に接するのは、検察官がAを××事件の真犯人として起訴したときの報道だろう。逮捕当初犯行を否認していたAは、「自分がやった」と犯行を認めた(自白した)らしい。Aが逮捕されてから起訴されるまでの間(通常、最短で二週間、長い場合(別の事件で逮捕・勾留が繰り返された場合等)は数カ月)、何があったのだろうか。逮捕当初「自分はやっていない」と主張していたAは、何故「自分がやった」と自白したのだろうか。次に私たちが××事件に接するのは、裁判が開かれたときだ。法廷で、弁護人は、「Aは無罪だ」と言い、捜査官の前での「自分がやった」との自白は、無理に言わされたものだと主張した。

殺人事件の場合、被害者が死亡しているので、共犯者や直接の目撃者がいなければ、真相を知っているのは犯人だけだ。本当はやっているのに隠しているのか、それとも身に覚えのないことで逮捕されたのか。しかし、捜査官を含め、他の誰もAの頭の中を見ることはできない。否認事件の被疑者取調べは、ここから始まる。A逮捕までの証拠を集めている捜査官は、Aが真犯人であることは間違いないと思って追及する。刑事訴訟法は、被疑者の取調べについて、(捜査官は、)「犯罪の捜査をするについて必要があるときは、被疑者の出頭を求め、これを取り調べることができる。但し、被疑者は、逮捕又は勾留されている場合を除いては、出頭を拒み、又は出頭後、何時でも退去することができる」(刑事訴訟法一九八条一項)と定めている。すなわち、捜査官は、被疑者がどこに居ても、警察署に来るように求めることができる(通常は、「任意同行」ということで警察署まで車に乗せて連れてくる)。その被疑者に逮捕状や勾留状が発付されていないときは、「任意同行」に応じる義務はないし、一度応じても、何時でも帰ることができる。逆に、逮捕・勾留されているときは、取調べに応じる義務があると解されている。これが、捜査官側の被疑者取調権である。これに対し、被疑者の側の権利としては「何人も、自己に不利益な供述を強要されない」(憲法三八条一項)、「前項(刑事訴訟法一九八条一項)の取調に際しては、被疑者に対し、あらかじめ、自己の意思に反して供述をする必要がない旨を告げなければならない」(刑事訴訟法一九八条二項)と定められている。すなわち、被疑者は、逮捕・勾留されていると否とにかかわらず、黙秘権があって、自分に不利なことを捜査官に話す義務はないとされ、かつ弁護人を選ぶ権利が保障されている。

治安維持を目的とする捜査官は、真犯人に違いないと思っている目の前の被疑者からその「真相」に沿う自白を得ようとする。他方、真犯人ではない場合の被疑者は、自分が無実であるという「真相」を分かってもらおうと必死に弁解し、あるいは黙秘権を行使する。被疑者取調べは、まさにその両者の立場が衝突する場所である。刑事訴訟法という法律は、そのような衝突場面を調整する法律である。刑事訴訟法一条は、次のように定めている。「この法律は、刑事事件につき、公共の福祉の維持と個人の基本的人権の保障とを全うしつつ、事案の真相を明らかにし、刑罰法令を適正且つ迅速に適用実現することを目的とする。」捜査官が「事案の真相を明らかに」しようとする場合、ともすれば「個人の基本的人権の保障」が疎かにされる実情に鑑みての定めである。

被疑者の取調べには、二つの目的があると言われている。一つは、これまで集めた証拠との関係で被疑者の言い分を確かめるという目的である。被疑者の話を聞いた結果、有罪の証拠だと思われたものが必ずしもそうではなくなることがある。あるいは依然疑いが残ることもある。いずれにしろ、捜査側はその結果に基づいて起訴するかどうかを決めることになる。もう一つの目的は、被疑者から自白を得ることである。被疑者は真相を知っている、捜査官の手元にある証拠は被疑者が真犯人であることを示している、弁解を聞いても疑いは晴れない。そのような場合、捜査官は、被疑者を追及して自白を迫ることになる。問題は、その追及が極めて特異な「場」で行われることである。民事事件で「貸した」、「借りていない」と争いになった場合、相手方への追及は公開の法廷で証拠を示して聞くという方法で行われ、それ以上の追及方法はない。しかし、刑事事件での追及(取調べ)は、ほとんど追及する側の支配下で行われる。逮捕・勾留されている場合は、完全にその支配下に置かれると言ってよい。その結果被疑者が自白して起訴された後、裁判の場で、その自白は捜査官からの圧力で言わされたもので、真実ではない、自分はやっていない、という主張がなされる。これが自白の任意性と信用性の問題である。自白の任意性とは、その自白がまさに「任意に」なされたのかどうか、拷問・脅迫・強制その他「任意に」なされていないことを疑わせるような事情がないかどうかを問題とし、自白の信用性とは、任意にされたとしてもその内容が信用できるものなのかどうかを問題とする。

Ⅰ　自白の任意性判断の到達点と限界

一　到達点

㈠　自白の任意性に関して、法は次のように定めている。「強制、拷問若しくは脅迫による自白又は不当に長く抑留若しくは拘禁された後の自白は、これを証拠とすることができない」（憲法三八条二項）、「強制、拷問又は脅迫による自白、不当に長く抑留又は拘禁された後の自白その他任意にされたものでない疑のある自白は、これを証拠とすることができない。」（刑事訴訟法三一九条一項）

そもそも「任意」とは、「自ら進んで」「何らの圧力も受けずに」という心理状態を指す言葉である。刑事訴訟法三一九条一項の「任意にされたものでない疑がある」というのも、そのような心理状態ではない疑いを指すとみるのが普通の感覚であろう。自首したり、取調べ当初から犯行を認めた場合は、このような意味での任意性がある。しかし、取調べの初めには否認していた被疑者が途中から犯行を認めるようになった場合、その転換は、「自ら進んで」「何らの圧力も受けずに」なされたとは言えないことが多い。この場合「証拠を突き付けられて弁解ができなくなり」「真人間になれと言われて改心し」「被害者に対してすまないという気持ちがわいてきて」といった転機が本当であれば（捜査官は自白への転機をそのように説明するが、被告人はそれを否定して、本当かどうかが争われることも少なくない）、任意性があると言えるかもしれない。しかし、「何度やっていないと言っても聞いてくれないので、精根が尽きて」というのであれば、任意性がないと言えよう。任意性が問題となる事例は、ほとんどが、この「転機」の場面での真相をめぐる争いである。

㈡　これまでの判例の集積により、①偽計（「共犯者は既に自白した」などと嘘をいう）による自白、②約束（「自白すれば釈放する」などの利益に結びつける）による自白、③手錠をかけたままの取調べによる自白など、「強制」、「拷問」、「脅迫」など法が定めた場合のほか、自白に任意性がないとされる場合が広がってきており、徐々にではあるが、本当に酷い取調べは姿を消しつつある。

二　限界——任意性が争われたときの実務

しかし、先に述べたとおり、法は、捜査官側が被疑者を取り調べること自体は認めているから、捜査官がその被疑者を真犯人と確信した場合、捜査官の考える「真相」に沿うような自白を求める取調べを行うことは、今でも日常的に行われている。そしてその結果自白した被疑者が、起訴後の法廷で、その自白の任意性を争う事件も決して少なくない。この場合、捜査官側は、任意性を疑われるような取調べはしていないと主張し、弁護側は、「自白をすれば死刑を免れる」、「自白をしないと家族を取り調べることになる」等々、任意性を疑わせる取調べがなされたと主張する。このように任意性の有無が争いになった場合、裁判所は、取調官と被告人の双方から取調べの状況（特に自白の転機となった状況）を聞く証拠調べをすることになるが、そのほとんどはいわゆる水掛け論に終始し、多くの場合、任意性が肯定される。

そもそも、①自白の任意性は証拠能力の問題、すなわち、その自白を証拠として法廷で調べることができるか否かの問題であって、その自白が信用できるか否かに先立って判断されなければならないし、②自白に任意性があることは検察官が立証しなければならない（「任意性があるかどうか不明」の場合には任意性が否定されなければならない）のが刑事訴訟法の原則である。しかし、実務はそのようにはなっていない。①については、「捜査官の証言と対比して被告人の供述は信用できない」というような紋切り型と言ってよい理由で安易に任意性を肯定して、信用性の判断をする手法が広く行われているし、②については、まず被告人に取調べの状況に関する詳細な供述を求めた上、これを取調捜査官の証言と対比し、被告人側の立証によって任意性に疑いを生ぜしめない限り任意性を肯定するという逆転した状況が生じている。

三　限界の背景にあるもの

(一)　概　要

その理由としては、次のような事情が一般に指摘されている。①自白の信用性の判断を厳密にさえすれば、有罪にしろ無罪にしろ真相発見の要請に応えることができる、②裁判官が真実の発見を犠牲にしても刑事訴訟法上の原則を貫くべきであるとの確信を持てない、あるいは裁判官に秩序維持思想が強い、③裁判官に、捜査官に対する意識的無意識的な遠慮ないし心的一体感がある、④下級審の裁判官が、任意性の判断について上級審と結論を異にすることを避けるために、信用性の判断に重点をおこうとする、などである。

そして、その背景に、刑事訴訟法自体が、一方で被疑者の供述拒否権を認めながら、他方で捜査官による被疑者取調権を容認している以上、ある程度の厳しい追及・誘導を伴う取調べが行われるのは当然であり、それなくしては真実の発見はできないとの思いが、裁判官の中にも広く存在していることを指摘することができる。

この「ある程度の厳しい追及・誘導を伴う取調べが行われるのは当然」という意識は、その被疑者が真犯人であるという捜査官側の確信に支えられている。過去に一回だけ発生した事件そのものを直接認識することは不可能であり、その被疑者があるいは真犯人ではないかも知れないのだが、収集された証拠から真犯人と確信している捜査官にとっては、被疑者を自白させることが、真相解明のために必要なことになるのである。

問題は、その取調べが行われる場所の特異性である。

想像してみて頂きたい(と言ってもかなり難しいかもしれないが)。あなたの家に突然警察官がやって来て、警察署まで同行して貰いたいと言った。どうしてかと尋ねたが、詳しいことは警察署で説明すると言うだけである。警察の車に乗せられて署まで行くと、三カ月前の第二月曜日の夜はどこで何をしていたかと尋ねられた。おぼろげな記憶で、「家で一人でテレビを見ていた」と答えた。その後様々な質問を受けた後、警察官はあなたに逮捕状を示し、ある人を殺害した疑いで逮捕すると言い、そのまま警察の留置場に連れて行かれた。警察官から、弁護士を知っているなら連絡できると言われたが、そのような知り合いはないと言ったところ、その日の夜に当番だという弁護士が会いにきてくれた。留置場のガラス越しに、全く覚えがないことで逮捕されていると訴えたところ、頑張って嘘の自白はしないように言われたが、弁護士以外の身内との面会は一切禁止された。

逮捕・勾留された被疑者に対する取調べは、このようにして開始される。

(二)　具体的事例(布川《ふかわ》事件)

実際に起きた事件の経過を追ってみよう。

事件は、一九六七年八月二八日夜に起こった。茨城県にある布川という町で六二歳の一人暮らしの男性が殺害され現金が奪われた(強盗殺人事件)。事件は大きく報道された。八月三〇日に布川に捜査本部が設けられ、総勢八〇名の態勢で捜査が開始された。事件発覚直後の聞き込みで、八月二八日夜、被害者宅に二人の男が居たとの情報と現場の状況から、捜査本部は複数犯との見方をしていた。物盗り、怨恨、痴情、貸借関係のもつれなど、様々な動機・原因を考えた捜査が進められ、被害者の身辺捜査や、前科者・素行不良者の捜査が行われ、捜査対象者は多数に及んだが、犯人を割り出すことができなかった。この年の一〇月までの間に、何人かの被疑者が、別の事件で逮捕されてこの強盗殺人事件の取調べを受けたが、いずれも容疑なしとして処理された。すなわち、これらの被疑者の取調べは、被疑者の弁解を聞き、それまで集めていた証拠に照らして真犯人かどうかを確かめるために行われたもので、「自白を求める」ための取調べではなかったのである。

一〇月二日には、「依然、解決の糸口がつかめず、捜査は難航している」との報道があったが、事件発生から五〇日後の一〇月一八日に、有力容疑者二人が逮捕されたと報道された。それによると、二人は一〇月一七日に別件の窃盗・傷害の疑いで逮捕され、本件の強盗殺人事件を追及したところ、二人とも犯行の一部を自白した、一八日には殺人容疑で再逮捕し、本格的に追及することになった、とされていた。実際の経過はこれと若干異なるが、別の事件で逮捕・勾留中の被疑者B氏・C氏が、その後間もなくして本件の強盗殺人事件をやったことを自白したのである。その後、紆余曲折を経て、事件発生四カ月後の一二月二九日に、B氏及びC氏は、本件強盗殺人事件で起訴された。

起訴後の第一審公判では、この自白の任意性が争われた。弁護側は偽計や利益誘導が行われたから自白に任意性がないとして、次のように主張した。まずB氏については、捜査官が、①アリバイの主張として犯行当日親族宅に泊まったと言ったその親族が、その日B氏は泊まっていないと言っている、と虚偽の説明をした、②ポリグラフ検査の結果B氏の言うことが全て嘘と出た、もう駄目だから本当のことを話せ、とポリグラフ検査について虚偽の説明をした、③母親が、やったことは仕方がないから素直に話をしなさいと言っているぞと虚偽の話をした、等々。またC氏については、死刑になるが認めれば死刑を免れる等の利益誘導が行われた、というものである。しかし、一審裁判所は次のような理由で、自白の任意性を認めた。

本件全記録によっても、捜査段階において両被告人に対し強制、拷問もしくは脅迫が行われた形跡は全く認められず、かつ、被告人の各自白は身柄拘束を受けたのち日ならずしてなされたものであるから、不当に長く抑留もしくは拘禁された後の自白ということもできない。そこで取調べに際し捜査官により、なんらかの利益誘導が行われたか否かについてみるに、被告人両名は、捜査官が事実を否認すれば死刑になるがこれを認めれば死刑を免れるといったので、捜査官の誘導するままに供述した旨を、本件公判期日において述べている。しかし前記二記載の各公判調書中の証人(取り調べた警察官、引用者注)の供述部分および第一一回公判調書中の証人Y(本件について捜査し公訴を提起した検事)の供述部分によれば、捜査官においてそのような取調べをした事実はみとめられないので、これと対比して被告人両名の右供述部分は信用することができない。

この判断は、その後控訴審・上告審においてもそのまま維持され、この自白が重要な証拠となってB氏とC氏の無期懲役刑が確定した。先に見たように、強制や利益誘導が行われたとの被告人側の主張とそのようなことはしていないとの捜査官側の主張が対立した場合、裁判所が後者の主張を採用する傾向が顕著にうかがえる。(なお、この布川事件は、その後の再審でB氏・C氏の無罪が確定している)

(三)　限界の背景にあるもの——裁判官の意識

「捜査官の証言と対比して被告人の主張は信用できない」という判断の根底にある考え方について、木谷明元判事は次のように指摘している。(木谷二〇〇九：一〇四)

① 社会の秩序を維持するためには、厳しい取調べをして被疑者を自白させることも許される。

② 被疑者が本当に罪を犯していないのであれば、取調べが多少厳しかったからといって虚偽の自白をするようなことはあり得ない。

③ 被疑者は常に嘘の弁解をする可能性があるが、取調官にはそのような動機がない。

この考え方が誤りである理由は、木谷元判事が詳細に説明しているところであり(木谷二〇〇九：一〇四)、また、木谷元判事自身は、裁判官の時代一貫して自白の任意性判断に関して極めて厳格な姿勢を貫いてきた(青木二〇一五：一八三)のであるが、残念ながら、そのような裁判官は、全裁判官の一割に満たず(鈴木・佐藤二〇一三：二三二)、多くは、前記のような考え方を依然として抱いているのが実情である。その意味で、自白の任意性判断に関する限界は、その存在が明白だと言わざるを得ない。

Ⅱ　自白の信用性判断の到達点と限界

一　具体的事例(足利事件)

まず、具体的事例を見てみよう。いわゆる「足利事件」と呼ばれるものである。この事件の被告人S氏は、自白が主要な証拠となって一旦は無期懲役が確定したが、DNA鑑定のやり直しの結果、再審により無実が明らかになったものである。

事件は、一九九〇年五月一二日に、栃木県足利市のパチンコ店に父親と一緒に来ていた当時四歳の女児が行方不明となり、翌朝、近くの河川敷で死体で発見された、わいせつ誘拐、殺人、死体遺棄事件である。

警察は、そのパチンコ店の常連客らに疑いをかけ、虱潰しに彼らの素行を調査した。その結果、S氏が浮かび上がり、長期間尾行が続けられた。そして、S氏が棄てたごみの中の遺留物がDNA鑑定に掛けられ、被害者の着衣に残された遺留物のDNAとその型が一致するとの鑑定結果が出た(この鑑定結果は、再審段階で誤りであったことが明らかになっている)。

事件発生から一年半後の一九九一年一二月一日に、警察官がS氏方に赴き、警察署への任意同行を求め、午前九時ころから取調べが開始された。S氏は、当初「やってません」と否認したが、繰り返し「お前がやったんだな」と押し問答が続いた。午前中にポリグラフ検査を受け、警察官は、「結果はクロと出ている、お前がやったことは間違いない」と責めた。午後も同じような取調べが続き、S氏は、犯行時間帯は家に居た旨否認を続けたが、午後一〇時半ころまでに、犯行全部を自白した。警察官は、翌日午前一時過ぎにS氏を逮捕した。警察官は、二〇日間の勾留期間中、ほぼ連日にわたってS氏を取り調べ、二一通の供述調書を作成し、検察官も五日間S氏を取り調べて四通の供述調書を作成した。そのいずれにおいても、S氏は一貫して事実を認めて具体的で詳細な自白をしている。その自白の骨格は、「当日夕方、パチンコ店駐車場で被害女児を自転車に乗せて誘い出し、渡良瀬川河川敷で、両手で首を絞めて殺した。その後、被害女児を裸にして死体を舐めるなどし、自慰行為に及んだ。その後、被害女児が着用していた衣服はまとめて渡良瀬川の中に投棄した」というものであった。

被害者の着衣に付着していた遺留物のDNA型(真犯人のもの)は、S氏のDNA型とは一致しないことが最終的に明らかになっており、S氏が無実であること、したがって、公判廷での自白を含め、自白がすべて虚偽であったことも明らかである。それでは何故、S氏は、逮捕前の任意同行の時点で虚偽の自白をし、さらに公判廷でもその虚偽自白を維持し続けたのであろうか。

S氏自身が後にその理由を語っている。(菅家・佐藤二〇〇九)

どれだけ自分じゃないと言っても聞き入れてはもらえず、脅迫と変わらない取り調べを受けているうちに、もうどうでもいいや、という気持ちになってしまいました。ヤケになったといえばそうですが、とにかく早くこんな恐怖からは逃げ出したいという気持ちが強くなったのです。それで私はとうとう、「自分がやりました」と口にしてしまいました。よく聞かれることですが、そのときには、それで自分が死刑になるかもしれないとか、どのくらい刑務所に入れられることになるのかとか、そうしたことは少しも考えませんでした。家族に迷惑をかけることになるということも頭に浮かんできませんでした。そういう余裕は少しもなくて、このまま黙っていては、いつまでも責められるだけだと思えたので、それから逃れたかっただけなのです。

またS氏は、その後の自白の展開について、次のように述べている。

この頃は毎日が取り調べの連続で、とにかくつらくてたまりませんでした。少しでも早く取り調べが終わってほしかったので、こうだったのではないかと言われれば、そうですと答えて、どうだったのかと訊かれれば、答えを必死で考えました。その頃の私には、そうしていくよりほかにラクになる方法は考えられなかったからです。私の供述のなかには、真犯人しか知らない〝秘密の暴露〟はひとつもありません。それも当然で、事件と無関係の私には、実際の犯行がどのように行われたのか知りようもなかったからです。たとえば、女の子の遺体が裸だったということも、警察に「これが遺体とは別のところに捨てられていた衣服だ」と見せられて、はじめて知ったことのひとつでした。それで、そういうことを知るたびに私は、どこどこで服を脱がせました、というような供述を付け加えていったのです。初公判で罪を認めたのも、お人好しと思われるかもしれませんが、裁判官なら、私が本当のことを言っていないと見破って私の無実をわかってくれると思っていたからです。裁判所で本当のことを話せなかったもうひとつの理由は、傍聴席に刑事が来ているのではないかと思っていたことです。法廷で私が嘘の自白をしていたことを告白して、「本当はやっていません」などと話したりすれば、「何を言ってるんだ！」と、また怖い目に遭わされるのではないかと恐れていたのです。弁護士が付いていただろうと言われますが、そのときは弁護士は自分の味方とは思っていなかったのです。

このような体験をしていない者には理解しにくいかもしれないが、これが真実である。

それでは、S氏が否認に転じた控訴審以降の裁判官は、何故、自白が虚偽であることを見抜けなかったのであろうか。控訴審において、弁護側は、S氏の自白が客観的事実と矛盾していることや、自白に不自然な変遷があると主張した。これに対して、控訴審裁判官は以下のように理由を書いて、自白の信用性を認めた。

① 客観的事実との矛盾について

i 扼頸の方法と扼痕

所論は、被告人は、正対するF子に対し、両手で輪を作るような形、すなわち、左右の親指がF子の前頸部に、左右のその余の四指が後頸部にあたるような形で、首を絞めたと供述しているが、F子の頸部にある扼痕は、頸部の両側に存在し、前面と後面には存在しないから、被告人の自白にいう扼頸方法と実際の扼頸状況は異なるというのである。

しかしながら、……F子が抵抗してある程度暴れたことも考えられ、双方が動くのであるから、F子の頸部の扼痕が被告人の供述したとおりの頸部圧迫の動作で生じるであろう部位にそのまま存在せず、これとずれていても異とするに足りない。

ii 自白と精液、唾液の付着状況

所論は、半袖下着の精液の付着状況が、自白と矛盾すると主張する。しかし、犯行後一年半経過した自供の時点で、被告人がF子の着衣を置いた位置などを正確に記憶していなくても不自然ではなく、自白内容が、精液の付着状況や唾液の付着状況と合わないからといって、直ちに自白が疑わしいとはいえない。

② 自白の変遷について

所論は、被告人の捜査段階の自白には、犯行時刻、殺害現場と殺害方法、コンクリート護岸での行為、自慰行為の場所と射精の回数などの点で変遷があり、不自然であって、信用できないというのである。

しかし、直接体験した事柄であっても、時間の経過により、記憶の内容、程度にも差異が生じ、また記憶喚起の度合い、正確度、表現力も多様であり、本件のように、犯行から一年半以上も経過した後に、捜査官の取調べを受けた場合、自分の不利益に直接連らなる事柄の供述が、動揺、ためらい、忘失、記憶違いなどのため、ある程度変動することは、むしろ自然であるといえる。

これらは、個々に取り上げれば間違ったことを書いているわけではない、しかし、この判断姿勢に決定的に欠けているのは、「もしかしたら、被告人が主張しているとおりなのかもしれない」という疑いを持つ謙虚さである。自分のこの判断に間違いはない、と思い込んでしまえば、その判断と矛盾する事情は、言葉の上ではどのようにでも操作できてしまう。控訴審の裁判官が、「もしかしたら」という姿勢を持てていれば、一つ一つは抹殺できても、これだけおかしなことが重なっているという事情から、別の判断を導き出せた可能性は少なくなかったと思われる。

二　限界を乗り越える努力と限界

(一) 注意則研究

このように、自白の信用性判断は、そもそも裁判官の判断姿勢自体に限界があるのであるが、それにもかかわらず、その判断を正確に行おうとする努力と研究は、当の裁判官をはじめ学者・弁護士等により、地道に行われてきた。それは、自白の信用性判断についての注意則の研究である。そのうち最も詳細なものは、司法研修所での研究成果(田崎ほか一九九一)である。同書は、自白の信用性を判断する際の注意則について九つのカテゴリーを設け、それぞれのカテゴリーごとに二個ないし一六個(合計九四個)の注意則を挙げている。そのカテゴリーとは、A自白の経過、B自白内容の変動・合理性、C体験供述、D秘密の暴露、E自白と客観的証拠との符合性、F裏付けとなるべき物的証拠の不存在、G犯行前後の捜査官以外の者に対する言動、H被告人の弁解、I情況証拠との関係、である。

(二) 注意則研究の限界

しかし、これらの研究にもかかわらず、足利事件のような間違いが生じてしまうことについて、次のような指摘がある。(西嶋ほか一九九五)

この特集であげられている事件の中で草加事件、名張事件、堺事件が自白の信用性の評価をめぐって争いになった事件だと思います。それぞれの弁護団の論文を見ますと、司法研修所編『自白の信用性』の指摘に乗っかったかたちで変遷の有無、客観的証拠の整合性、内容の不自然さ、秘密の暴露の存否という視点から分析的に評価を加えてきた。ところが裁判所がその点について可能性論や大筋論で、最終的には自白の信用性を否定しなかったという例だと思います。なんでこうなってきたのかと考えるときに、二つポイントがあると思う。一点目は、われわれは、その分析的な手法で形成されてきた注意則のレベルから言えば、常識的に信用性が否定されると思い込んでいて、その手法を取ってきたわけですが、いままでにそういう手法で無罪が出た判決が、本当にその自白の信用性を分析的に評価することによって心証を得た事件なのか。そうではなくて、ほかのところに何か心証を採っていて、そして自白の信用性を否定する説明としてそういうものを使ったのではないか、というところに、もう少し分析、検討が必要だろうと思います。

限界を乗り越えるもう一つの努力は、心理学者浜田寿美男教授の研究方向である。

(三) 供述分析

自白(主に捜査段階での供述録取書)の信用性判断における浜田の方法は次のようなものである。まず、「被告人は本件犯行を体験した真犯人である」(仮説A)と、「被告人は本件犯行を体験していない無実の者である」(仮説B)との二つの仮説を立てる。次に、この仮説のそれぞれについて以下の三つの問題を検討する。すなわち、①犯行体験者(真犯人)が真の自白をした可能性・犯行非体験者(無実の者)が虚偽の自白をした可能性、②犯行体験者(真犯人)の供述であることを示す判別指標の有無・犯行非体験者(無実の者)の供述であることを示す判別指標の有無、③自白の変遷について犯行体験者(真犯人)としての説明可能性・自白の変遷について犯行非体験者(無実の者)としての説明可能性。そして、最後にこれらを総合して信用性の判断をする。

浜田は、具体的事件に関してこの方法を適用した自白の信用性の鑑定書を作成し、裁判所に提出している。例えば浜田が名張事件第七次再審請求の異議審に提出した鑑定書については、石塚(二〇一五:二〇七)、浜田(二〇一六)を参照されたい。

この方法では、「被告人が本件犯行を体験した真犯人である」・「被告人は本件犯行を体験していない無実の者である」との二つの仮説を立て、自白の過程及び内容がそのどちらの仮説の下でより自然に説明できるかを考察するものであるから、判断の幅は注意則適用の場面よりずっと狭くなる。このような視点で具体的事件を多く分析してみれば、現在言われている注意則よりははるかに有効な判断基準を提示できるはずである。現に名張事件第七次異議審決定も、浜田鑑定について、「同鑑定は、虚偽自白に至る心理過程について一般的分析を行っているが、その手法はそれなりに納得できるものであり、虚偽自白の危険性を克明に示している。その上で、本件請求人の自白に至った経過を、取調官側の状況、請求人側の状況に分けて分析し、請求人が本件犯行の体験者でないにも関わらずうその自白へ落ちた可能性について論じている。請求人が自白に至った事実経過を正確にたどっており、請求人の自白の信用性判断の検証には極めて有益な視点を提供するものである」と評価している。

㈣　供述分析の限界

しかし、この打開方向も、例えば、この浜田鑑定について名張事件第七次再審異議審決定が、同鑑定の指摘したすべての問題点について、それぞれ反対の解釈を容れることができるとしたことに象徴されるように、最終的な「決め手」とはなり得ていない。

Ⅲ　取調べ可視化の問題——限界突破の切り札か

前述のように、自白の任意性の争いは、ほとんどが否認から自白に転じる場面で何があったかをめぐるものであった。だとすれば、その場面を録音・録画しておけば、真相は完全に明らかになるはずである。捜査官が「やましいことは何もしていない」というのであれば、堂々と録音・録画すればよいではないか、という主張は、ごくまっとうなものである。しかし、その実現までには長い紆余曲折があり、またその実現後に、さらに大きな問題を生むに至っている。

一　歴史

取調べの可視化、特に取調べの録音・録画については、学説上つとに問題提起がなされ、弁護士会からも実現を求める動きがあり、裁判員裁判制度の実施に合わせてその実現の動きが加速したが、警察が強くこれに反対していた。しかし、二〇一〇年一〇月の厚労省局長文書偽造無罪事件を契機として設置された「新時代の刑事司法制度特別部会」の議論を経て、少なくとも裁判員裁判制度の対象事件に関しては全過程を録音・録画することが実現するに至った。対象事件が限定されているとはいえ、これまでの捜査側の抵抗姿勢に照らせば、これは画期的な出来事であった。

二　映像の危険性と実質証拠利用の問題

ところが、である。ちょうど、上記特別部会の議論と並行して審理されていた今市市幼女殺害事件で、被告人が被疑者段階で自白した録画が実質的証拠としても利用され、これを見た裁判員が「録音・録画がなかったら〔有罪との〕判断はできなかった」と語った（判決翌日の日経新聞報道）。録音・録画の実質的証拠としての利用とは次のようなことである。公判廷で被告人が否認している場合、有罪の証拠として検察官が法廷に提出しようとするのは、捜査段階で作成された被告人の自白調書である。そしてこの自白調書は、任意性がある場合に初めて取り調べることが許される（「証拠能力」があるとされる）が、録音・録画は、この任意性があるか否かを判断するための証拠であり、録音・録画を見た結果自白調書の任意性が肯定されたとき、その自白調書が証拠となるというのが、これまでの基本的な考え方であった。ところが、自白の任意性を立証しようとする録音・録画は、それ自体が自白調書以上に自白の信用性を印象付けるものであることに気付いた検察側が、調書の代わりに録音・録画自体を実質的証拠として請求したのである。

ここに大きな二つの落とし穴があった。一つは、録音・録画の開始時期である。今回の改正刑事訴訟法によれば、録音・録画が義務づけられる事件は裁判員裁判対象事件であり、その開始時期は、当該被疑者が逮捕・勾留されたときからとされている。今市市事件では、被疑者は当初、裁判員裁判対象事件ではない商標法違反の事件で逮捕・勾留され、その事件による身柄拘束中に殺人事件の取調べを受けている。被告人側は、その時期に無理な取調べを受けて殺人事件を自白させられたと主張したが、その時期の取調べの録音・録画は行われておらず、最初の自白後に殺人事件で再逮捕・再勾留されたとき以降の録音・録画だけが残されたのである。これまで繰り返し述べてきたように、自白の任意性の最大の問題は、否認していた被疑者が自白に転じた時点でどのようなことが起こったかである。一旦自白に転じてしまうと、その後は、安易に捜査官に迎合したり、その誘導に乗ってしまう傾向が強いことはこれまでの冤罪事件が教えているところである。従って、自白の任意性判断の限界を乗り越えるためには、その転換点における録音・録画が必須であるのに、同じ身柄拘束中でも、罪名が違うということで転換点での録音・録画が行われず、転換後の自白の録音・録画が行われるに過ぎないのであれば、やはり従来の限界は乗り越えられないであろう。

落とし穴の二つ目は、転換後の自白の録音・録画が、自白調書の任意性立証のためだけでなく、それ自体自白として有罪立証の証拠となる、という点である。この点は、一部の学者・実務家を除いて余り重視されていなかったが、前述の今市市事件の裁判員の感想から一躍クローズアップされるようになった。それは、映像の持つ危険性である。取調べを録画する際、カメラの位置を、①被疑者を正面から撮影する、②取調官を正面から撮影する、③被疑者と取調官を同時に横から撮影するように配置した場合、同じ場面でも、①、③、②の順で任意性ありとする判断と自白に信用性があるとの判断がそれぞれ多くなることが、多くの実験で確認されている。この点は、録音・録画の導入に当たって全く考慮されていなかった。任意性・信用性判断の限界を超えようとした営為が、新たな問題を生んだのである。

この小論脱稿時には、今市市事件は控訴審に係属中で、その結論がまだ出ていない。同事件の一審判決は、自白を除く情況証拠だけでは被告人を有罪とすることはできないとしており、中心的な争点は自白の任意性・信用性である。

右に指摘した録画の実質的証拠利用を含め、今後もさらなる議論が続くであろう。

参考文献

青木孝之(二〇一五)「自白の証拠能力——木谷コートの実践例に学ぶ」木谷明編著『刑事事実認定の基本問題(第三版)』成文堂

五十嵐二葉(二〇一六)「「可視化」の夜と霧」徳田靖之ほか編『刑事法と歴史的価値とその交錯——内田博文先生古稀祝賀論文集』法律文化社

石塚章夫(二〇一五)「自白の信用性」木谷明編著『刑事事実認定の基本問題(第三版)』成文堂

木谷明(二〇〇九)『刑事事実認定の理想と現実』法律文化社

菅家利和・佐藤博史(二〇〇九)『訊問の罠——足利事件の真実』角川書店

鈴木宗男・佐藤優(二〇一三)『政治家抹殺』徳間書店

田崎文夫ほか(一九九一)『自白の信用性』法曹会

西嶋勝彦ほか(一九九五)「(座談会)事実認定と弁護活動の課題」『季刊刑事弁護』三号

浜田寿美男(二〇〇一)『自白の心理学』岩波書店

——(二〇〇四)『取調室の心理学』平凡社

——(二〇〇五)『自白の研究(新版)』北大路書房

——(二〇一六)『名張毒ぶどう酒事件　自白の罠を解く』岩波書店

3　供述分析と心理学的合理性

山本登志哉

はじめに

ある暴力団の総長が、下部団体の組員が起こした報復（返し）のための殺人を指示したとして、裁判員裁判で無期懲役の判決を受けた。有罪の根拠となった主な証拠は組員の証言だったが、総長は嘘の証言による冤罪だと控訴し、筆者は弁護団の依頼を受けてその組員の供述分析を行った。分析を終え、心理学的常識からすれば無罪以外ないだろうと思ったが、二審の判決も「有罪」だった。

異例なことに裁判長は冒頭に一度、さらに理由の朗読の後に二度、繰り返し有罪の主文を読み上げ、被告人である総長をにらみつけるように不服がある場合は上告するよう言い渡した。

傍聴人が退廷した後で、手錠を掛けられた総長は検察官に近づき、静かに「あなた方は、良心が痛まないですか」と話しかけた。検察官は目を合わせることがなかったという。後に弁護士と総長本人から別々に伝えられたことである。

供述分析を依頼され、書面資料を読んでいて、筆者自身が有罪の印象を得る場合も、無実の印象を受ける場合もある。そしてかなりの量になるそれら書面を分析していて、どう考えても犯行を行ったと考え難いケースで、有罪が言い渡される場合もある。

もちろんその場合にも裁判官が意図的に冤罪を生み出そうとしているとは思わない。裁判官は自分の知識、経験、自分が持つ「常識」に基づいて、法的秩序を維持する使命感で判決に臨んでいると思える。だからこそあの裁判官も、総長をにらみつけるように主文を言い渡したのだろう。けれども心理学という実証科学の訓練を受けた筆者のもうひとつの「常識」の目から見ると、この例のようになんとも理解しがたい判決に出会うことがあるのも事実である。

筆者はこれまで法心理学や文化心理学(異文化理解)などの領域で、お互いの「常識」のズレに気づかないままおかしなやりとりが続く「ディスコミュニケーション現象」の分析をしてきたが(山本・高木二〇一一、山本二〇〇三)、ここにもかなり深刻な「常識」のズレがある。ここではこの事件を一つの例に、裁判官の事実認定に隠れた常識と、供述心理学的常識の間のズレを考えてみる。

本章の草稿を読んだある心理学系の大学院生は、読み終えて衝撃を受けたと語っていた。なぜなら自分もまた以下に書かれるような、裁判官や裁判員の「常識」と全く同じ目で考え、被告人の生きる世界の異なる「常識」について、全く思い至らなかったことに気づかされたからだという。だから自分がもしこの事件で裁判員となっていたら、やはり同じ判断をしただろうと思ってショックを受けていた。

そこにどのような「常識」のズレがあったと考えられるかは、具体的なデータの供述心理学的分析を踏まえて本章の最後に述べられる。自分と異なる「常識」で行動する人々を、そのことに気づかずに自分の「常識」で判断するとき、人は容易に単なる偏見に陥る。暴力団という非常に特殊な社会の人々がかかわる事件は、そのような偏見が起こりやすく、問題を拡大してわかりやすく見せてくれるという意味で、裁判官や裁判員が陥りやすい誤りを考えるには最も適した素材の一つともいえる。ここに示す分析結果は決して「特殊な事例」なのではない。文化の異なる者や障がい者によるものを含め、供述に絡むすべての裁判の事実認定で、同様の危険性に注意する必要がある。

一　供述の生成過程と供述心理学的分析の視点

1　事件から判決へ——語りとその解釈の重層的な構造

まずはじめに、裁判官の事実認定がどのようなコミュニケーションの中で作られるものであるかについて簡単に整理しておくことから始めよう。

映画「それでもボクはやってない」の中で、有罪判決を受ける主人公が裁判官を見つめながら心の中でこうつぶやく(周防二〇〇七)。「真実は神のみぞ知る、と言った裁判官がいるそうだが、それは違う。少なくとも僕は、自分が犯人ではないという真実を知っている。ならば、この裁判で、本当に裁くことができる人間は僕しかいない。少なくとも僕は、裁判官を裁くことができる。」裁判官は実際は事件現場からとても遠い場所にいて事実を知らない。けれどもその裁判官は、その裁きで実は被告人に同時に「裁かれ」ている、ということに裁判官はなかなか気づかないという(木谷二〇一〇：二三—二四)。

事件が起こってから判決文ができるまでには、事件の体験者(被告人ら)と非体験者(裁判官・検察官・弁護士・警察官)の複雑なコミュニケーションが続く。そのプロセスを司法手続き過程に絞って心理学的観点から整理すると図1のようにあらわすことができる。

まず事件の体験者がそれを記憶し、他者に供述する(図1の①)。取調官はそれらの供述を集め、証拠とする(②)。検察官は証拠に基づいて起訴を行い(③)、弁護士は被告人の主張に基づいて証拠を解釈し直し、弁護する(④)。裁判官は提出された証拠と双方の主張を聞いて事実がなんであったかの認定を行い、判決書を書く(⑤)。

このとき、事件を体験していない裁判官は事実を知らない。判断の材料は様々な人々のコミュニケーションから作

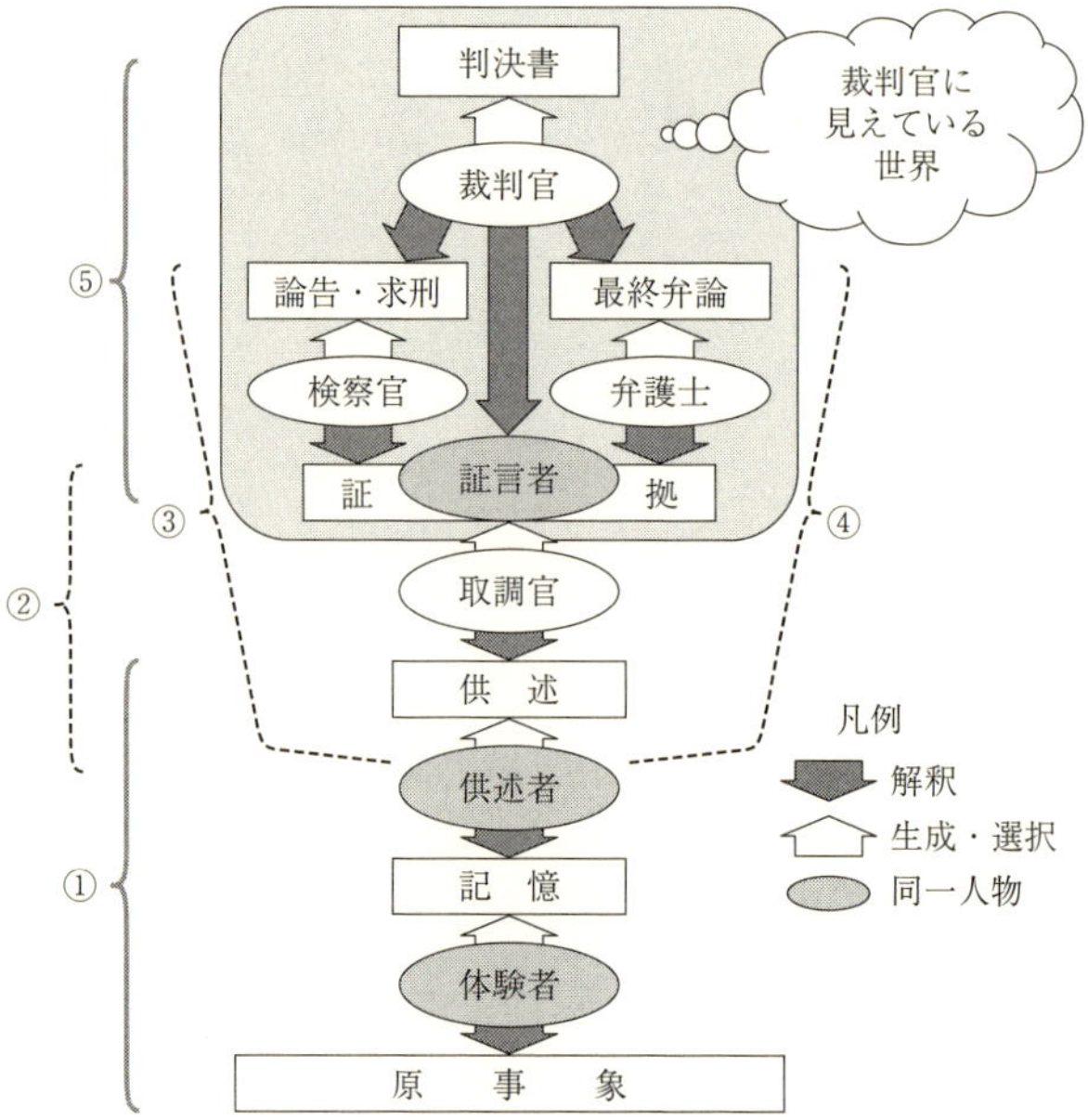

図 1　事件から判決までの語りと解釈の流れ

られている。当然そこではお互いに相手の言うことやその意図を解釈し、それぞれに利害を抱えながら主張し、嘘も思い違いも生まれる。聞き方ひとつで答えも記憶内容さえも変わってしまうことは、心理学的には常識に属する（日本学術会議二〇一一他）。

判決はそのようにたくさんの主観の絡み合った不安定な「証拠」を、裁判官自身の主観で解釈しなおす形で作り出す「共同主観[1]的な創作物」としてしか成り立たない。その意味で裁判官は決して主観を超えた神として客観的に判断することはできない。

素朴に考えれば当たり前のことなのだが、そうだとすれば、裁判官がより妥当な判断を下すに必要なことは、自らの主観的判断の心理学的な性質を知り、その歪み方に注意を払い、可能な限り裁判で提示された手掛かり（証拠）を合理的に「解釈」して事件を再現することである。その解釈手続きの妥当性、合理性のレベルが、判断の妥当性に直結する。ではそこで問題となる合理性とは何だろうか。

2　心理学的合理性

これまでの裁判実務で、判例が積み重ねてきた供述の信用性評価の基準には、法学的には次のようなものがあるという（浪床二〇一〇：二九〇―二九一）。供述それ自体の性質として「供述者の属性や立場」「供述内容の具体性」「迫真性の有無や自然性」「合理性の有無」「供述の経過（供述開始の時期、経緯や供述の一貫性の有無）」「供述態度」、またその供述以外のものとの関係として「供述証拠を裏付ける補助証拠の有無、程度」である。

ようするに、利害関係によって嘘をつく可能性がなく、出来事をリアルに矛盾なく一貫して真摯に語り、他の証拠（物証及び人証）とうまく噛み合っているとき、その証言は恣意的なものではなく、客観的な事実に基づいていると評価されることになる。

だが他の人が知りようもない事実を供述者が語る「秘密の暴露」のようにかなり決定的な基準は少なく、多くは単に注意すべきポイントの列挙になっている。たとえば「具体的で迫真性があり、自然」という評価は、人によってどうとでも言えるような後付の恣意的理由となりやすく、実際下級審と上級審で同じ供述の評価が正反対になることもある（若原二〇〇七：一二三六）。

また冤罪事件として有名な甲山事件の証言形成過程を筆者らがシミュレートした実験では「事実を確かめるために複数の人間に個別に聴取を繰り返したら、みんなの証言が一致し、聴取者は客観的事実と認定した。しかし誰も嘘をつかせようとも嘘を言おうともしていなかったのに、それは事実ではなかった」ということが起こった。つまり〈意図しない嘘〉がみんなに共有され、客観的事実として確信されることが現実に起こる（山本二〇〇三）。これなどは「供述証拠を裏付ける補助証拠」の基準や、そもそも「客観性とは何か」という問いにもかかわる大問題になるが、仮に上の信用性評価の要件のかなりの部分が満たされたとしても、その証言がそのまま事実を反映しているとは限らない。

心理学が供述分析を通して裁判の事実認定に貢献できるのはこの点である。一見常識に反し、不合理にも見える右のシミュレート実験の結果も、心理学的に合理的に説明することは可能である（山本二〇〇三）。では心理学的な合理性とは何だろうか。

近代の心理学は人の主観抜きに成り立たない心理現象や、その結果としての行動を、何らかの意味で客観的に明らかにすることを追求してきた。その際、生物は客観的な物事に直接反応するのではなく、「自分が理解したこと」に反応するのだと心理学は考える。この主体の理解とそれに基づく行動(反応)形成のプロセスが心理過程である。

何を心理過程とみるかは行動主義心理学のように物理的刺激と主体の反応の関数関係として、あるいは脳科学のように神経生理学的反応の過程として、認知科学のように情報処理過程として、質的心理学や精神分析のように主観的物語化の過程としてなど様々である。だが心理現象を刺激と反応の間にある媒介過程として理解し、分析する構図は同じである。その媒介過程をある法則性を持った合理的現象として明らかにすることが科学としての心理学の使命である。その心理学的なしくみや法則性に従うことをここでは「心理学的合理性」と呼ぼう。

供述の信用性評価でも、語られた供述の心理学的合理性を検討することになる。たとえば二〇メートル離れたところで三〇ルクスの明るさで目撃した人物について、正しく写真から選び出せる割合は実験によれば一八%で、偶然による正解率一四%とほぼ同レベルになる(Wagenaar & Van der Schrier, 1996)。だとすれば仮に目撃者がその人を見たと確信していても、心理学的法則性から見ればその確信に心理学的合理性はなく、それだけでは証言に信用性は認められない(厳島・仲・原二〇〇三)。

また「体験についての理解を深める」という個人内の心理学的な働きによって記憶がゆがむ可能性や、取調官とのやりとりで供述がゆがんだり、あるいは意図的に嘘をついている可能性がある。そこで供述が変容している可能性がどの程度あるかを合理的に評価する。たとえば「犯人」が「被害者」をドアから連れ出すところを目撃したという子どもが急いで窓に行き、浄化槽の方を見たと証言した場合、その証言は信用できない(浜田一九八六:二一六)。死体が浄化槽から発見されたのは後になってからなので、その子どもは事前に「犯人」がどこへ向かうかを知らず、そちらを見ようとする動機は生まれるはずがない。だから心理学的合理性に反するのである。さらにその信用性のない証言は、逆行的構成という心理学的なしくみ（浜田二〇〇二）によって合理的に解釈できる。

供述の心理学的な評価は、ＤＮＡ鑑定のような物理現象の客観的な評価とは性質が異なる。それは物理的合理性ではなく、当事者が供述する主観的な体験と当時の環境との関係や、供述の語り方、そして供述の展開過程に心理学的合理性があるかどうかによって行われる。我々が評価するのは事実それ自体ではなく、事実についての当事者の解釈や語りという心理学的過程の合理性の有無なのである。

裁判の事実認定にも当然裁判官の主観的解釈が含まれ、その解釈の妥当性が問題となる。しかし実際の判決事例を見ると、当事者の主観的な心理学的世界は無視して、個々の裁判官が主観的に持つ常識を素朴に「客観的（第三者的）合理性」とみなして当事者に当てはめ、その有無を判定している場合がしばしば見出される。そのため時に当事者の主観的心理学的過程を分析する心理学的な「常識」的判断との間に深刻なズレを生み出すのである（図**2**）。

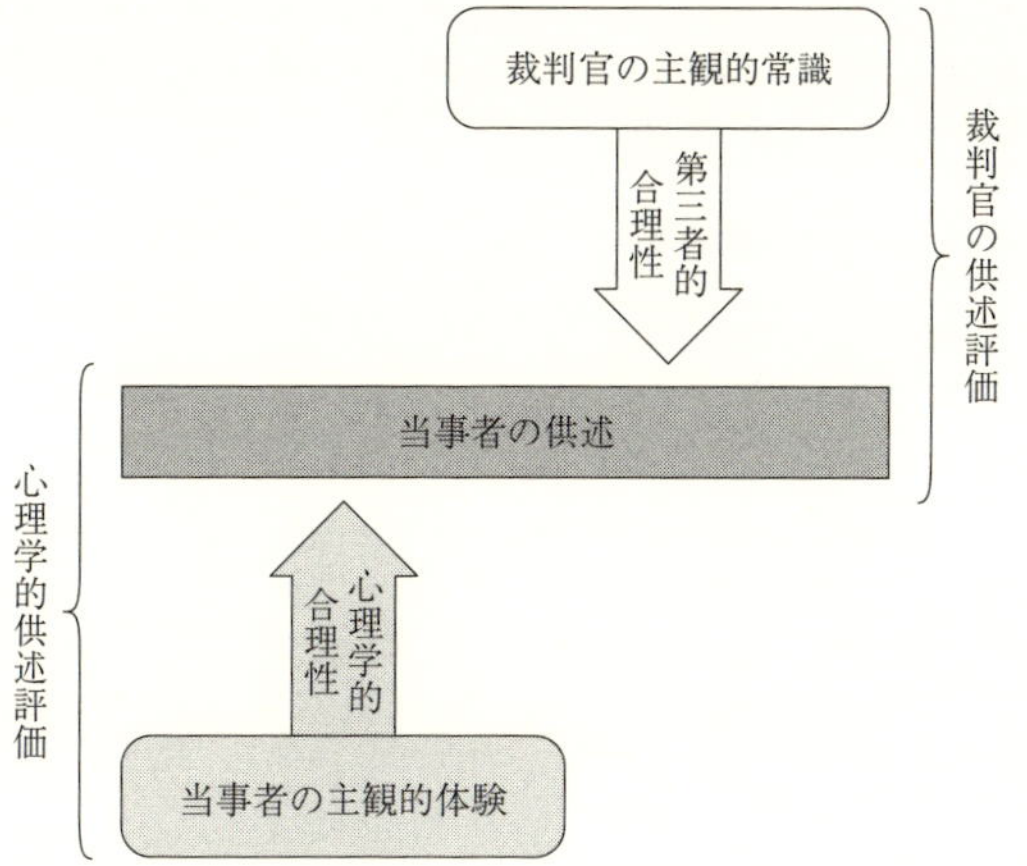

図2　裁判官と心理学者の供述評価にズレが起こりやすいパターン

以下、このようなズレの例について筆者が供述分析を行った一つの事件を用いて具体的に説明する。

二　巻き込みが疑われる供述の信用性評価

1　事件の概要

広域暴力団関東一家（仮名：以下同）の二次団体[2]である荒川会の組員が、広域暴力団関西組に属する東海一家（図**3**）傘下の赤城組（四次

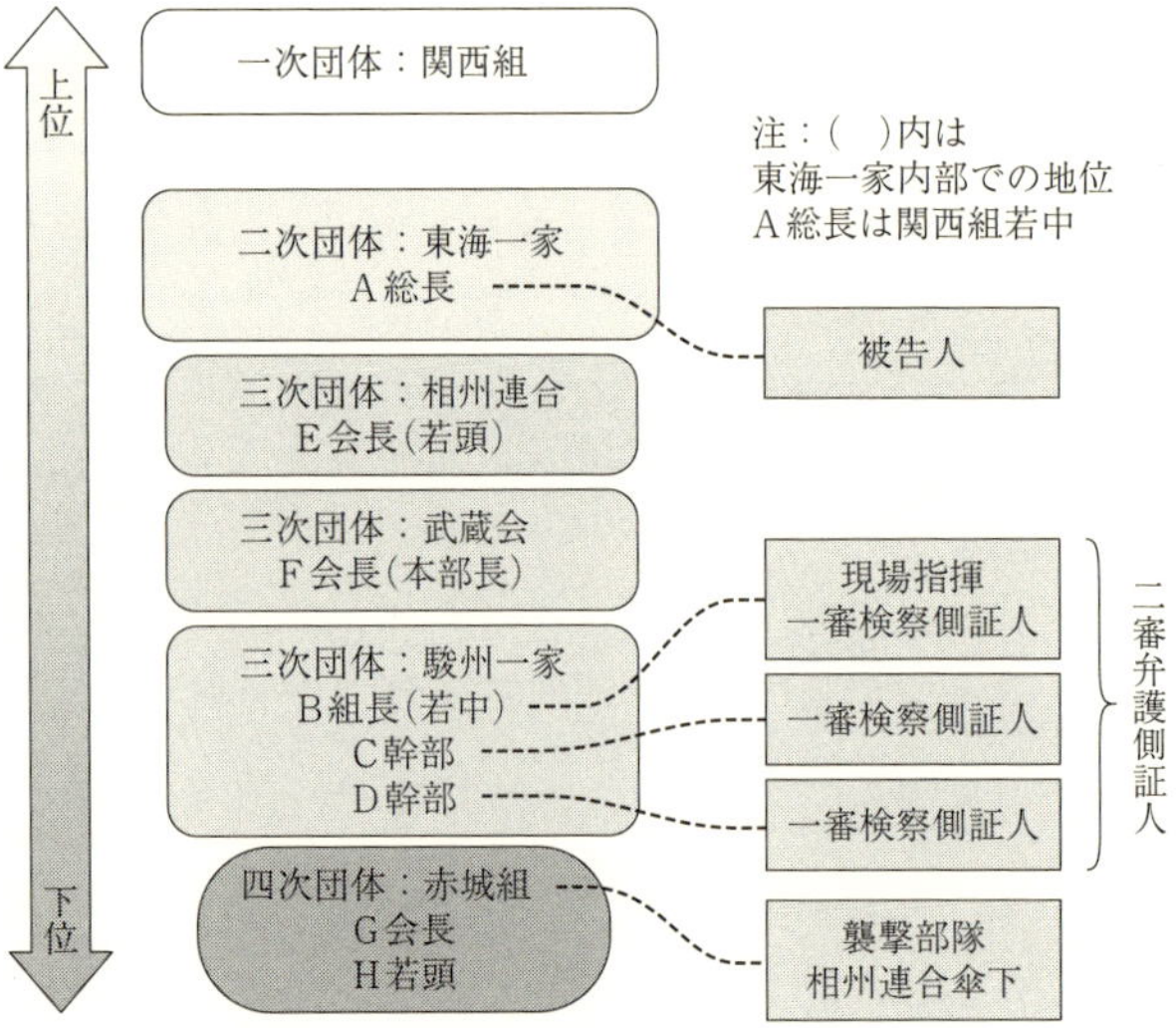

図3　東海一家関係団体の構図と供述者

団体）の関係者を刺殺した。そこで赤城組組員を中心に返し（報復）が行われ、関東一家傘下の中川会幹部が殺された。この情報は東海一家の若頭（序列二位）で赤城組が属する三次団体相州連合のE会長に伝わり、E会長から早朝にA総長に電話で報告された。その後A総長は定例となっている関西組本部行きの準備をしながら、子分のB組長に電話をした。このB組長は後に相手方組員射殺の現場に同行し、現場では最高位であったことなどから、現場指揮の実行犯の一人として懲役一四年が確定する。多くの組員がこの事件で逮捕・起訴され、一審の裁判員裁判では関西組の子分（若中）で東海一家の親分（総長）でもあるA被告がこの返しを組織・領導したとされ、組織的な犯罪の処罰及び犯罪収益の規制等に関する法律違反、銃砲刀剣類所持等取締法違反で無期懲役、罰金三〇〇〇万円の判決を受けた。

A総長は一貫して自らの関与を否定したが、A総長の子分で現場で殺害を指揮したとされた三次団体駿州一家B組長（当時：以下肩書などは事件当時）が、「総長から返しを命じられた」と供述し、また配下の同C幹部はA総長が返しに激しい意欲を示していたことを、同D幹部は組織的な返しであったことを証言した。被告A総長側の証言者たちは総長の関与を否定したが、すべて信用性を否定され、逆にB組長を含む検察側証人は「その信用性は極めて高いと言うべきである」（判決文）とされ、有罪となった（図4）。被告側は直ちに控訴した。

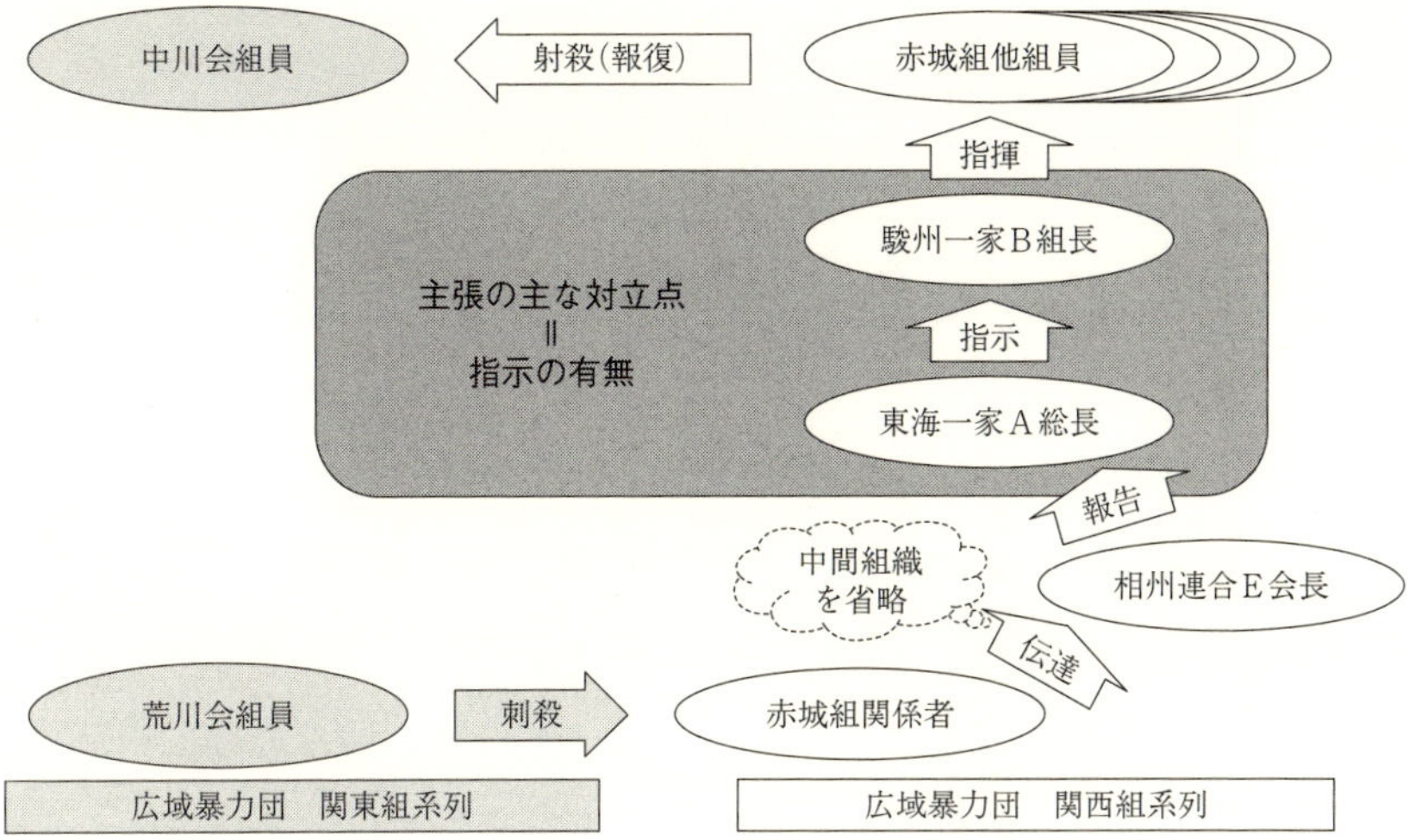

図 4　一審判決が描く事件の構図と主たる対立点

控訴段階で被告弁護団から筆者に対してB供述の鑑定依頼があり、その信用性について供述心理学的分析を行ったところ、一審判決とは逆の結論が得られた。その後、すでに服役中で鑑定のことは全く知らないB組長が、一審での自分の供述は検察との取引による偽証であったと語りはじめ、またB組長に従って検察側証人となっていたCとDも証言を覆し、三人すべてが二審公判でA総長は無関係であると証言した。

Bの二審での証言はその骨格はもちろん、鑑定が不合理と指摘した個々の点についても鑑定の指摘どおりに証言し、かつそのような嘘の証言が検察官と共にねつ造されていった過程を具体的に主張した。また鑑定で「事実を誠実に明らかにしようとする姿勢を持たない」と判定した供述特性についても、嘘を貫くためにそうなったと説明され、事態の展開全体がほぼ鑑定結果どおりに合理的に説明された。

しかし二審裁判官は不法な取調べがあったことを証明するために弁護団が請求した証拠類を一点を除き全く採用しないまま控訴棄却の判決を言い渡し、被告人は現在(二〇一七年二月)無罪を訴えて上告中である。

2　有罪認定のしくみ

この事件で被告人が有罪となった理由は、被告人が組織的に返しを行うことを決定し、配下に指示し、その指示に基づいて組員が組織的・計画的に犯行に及んだと認定されたからである。逆に言えばその指示が立証されなければ、被告人は無罪となる。

この点に関する一審段階のB証言では、総長の本部行きの世話をするために前日からホテルに待機していたところにA被告から電話があり、その情報を伝えられ、「行け！」と言われたように聞こえた、と主張された（Bの二審証言では傍線部は否定）(3)。

その後B組長は返しのために車で関東に向かっていたが、まもなくまたA総長から電話を受け、総長の自宅に来るように言われ、次のようなやりとりが行われたと証言した（傍線部はA被告がそのような発言はなかったと主張し、二審でB組長自身も否定した部分）。

> 本宅で、被告人は、近くに呼んだBに「聞いたか。」と言い、Bが「聞きました。」と答えると、「まあ、そういうこっちゃ。お前は今日は本部に行かなくていいからな。よし行っていいぞ。」と述べ、「行ってきます。」と言うBにうなずく仕草をした。（二審判決より）

これが裁判所が認定した「B組長に対する返しの指示」のすべてであり、仮に裁判所が認定したB組長の一審証言に基づいて考えても、「返し」に関する明確な指示の言葉はない。これらのやりとり単独でA被告が「即座に関東に行って返しを実行するようにB組長に指示した」と認定するには無理がある(4)。

そのためA被告の有罪を導き出すには、言葉の「隠された意味」を解釈によって補い、かつB組長がその意を汲み取って実行に移したとする必要がある。そこで判決は次の二つの主張を行っている。第一に「暴力団にとって、返しは組織の面目を保つために不可欠な行為であり、組織の浮沈を左右するものである」ということ、そして第二に「A被告は東海一家総長として、返しの実現に重大な関心を持つ」ということである。

この裁判所の主張に、相州連合E会長から傘下組織関係者殺害の情報が伝わったという確定した事実が加わることで、「被告人が本件の「返し」の遂行を望んでいたことは、疑いの余地がない」(二審判決)という断定が導かれた。この断定を基にして右のBの一審証言で語られたAの発言が、暗黙裡に返しの指示を行ったものだとする解釈が正当化されている(図5)。

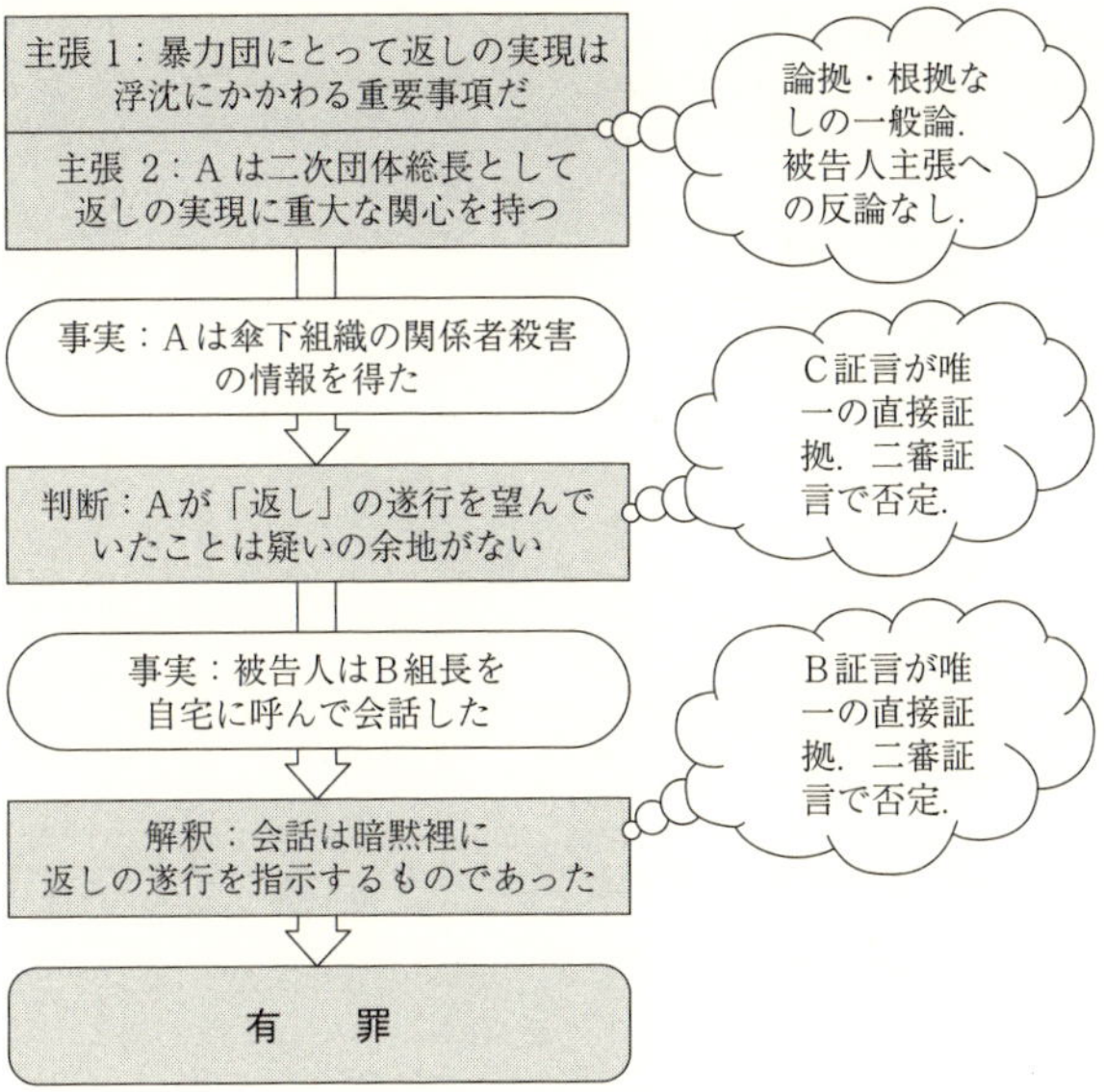

主張1：暴力団にとって返しの実現は浮沈にかかわる重要事項だ
主張 2：A は二次団体総長として返しの実現に重大な関心を持つ
論拠・根拠なしの一般論. 被告人主張への反論なし.
事実：Aは傘下組織の関係者殺害の情報を得た
C証言が唯一の直接証拠. 二審証言で否定.
判断：Aが「返し」の遂行を望んでいたことは疑いの余地がない
事実：被告人はB組長を自宅に呼んで会話した
B証言が唯一の直接証拠. 二審証言で否定.
解釈：会話は暗黙裡に返しの遂行を指示するものであった
有　罪

図５　指示の存在を主張する判決の有罪論理構成

このように「被告人には返しへの強い動機が存在していた」という裁判所の主張が有罪認定を支えているが、被告人の側は次のように反論する。①関東一家とは友好関係が築かれていた、②被告人と懇意な関東一家幹部がこのトラブルを収めてくれると期待できた、③関西組直系である二次団体総長は組員にとって雲の上の存在であり、数ある末端の四次団体のひとつにすぎない赤城組について被告人は名前さえ知らず、さらにその関係者など知るよしもなかった、④組織防衛上も二次団体の長は配下のトラブルに一切かかわらないしくみであった、⑤被告人は殺人事件で二度の長期服役を経験し、その後一切そのような行動を避けてきた、⑥組織として抗争を行ったことは皆無、⑦風呂上がりのパンツ姿(B組長に会った際の服装)で組員に「死ににに行け(返しは命がけ、長期服役)」と命ずることなど考えられない。したがって当時の情勢、組織原則、個人的動機のいずれについても返しを指示する理由は存在しない。

これら被告人の反論を見る限り、やくざ組織の原理や行動原則、被告人の個人特性として一貫性が感じられ、この主張を否定して裁判所の動機の背景に関する二つの主張が一般論として成り立ち、かつ本件に適用できるとするには慎重な検討が必要なはずである。しかし判決は論拠も示さずただ無視している。さらに判決で被告人が強い動機を持つと主張された直接の根拠も、別荘で返しの強い意欲を示したというC証言に限られ、他の理由は間接事実の裁判所による一解釈にとどまる。

この被告人を有罪とする証拠と論理の危うい証明を支えていた一審証言が、すべて二審で覆されたことになる(図5)。したがって二審判決が改めて有罪判決を書くには、一審のB証言とC証言こそが真正で、二審証言はすべて虚偽証言であることを証明しなければならない。次に裁判所が実際にはどのようにこの信用性判断を行ったのかを見てみる。

3　二審の信用性判断のしくみ

二審判決がBの一審証言の信用性を肯定する理由は、次のようにまとめることができる。

第一に証言の動機について、①一審証言の時点でB自身の刑は確定していて、検察の意に沿った偽証によって求刑に配慮してもらう必要がない、②証言によって裏切り者として組織から報復される危険が生じる、③取調べ段階で提供された、と二審でBが主張した利益は②の不利益に見合わない、④一審証言では検事から「無期懲役になる」と脅迫されはしなかったと証言していて、自由意思による証言と認められる、⑤当初A被告を守ろうとしたが、組織から切り捨てられ、やくざから足を洗う決意をしたという一審証言の動機が合理的である、といった理由が挙げられている。

第二に証言の質について、⑥一審証言は取調べ段階の供述経緯が関係者の言動や人物評価を交え生々しく不自然な点がなく、語られた行動の経緯も自然で信用性があるとされる。

第三に他の証拠との整合性についても、⑦一審証言はA被告が返しへの動機を持っていたという事実等とつじつまが合い、⑧通話記録という、組上層部との連絡の客観証拠と符合し、⑨返しの指示の事実についてはA被告の返しへの意欲に関するC証言、返しを支援していたとされたF氏と連携をとっていた事実はD証言、襲撃対象の決定と襲撃参加の事実はH証言によって十分裏付けられ、他の証言と符合している、といった理由が挙げられている。

この主張を支える理屈は次のようなものだと考えられる。

まず動機について「私的利益がなく、逆に不利益が明らかな証言をあえて行うのは、公益に従う行為である可能性が高く、したがって基本的に事実に基づいた誠実な証言が行われたと考えられる」という暗黙の仮定があり、その仮定を用いてA総長に逆らったB組長の証言信用性を主張していると考えられる。しかしそもそも証言それ自体が誠実に行われていないことが別に確定されれば、この推論は最初から無効であり、この動機に関する議論は結局第二の証言の質の評価に左右されることになる。この点は次節で改めて検討する。

他の証拠との整合性に関する判断については、⑦は先に見たようにC証言が信用できるかどうかで決まる。⑧は二審でB組長が「【弁護人：あなたはM検事と作文を作ったという話をしてましたけど。】電話履歴とETCの記録表を見て、けっこう、何日もかけてやった。…中略…それで、聞いたとか、Aさんが言いそうな言葉を、八秒だったかな、七秒だったかな、けっこう、その紙〔電話履歴〕を見ながら〔検事と話を〕作った」などと証言しており、仮にそれが事実であれば通話記録という客観証拠と証言がそろうのは当然で根拠にならない。⑨については結局ほかの証言が信用できるかどうかで決まり、特に返しの指示についてはCの一審での証言の信用性による。

以上のように見てくると、一審の裁判員裁判も二審も同様の論理で認めたBの一審証言の信用性は、証言の動機（利害関係）や他の証拠との関係によってではなく、その証言自体の内的な信用性（整合性や合理性、誠実性）によって評価されなければならないことになる。そこで次にこの点について筆者が行った供述分析の結果を簡単に説明する。

4　B証言の内的整合性と供述姿勢の評価

供述分析には様々な手法があるが（高木二〇〇六他）、ここでは供述という語り自身の整合性と、供述を行うというコミュニケーションの質（語りの誠実性）に焦点を当てて分析が行われた。前者は次のような仮定に根拠がある。客観的な事実はひとつであるとすれば、供述には矛盾があってはならない。したがって仮に矛盾が見られる場合、その矛盾の原因は何か（思い違い、記憶の変容、意図的な嘘など）について、検討する必要がある。

後者については次の仮定による。供述は「事実」について相手に語ることである。そこでは相手と「矛盾のない唯一の事実を共有すること」が目指され、そのためには相手の問いに正確に答えようとする姿勢が必要で、供述に矛盾が指摘された場合には修正しようとする姿勢が必要である。逆にそのような姿勢が見られない場合、その供述コミュニケーションは「事実を明らかにする」ために必要な条件を満たさないことになり、信用性が失われる。

ただしこれらの基準が満たされた場合でも、首尾一貫した思い違いなどがあれば事実にそった供述とは言えず、整合性や誠実性といった基準は「供述内容が事実であること」の十分条件ではなく、必要条件であり、他の証拠との突合せも必要になる。

以上を仮定し、B組長とA被告の警察での取調調書（員面）、検察での調書（検面）、公判調書、通話記録など書証五四通に含まれるすべての供述内容や資料を分析し、襲撃現場や被告人自宅、別荘などの関連場所一〇カ所について見分した結果、Bの一審証言や関連供述では、矛盾した供述や不自然な変遷が数多くあり、尋問でそれを指摘されても正そうとする姿勢に乏しく、むしろ論点をずらしたり筋違いの反論を行ったり事実上無視したり、不誠実な対応が一貫して見られた。しかもそれまでの取調べや法廷で虚言を繰り返していたことを自ら暴露して反省の色を見せない、といった展開が明らかであった。Bの一審証言は「事実を誠実に語る」姿勢がなく、むしろ「政治的な駆け引き」としての語りといった独特の性質を持っていると判断された。

Bの二審証言はこの鑑定分析を知らない状態で行われたが、上告に当たりその内容を分析したところ、次の点が明らかとなった。まず一審証言が整合性のない内容になった理由として、検察の意向に沿った無理な供述形成過程が具体的に説明された。また鑑定はBの一審証言が「政治的な駆け引き」のような性質を強く持っていると指摘したが、供述が元々検察との政治的な駆け引きから生まれ、法廷供述も同じ姿勢で行われたことが説明された。それが二審証言では証言の矛盾を指摘されると素直に認める姿勢へと変化していた。

これらの供述心理学的分析によれば、一審証言は非整合的で不誠実で信用性がなく、二審証言の方が整合的で信用可能であるという結論になる。だが一審判決はBの一審証言について「信用性は極めて高い」と述べ、二審は「供述経過に関する〔一審の〕Bの証言は、詳細かつ具体的で、取調べに当たった検察官や警察官、自己の弁護人、東海一家関係者の言動や人物評価を交えた生々しいもので、特に不自然な点がなく」「また、Bの原審証言は、被告人の側近であるBが、東名高速で関東に向かっていた途中に被告人の本宅に戻り、先乗りの役目を被告人から免除されて再び関東に向かい、Fらと連携して「返し」を実行した経緯として自然なものである」と、いずれも鑑定で具体的根拠を示して否定した主張によって全面的にその信用性を肯定している。

同一のデータに対し、鑑定と判決でなぜこれほど劇的な評価のズレが生ずるのだろうか。次節では判決にしばしば見出される分析視点と心理学的分析視点のズレについて初歩的な検討を行い、供述心理学が事実認定に果たすべき役割について述べる。

三　法と心理のディスコミュニケーション

1　主観的解釈を含む蓋然的評価に関する方法論的自覚について

二で分析したように、判決は根拠の示されない主張を一般論として立て、具体事例の評価を断定的に行ったり、本件に適用可能かどうかに疑問を残す推論法で評価を行ったりしている。また事実認定について重要な対立仮説（主張）を明確な論拠も示さずに否定し、単に自説を主張するパターンが繰り返されていることになる。

これらは実証性を重視する心理学的な思考法の訓練を受けた者の心理学的常識とは大きく異なっている。筆者は内外の心理学学術誌で論文審査を行ってきたが、そこで通常前提としている基準から判断すれば、この判決は実証系の論文に必要な事実確認の基本的手続きを踏襲せず、論理構成にも重大な瑕疵があり採択できない。

これほど著しい判断のズレが起こる原因について有名な最高裁判決の論理を手掛かりに考えてみたい(5)。そこでは法的な事実認定で求められる証明は自然科学的な証明ではないとされ、通常人が肯定できる蓋然性が重視される。事件というものが二度と再現することができない歴史的事象であり、判決の論理はそのような事象に関する証明であることは間違いなく、自然科学的な証明とはおのずとその判断構造が違うこともうなずける。問題になるのは、「通常人」という概念と「蓋然性」の判断基準であろう。

判断が「蓋然」的になる理由は、供述証拠などの証拠の評価は最終的には裁判官の主観的解釈としてしか成り立ちようがないからである。それゆえ議論を尽くしたうえで、最終的な判断は自由心証主義によって裁判官個人の主観にゆだねざるを得ない、ということは裁判手続きとしては理解可能である。

だとすれば、判決の妥当性を高めるには、主観的な解釈をより妥当なものとするほか方法がない。裁判で合議制がとられ、三審制や再審制度が存在することは、個別の裁判官の主観的な判断を繰り返し裁判官同士でチェックするシステムとして機能し、このことも主観的解釈の限界に対処する制度的保障になる。

だが、それだけで十分とは言えないことは、今も払しょくできない冤罪判決によっても明らかである。そこにさらなるチェックのシステムが必要となっており、そしてそれは決して絵空事ではない。たとえばDNA鑑定によって冤罪が自然科学的に確定した足利事件において、実は心理学者が冤罪被害者の自白の供述分析を行い、それが体験事実の供述としてみなすことは困難であることを鑑定で明らかにしていた(大橋・森・高木・松島二〇〇二)。裁判官が真剣にその結果を検討すれば、この悲劇は避けられたはずである。

二で取り上げた裁判事例でも、一審段階の供述分析を行うことで、その証言には信用性がないとの結論が出ている。そして実際に二審段階でその証言者が虚偽証言であったことを訴えるに至った。ここで重要なのは、単に証言が覆ったという「結果」が一致したことではなく、供述分析の具体的内容が二審段階の証言をほぼ正確に予測していたという事実である。しかし、ここでも二審裁判官は鑑定が根拠を明示して否定した一審の供述評価を、何の弁明もなく単純にそのまま踏襲するだけに終わり、どちらも心理学的分析の成果が一顧だにされていない。

心理学的鑑定もひとつの解釈にとどまらざるを得ない以上、その結果を絶対視する必要はない。しかし心理学はその性質上、主観的解釈の妥当性を実証的にも方法論的にも問い続けてきた学問である。そして右の二例に限っても、供述の具体的データの分析から何らかの心理学的合理性を基準に行われた判断は、その後の展開をほぼ正確に予測できていたことになる。根拠に基づく予測可能性の有無は科学にとって非常に重要だが、そのような現実的可能性を示してきている心理学的知見を現在の裁判所が十分活用できているとは考え難い現実がある。

この点の改善は今後法と心理の両者が現実の具体的事件への取り組みの中で相互に協力しあいながら進めていくべき重要な課題であると思える。

2　当事者の見えと「通常人」の見え

次に「通常人」について供述分析の視点から検討しておきたい。

まず「通常人」という言葉を使ったとしても、現実に「通常人」という人が具体的にいるわけではない。それはその人がそれまでの体験で「これが普通だろう」と感じている像以上ではなく、当然人によって何が通常人であるかの判断が異なるということが起こりうる。

そのことが特に問題になるのは、「通常」の基準が人や集団によって大きく異なる場合である。たとえば今回取り上げた事例では、裁判官・員が持つ「通常」と被告人および暴力団社会の構成員にとっての「通常」感覚のズレ、および法の専門家としての裁判官と非専門家としての証言者の間の「通常」の感覚のズレが事実認定や供述信用性の評価に極めて重要な部分で混乱を生んでいる。

前者はA総長が犯意を持っていたかどうか、動機の判断を確定する際に生じたズレで、裁判官・員は、暴力行為を繰り返すやくざは返しが重要で、相手になめられないように、返しに必死になるといった「通常人」の理解を単純に前提とし、供述の解釈を行っている。しかし先にも述べたように、被告人の主張するやくざの世界の倫理・行動原理はそのような単純なものとは考えにくく、もしそうならば被告人の行動を裁判官・員の「通常人」の理解に沿って解釈することに合理性がなくなる。

またやくざ組織は擬制的親子関係の原理によって成り立ち、上下関係のある組織間も同様である。各組織には家族的な自治があり、上位組織のトップと言えども、下位組織の「家庭内自治」を無視してその構成員に直接命令することはできない。しかし判決はそのようなやくざ的「常識」を顧慮せずあたかも近代的軍隊の上意下達関係のような単純な展開を描いており、その結果当事者の行動解釈に合理性を失っている。

次に後者の例を挙げる。B組長は二審証言で「一審証言は自分の刑を軽減するために検察に協力した偽証である」と主張した。しかし裁判長は、B組長が実質的には殺害の現場指揮を行っておらず、明確な殺害意図もなかったと述べたことを取り上げ、そうであればそもそもその点を主張することで不当な刑を逃れるべきで理屈に合わないと厳しい口調で追及した。判決でもその矛盾をBの二審証言が信用できない根拠の一つとしている。

だがB組長によれば、当時検事ばかりでなく、B組長の担当弁護士までもが刑は軽くなっていると当人に説明しており、仮にそれが事実であれば、法の素人であるB組長がそう理解することになんら不思議はない。量刑に関する「専門家の常識」は専門知識のない「素人の利害判断」とは異なりうることを見落とし、不合理と誤って処断する例を別の事件にも見る。

心理学が当事者の述べる主観的動機を否定する場合、精神分析的に「意識されない抑圧された動機」を論ずる、あるいはそもそも動機という心的概念を用いずに行為の構造を分析する形で「客観的」な説明を行うといった原理の異なる二極の方向がある。だがこの判決はそのどちらでもなく、一方で当人の主観的動機を根拠としたかと思えば、他方で当人の主観の構造を無視した第三者的解釈を行い、かといって両者を統合的に理解する視点もみあたらず、解釈の論理に一貫性が見られない。そのため個々の判断が場当たり的で著しく恣意的に見える。

3　まとめ

ここで取り上げた巻き込み型と思われる事例は、被告人有罪のほぼ唯一の直接証拠と言える一審証言が、証言者自身の意思で二審で覆されたという珍しい事例である。そして筆者による鑑定は結果としてその二審証言の内容をほぼ正確に予測するものとなった。だが二審裁判所はその鑑定書を証拠採用せず、その他の新たな証拠調べ等も行わないまま、鑑定とは全く異なる結論を維持した。

上記の通り、筆者の視点からはその判決は事実認定上、あるいは論理上数多くの問題を抱えているように見えるが、しかしそれは単に個々の裁判官の不注意などで説明可能なものとも思えない。詳細は今後のさらなる判例分析に待つが、この判決には現在の裁判所の事実認定や供述信用性評価に通底する、独特の法実務上の「常識的」視点(たとえばパターン化された演繹的評価スタイル)が安定的に存在するように筆者には感じられる。それはおそらく多くの場合で裁判実務に有効に機能するが、ボタンを掛け違うとおかしな結論を導き出すような危険性を持ったものである可能性がある。

人は社会的行為を行うときも、他者の社会的行為を理解する際も、通常自らの主観的な解釈法を「常識」として無意識に用いる(山本二〇一五)。だがお互いの無自覚な「常識」の間に著しいズレが隠れている場合、様々なディスコミュニケーション事態が生まれる(山本・高木二〇一一)。ここで検討した裁判事例も、裁判官・員と当事者の持つ異質な「常識」間に生まれたディスコミュニケーションの典型例ともいえる。当然そこでの事実認定は、判断者の解釈法に引きずられ、心理学的合理性を失う危険性が高まる。その危険性の回避のためには自己の「常識」の相対化を経て、改めて当事者の視点から心理学的合理性に基づく解釈の妥当性の検討を行う必要がある。

本章ではただ一裁判事例にこだわって議論を展開したが、それは個別具体の中に普遍を見出そうとする、事例研究的心理学に特徴的な方法であり、とりわけ近年の実践的あるいは質的な研究では重視される。その他にも様々なタイプの方法があるが、いずれも「心理学的合理性」を様々な角度から追求する点ではそれらすべてがつながっており、この点で裁判実務に対して供述の心理学的分析が果たす役割は小さくないと思える。

（1）　共同主観という言葉は多様に使われうるが、ここでは他者の視点を組み込んで成り立つ間主観的関係をベースに、第三者的な視点を構造的に組み込んで成り立つ主観のあり方を共同主観と表現することとする（山本二〇一五）。人間の客観も基本的にこの一形態となる。

（2）　X次団体とはやくざの「組織間の序列」を表す言葉で、トップ組織が一次団体、その一次団体の組員が組長となって作るのが二次団体、その組員が組長となって作るのが三次団体となる（図3）。

（3）　「【弁護人：その〔初期の〕調書の中に、朝、行けと聞き間違えましたというそういう内容が入っていたかどうかです。】それは、ずっと後のことなんじゃないんですか。【後ね。そのときは何だったの。】それを〔「行け」と〕聞き間違えたとかそういうのは、二二七〔裁判官の前で行う特別の証言〕の練習してるときに、俺、けっこう前からやってたんだよね、〔検事と一緒に〕二二七の練習を、年が変わってすぐに。それで、M君〔検事〕が、携帯の履歴、時間の誰と何分話したとか何秒話したとか、あれを2人でじっくり見ながらいろいろ〔話を〕作ったんだよ。その頃は。【なぜその聞き間違えたという実際にはない話になったんですか。】いや、〔公判の場にいる〕Aさんの前で悪いが、事件の首謀者にするため、Aさんを首謀者にでっち上げたことと、それと東海一家全体でやったことにしてほしいということを〔検事に〕頼まれた。」（二審尋問調書）

（4）　被告人の主張は、B組長が本部入り準備に遅れてきたから、今日は行かなくていいと言っただけだというもの。

（5）　「元来訴訟上の証明は、自然科学者の用いるような実験に基くいわゆる論理的証明ではなくして、いわゆる歴史的証明である。論理的証明は「真実」そのものを目標とするに反し、歴史的証明は「真実の高度な蓋然性」をもつて満足する。言いかえれば、通常人なら誰でも疑を差挟まない程度に真実らしいとの確信を得ることで証明ができたとするものである」（最高裁昭和二三年八月五日判決　刑集第二巻九号一一二三頁）

参考文献

厳島行雄・仲真紀子・原聰　二〇〇三　目撃証言の心理学　北大路書房
大橋靖史・森直久・高木光太郎・松島恵介　二〇〇二　心理学者、裁判と出会う：供述心理学のフィールド　北大路書房
木谷明　二〇一〇　刑事事実認定の基本的あり方　木谷明編　二〇一〇　刑事事実認定の基本問題　第2版　一―二八　成文堂
周防正行　二〇〇七　それでもボクはやってない：日本の刑事裁判、まだまだ疑問あり！　幻冬舎
高木光太郎　二〇〇六　証言の心理学　中公新書

浪床昌則　二〇一〇　共犯者の自白の信用性　木谷明編　二〇一〇　刑事事実認定の基本問題　第2版　二八五―三一二　成文堂
日本学術会議　二〇一一　提言　科学的根拠に基づく事情聴取・取調べの高度化　www.scj.go.jp/ja/info/kohyo/pdf/kohyo-21-t133-9.pdf
浜田寿美男　一九八六　証言台の子どもたち　日本評論社
浜田寿美男　二〇〇二　〈うそ〉を見抜く心理学　ＮＨＫブックス
浜田寿美男　二〇一六　もうひとつの「帝銀事件」　二十回目の再審請求「鑑定書」　講談社選書メチエ
Wagenaar & Van der Schrier, 1996　Face recognition as a function of distance and illumination: An practical tool for use in the courtroom, *Psychology, Crime, & Law*, 2, 321-332.
若原正樹　二〇〇七　被告人の自白の信用性　小林充・植村立郎　二〇〇七　刑事事実認定重要判決50選（下）　補訂版　二三一―二四〇　立花書房
山本登志哉　二〇〇一　虚偽事実の無意図的な共同生成と証言者の年齢特性：幼児と大人の語り合いはどうすれ違うか　法と心理　1(1)　一〇二―一一五　法と心理学会
山本登志哉（編）　二〇〇三　生み出された物語：目撃証言・記憶の変容・冤罪に心理学はどこまで迫れるか　法と心理学会叢書　1　北大路書房
山本登志哉・高木光太郎（編）　二〇一一　ディスコミュニケーションの心理学：ズレを生きる私たち　東京大学出版会
山本登志哉　二〇一四　〇〇供述の信用性に関する供述心理学鑑定（東京高等裁判所第11刑事部平成25年（う）第1503号）
山本登志哉　二〇一五　文化とは何か、どこにあるのか　新曜社

4　供述採取過程の可視化と犯罪の証明

豊崎七絵

一　取調べをめぐる問題点

取調べの密室性と取調べ方法の裁量性

刑事手続きでは、適正な手続きを踏まえながら、過去の出来事の痕跡が残った証拠を採取し、最終的には、その証拠によって犯罪事実が証明されるか否かを問う。過去の出来事の痕跡が人の知覚に残った場合、それが記憶され、表現・叙述されて、裁判所は人の供述を知覚することができる。裁判所は、その知覚した供述から、過去の出来事を推認できるか否か、検討する。これが供述証拠である。

もっとも被告人や証人が公開の法廷で供述するのではなく、捜査機関が取調べで被疑者や参考人の供述を書き取った調書が証拠とされ、裁判所は、その供述調書から、過去の出来事を推認できるか否か、検討することがある。しかし取調べは、公判廷での証拠調べと異なり、公開されていない。また取調べの方法についても、なるほど最近では心理学の知見を参考とする動きもあるけれど(URL①)、なお取調べのための細則の定めはないから、取調べ方法の規制は極めて不十分で、捜査官による裁量の余地は大きい。たとえば特定の答えを暗示したり要求したりする誘導尋問は、供述内容を歪めるおそれがあるという理由で、証人尋問では原則禁止されている(刑事訴訟規則一九九条の三第三項

〜五項参照)。ところが取調べでの誘導については禁止規定がなく[1]、取調べの密室性ともあいまって、捜査官によって度々用いられているのが現状である。

被疑者の供述調書の問題点

捜査機関による取調べで作成される供述調書についても、次のような問題点がある。

刑事訴訟法は「被疑者の供述は、これを調書に録取することができる」と定める(一九八条三項)。つまり調書を作成するか否かは捜査機関の裁量事項である。これでは取調べ過程が客観的なかたちで記録化されない。また被疑者の否認・弁解など、「被疑者が犯人である」と見込む捜査機関にとって都合の悪い部分が、調書化されない危険がある。

また自白調書の記載の仕方にも大きな問題がある。自白調書のほとんどは、捜査官の質問と被疑者の答えとを区別しておらず、被疑者が、生い立ち、経歴、犯行の動機、犯罪行為、犯行後の行動といった体験を、物語のように、次から次へとよどみなく独白するという記載の仕方になっている。すなわちそれは、被疑者から引き出した供述について、捜査官の観点から、不要なところや被疑者が犯人であるとすれば不合理なところ(つまり、自白調書の信用性に疑問が差しはさまれうるところ)などを取り除いて整理し、「捜査官のことば」を使いながら、あたかも「被疑者のことば」であるかのように表現し直したものである。自白調書が「捜査官の作文」といわれるゆえんである。

参考人の供述調書の問題点

目撃者などの参考人の供述調書についても、「被疑者が犯人である」という捜査官の見込みに合う、「捜査官の作文」としての調書が作成されるという問題がある。

ただ参考人の場合、その初期供述は、捜査官の誘導から比較的免れていることがある。なぜなら、そもそも出来事の知覚の過程に誤りがないということが大前提であるけれども、参考人自身の記憶がクリアで、捜査官も未だ被疑者を特定していないからである。ゆえに初期供述については、調書というかたちではあっても、参考人が知覚したという出来事について、かなり如実に書き取られている可能性がある。

しかし、その後、捜査官が被疑者を絞り込む中で、参考人に対し「被疑者が犯人である」ことを暗示する取調べが行われ、参考人の供述が暗示内容に合うように変遷してしまうというケースが度々存在する。さらに、そのような事件が起訴された場合、検察官は「被告人が犯人である」という主張に合う供述調書については証拠請求する一方、検察官主張とは矛盾する初期供述の調書は請求しない。なぜなら検察官は、犯罪事実を立証する当事者として、その立証に役立つ証拠を選んで請求するからである。そこで初期供述の調書やメモをはじめ、捜査・訴追機関の手持ち証拠を、被告人・弁護人に全て開示するということが重要になってくる。たしかに捜査官によって調書が作成されていること自体、初期供述いかんにかかわらず、参考人の供述が漏れなく、ありのまま書き取られているわけではないと割り引く必要はある。しかし証拠が全面開示されることによって、参考人の供述の経過や変遷が相当明らかとなり、その変遷の理由＝捜査官による暗示を推認できる場合がある。ゆえにこのような証拠開示は、一定の限界はあるとしても、取調べの密室性に風穴を開けるものといえる。

二　証拠としての供述の意義

証拠の意義

冒頭で述べたとおり、裁判所が犯罪事実を認定するには、その根拠となる資料、すなわち証拠が必要である。裁判官も裁判員も、過去の犯罪事実そのものを知覚することはできないから、過去の出来事の痕跡が残った証拠から、果たして犯罪事実が推認されるか否か、検討することになる。

犯罪捜査では、捜査機関は、たとえば首の部分に圧迫された跡のある遺体から殺人について嫌疑を抱き、犯人を捜したり、証拠を収集したりする。捜査機関も、過去の犯罪事実そのものを知覚することはできない。

供述証拠と供述過程

犯罪や犯罪に関連する出来事の痕跡が人物Aの知覚に残ったとき、それが記憶され、さらに表現・叙述されるという供述過程をたどって、Aの供述が裁判所の知覚されるところとなる。そして裁判所が、その知覚したAの供述から出来事の存在を推認しようとするとき、今度はAの供述過程を逆にたどるかたちで、Aの叙述、表現(真摯性)、記憶、知覚というそれぞれのプロセスに誤りがないか、チェックしなければならない。すなわち、①Aの叙述は適切か(言葉どおりに理解してよいか、言い間違いはないか)、②Aの表現は誠実か(記憶どおりに正直に述べているか、ウソを述べていないか)、③Aの記憶は正確か(記憶違いはないか)、④Aの知覚は正確か(見間違い、聞き違いなどはないか)、ということである。

Aが、たとえば犯罪そのもの、あるいは犯罪に関連する出来事の目撃者であるといわれるとき、このような被告人以外の者については、公判廷で証人として尋問を行い、①から④それぞれのプロセスをチェックする。もしAの供述が、このような公判廷での証言ではなく、たとえば捜査機関が取調べで作成した調書として出てきた場合、反対尋問によるテストができないので、伝聞証拠として排斥されなければならない(憲法三七条二項、刑事訴訟法三二〇条一項)。

このようにしてAが被告人以外の者である場合、その供述は公判廷での証言としてなされなければならない。もっとも、一定の例外要件を満たすとき、Aが自分で作った書面や、Aが他人に話したことをその他人が書き取った書面が、証拠として許されることがある。前者を供述書、後者を供述録取書という。そして供述録取書のうち、特に捜査機関・裁判機関が作成したものを供述調書という。

被告人の供述の場合

それではAが被告人本人である場合はどうか。被告人Aの供述は、多くの場合、公判廷での被告人供述として出てきたり、警察や検察が取調べで作成した供述調書として出てきたりする。

公判廷での被告人供述についても、裁判所がその供述から被告人が知覚したという出来事を推認しようとするとき、上述の①から④それぞれのプロセスに誤りがないか、チェックする必要がある。もっとも被告人の場合、包括的な黙秘権が保障されていて(憲法三八条一項、刑事訴訟法三一一条一項)、終始沈黙し、または個々の質問に対して供述を拒むことができるから、証人にはなれない。つまり被告人については、証人尋問ではなく、被告人が任意に供述するとき、その供述を求めることができるという被告人質問による(刑事訴訟法三一一条二項・三項)。

他方、捜査機関が取調べで作成した供述調書が、一定の要件を満たすとき、証拠として許されることがある。捜査官には調書作成義務がないこともあって、実際に深刻な問題となるのは自白調書の許容性であるところ、法律上、本人の署名・押印があれば、任意にされたものでない疑いがないということを条件に、証拠として許されてしまう(刑事訴訟法三二二条一項、三一九条一項)。

証拠の許容性は、その証拠を提出する当事者に挙証責任がある。ゆえに被告人が自白の任意性を争うとき、その任意性があるということについて検察官に挙証責任がある。しかし、任意にされたものでない疑いを抱かせるような取調べがあったか否か、証人として法廷に出頭してきた捜査官と被告人との水掛け論になった場合、裁判所は、捜査官の供述が信用できるとして、自白の任意性を認め、自白調書を採用してしまうことが多かった。そして、このような自白の任意性立証をめぐる水掛け論を改善しうるものとして、取調べの可視化、具体的には弁護人立会いや録音・録

画制度の必要性が説かれてきたという経緯がある。(2)

三　可視化と供述過程・供述採取過程との関係

可視化の意義

そもそも刑事手続きにおける可視化とは、「刑事手続きのうち、人為的な操作によって密室化されたプロセスを、そのような操作を止めることによって、第三者に開かれたものにすること」を意味しよう。日本の取調べ実務は、被疑者取調べにせよ、参考人取調べにせよ、捜査機関が、意図的に、弁護人の立会いを認めず、録音・録画も認めないことによって人為的につくり出された、密室的な供述採取過程である。しかし、立会いや録音・録画がなされさえすれば、その密室性は解除されうるのである。

他方、知覚・記憶・表現・叙述という供述過程は供述者の心理的プロセスであるから、この過程につきまとう様々な問題が、取調べという供述採取過程の可視化によって、丸ごと解明されたり、解消されたりするわけではない。たとえば、「目撃者の視力が悪くて、見間違いの危険がある」という知覚の問題や、「目撃から長期間経過していて、記憶違いの危険がある」という記憶の問題は、日常生活でも生じうる、人の認識能力一般に関するものであり、少なくとも刑事手続きの可視化によって、その問題が解消されるわけではない。(3) あるいは、「妻をかばうため、身代わり犯人としてウソを言う危険がある」という表現(誠実性)に関する問題も、そのウソが、取調べでの捜査官の働きかけなどによるのではなく、もっぱら本人の個人的選択に由来するのであれば、やはり可視化によって解消されるものではない。(4)

可視化の機能と展開

そうであるならば可視化の機能とは、人がとりわけ参考人や被疑者という立場に置かれ、その取調べで記憶を喚起し、さらに表現・叙述をせざるを得ないとき、人が日常生活で記憶・表現・叙述するときよりも一層、歪みや誤りの危険が大きくなるという問題について、取調べの密室性が解除されることにより、アプローチしやすくなるというものである。たとえば取調べの録音・録画記録の視聴によって、取調べで誘導があったことが確認されれば、誘導により記憶や表現・叙述に歪みが生じたのではないかという具体的な疑いが生じうるということである。

なるほど記憶・表現・叙述といった人の心理状態そのものを知覚することはできないから、捜査官の誘導と供述者の記憶・表現・叙述の歪みとの因果関係の存在は推認にとどまる。しかし取調べでの誘導があっても、なお供述者の記憶・表現・叙述に歪みがないということの挙証責任は検察官にある。

このようにして可視化は、知覚・記憶・表現・叙述という供述過程そのものを知覚させうるものではないが、たとえば録音・録画であれば、取調べという供述採取過程の記録を知覚させうるものであり、「捜査機関による供述採取の姿勢・方法が、供述者の記憶・表現・叙述という供述過程を歪ませる」という問題にアプローチするための手がかりとなる。また、この問題に関する事例が集積されれば、それを根拠に、取調べのための細則を定めることも可能になろう。そして、いったん細則が確立すれば、たとえ当該ケースについては、取調べの方法・姿勢と記憶・表現・叙述の歪みとの因果関係が明白でないとしても、そのような取調べの方法・姿勢があったという一事をもって、細則に反するという理由で、その違法性を論じることができるようになる。

可視化と直感的印象

もっとも、これとは異なり、捜査機関による供述採取の姿勢・方法については度外視した上で、録音・録画記録を視聴しても知覚できないはずの供述者の心理状態、すなわち供述過程そのものを、録音・録画記録の視聴からストレートに推認しようとするならば、かえって判断を誤る危険は大きいといわなければならない。たとえば、被疑者が泣いて自白している場面の記録を視聴して、「不本意に自白させられたことによる悔し涙である」可能性などを顧慮せず、「犯した罪に対する悔悛のあらわれであり、自白はウソではない」と即断するのは、危うい直感的印象である。

以下の検討では、論証の道筋をできる限り明確にするため、また二〇一六年刑事訴訟法改正が被疑者の取調べについて録音・録画制度を導入したため、被疑者の自白と録音・録画制度を念頭に置きながら、可視化の意義と限界を論じることにする。もっとも本章で論じることは、参考人供述と可視化との関係についても、該当しうるところがある。

四　二〇一六年改正における取調べの録音・録画制度の概要と問題点

録音・録画制度の概要と問題点

二〇一六年五月二四日、第一九〇回国会・衆議院本会議において「刑事訴訟法等の一部を改正する法律案」が可決成立し、六月三日に公布された。二〇一六年改正の直接的なきっかけは、強引な取調べや検事による証拠物の改ざんが問題となった厚生労働省元局長無罪事件(村木事件)であり、冤罪を生まない刑事手続きを目指すとうたわれ、その中心課題は取調べの録音・録画制度であった。しかし同改正は、通信傍受(盗聴)の拡大や、無実の者を引っ張り込む危険のある協議・合意制度(司法取引)などを導入し、取調べの録音・録画制度自体についても、次のような問題点を含むものであった。

改正法は、録音・録画制度の対象事件について、全公判事件の二%から三%にすぎない裁判員裁判対象事件と検察官独自捜査事件とした上で(刑事訴訟法三〇一条の二第一項。以下、断りのない限り、条文は同法による)、さらに録音・録画義務を逮捕・勾留中の被疑者の取調べに限定し、在宅被疑者の任意取調べや参考人の取調べは除いた(三〇一条の二第四項)。

それでも改正法については、「対象事件では、身体拘束中の被疑者取調べの全過程を録音・録画することが原則となる」点で、評価する向きもある(後藤二〇一六：一三、一七)。しかし逮捕・勾留中の被疑者も、その前に任意取調べを受けていたり、重要参考人として取り調べられていたりという場合もあり、実際、足利事件のように、任意取調べでウソの自白がなされるケースもある。身体を拘束されているか否かにかかわらず、取調べを全て可視化しなければ、取調べの全過程を可視化したとはいえない。

また改正法は例外事由を設けている(三〇一条の二第四項一号〜四号)。たとえば、「記録をしたならば被疑者が十分な供述をすることができないと認めるとき」には録音・録画しなくていい(同条同項二号・四号)。条文自体あいまいであるばかりか、録音・録画によって取調べを適正化することよりも、とにかく取調べを実施して供述(自白)を獲得することを優先させているといわざるを得ない。

さらに改正法は、先に述べたとおり、逮捕・勾留中の被疑者の取調べに録音・録画義務を課す一方、自白調書の任意性を立証するための、検察官に義務付ける証拠調べ請求の対象については、「当該書面が作成された取調べ……の開始から終了に至るまでの間」の録音・録画記録とする(三〇一条の二第一項)。つまり、録音・録画義務が課される取調べの範囲より、任意性を立証するために録音・録画記録の証拠調べ請求義務が課される取調べの範囲は狭いという解釈を可能にするような、条文の書きぶりになっている。しかしこれでは、自白調書が作成される前の取調べで被疑者に不当な圧力がかけられ、その影響が続く状態で調書が作成されてしまった場合、任意性の判断に誤りを生じさせることが懸念される。

そして改正法は、自白調書の信用性評価のために録音・録画記録を補助証拠として用いることや、(自白調書を使わずに)録音・録画記録そのものから有罪の心証をとること(録音・録画記録の実質証拠的利用)を制限する明文の規定を設けていない。なるほど録音・録画記録は、(改正法ではそもそも果たされなかったが)全ての取調べに及ぶことを最低の条件として、捜査官の誘導などを防止ないしチェックする機能を持つものとして期待されてきた。つまり録音・録画記録の視聴によって、裁判所をはじめとする第三者は供述採取過程にアプローチしうるから、それによって捜査機関による供述採取の姿勢・方法を監視し、ひいてはコントロールすることができると考えられてきたわけである。しかし、これとは異なり、録音・録画記録の視聴によっても、裁判所が知覚することのできない被疑者の心理状態(知覚・記憶・表現・叙述という供述過程)を、その視聴からストレートに推認しようとすれば、その推認は直感的印象に頼らざるを得ず、誤りの危険があるといわなければならない。

この危険は、後述のとおり、自白の任意性判断という局面であれ、自白の信用性評価という局面であれ、生じうる問題である。

糺問的取調べ中心主義と可視化の限界

しかも取調べに関する改正法の問題点は、以上の録音・録画制度の問題点に尽きるわけではない。すなわち、被疑者が身体拘束されている状態を自白獲得のために不正流用するという、日本特有の糺問的取調べ中心主義が改められないまま、上述のような録音・録画制度が導入されたことの限界をよく考えなければならない。

改正法の下、逮捕・勾留された被疑者の取調べが録音・録画されることになるところ、その逮捕・勾留された被疑者のほとんどは警察の留置施設で拘禁されており、警察がその処遇を担っている。いわゆる代用監獄制度である。(5) このような警察拘禁の下、食事、睡眠、用便など全ての処遇が警察によって四六時中支配され、取調べ時間も法定されていないから、自白しなければいつまで取調べが続くか、食事や睡眠をさせてもらえるか、被疑者は見通しのつかない状態に置かれる。なるほど処遇をつかさどる留置担当官は犯罪の捜査に従事してはならないとされる（刑事収容施設及び被収容者等の処遇に関する法律一六条三項）。しかし捜査業務と留置業務との分離といっても、警察内部の組織上の分離にすぎない。また被疑者の適正な処遇や権利を侵害する捜査・取調べが行われても、留置担当官はこれを打ち切る権限を持つものでもない。

また日本の捜査機関は、逮捕・勾留された被疑者には取調べ受忍義務がある、すなわち取調べを拒否する権利はないとし、取調べへの弁護人立会いも認めないという立場をとっている。警察拘禁制度（代用監獄制度）と取調べ受忍義務を課した取調べ自体、被疑者にとっては強制であり、この強制状態から免れようとして、ウソの自白をし、その自白を維持してしまう原因となる。

さらに警察逮捕の場合、最長二三日間、被疑者としての身体拘束（逮捕・勾留）が可能であり、その間、警察拘禁の下での強制的な取調べが行われる。被疑者については、一定の保証金を納めて釈放する保釈制度もないから、いったん身体が拘束されてしまうと、これを解くのは難しい。

このような糺問的取調べ中心主義が被疑者に与える不当な圧力は、取調べの録音・録画によって取り除かれるものでもないし、録音・録画記録を視聴することによって把握されうるものでもない。

五　自白の任意性と被疑者の心理状態

自白の任意性をめぐる考え方

可視化が、自白の任意性立証をめぐる水掛け論を改善しうるものとして期待されてきたことは、すでに述べた。もっとも自白が任意にされたものでない疑いがある、あるいはそのような疑いはないというのは、具体的にはどういうことか、すなわち任意性の基準がはっきりしなければ、さらに任意性の基準が適切なものでなければ、取調べの可視化（さしあたり取調べの録音・録画を想定しておく）によって判断材料が増えたとしても、その材料を適切に用い、自白の任意性について適切に判断することはできない。

そもそも自白の任意性については、①供述者の心理状態に着目しながら、ウソを言うおそれがあれば排除するという考え方、②同じく供述者の心理状態に着目しながら、その意思決定の自由が害されるおそれがあれば排除するという考え方、そして、③捜査機関の態度・方法に着目して、そこに違法性が認められれば自白を排除するという考え方がある。

心理状態に関する事実認定の難しさ

まず①と②は、供述者すなわち被疑者という取り調べられる側の、心理のあり様に着目する点で共通する。もっとも第三者は被疑者の心理のあり様そのものを知覚できないから、心理状態に関する事実認定は簡単ではない。すなわち言動や表情といった供述者が表出したものから、供述者の心理のあり様いかんを推測しなければならない。また供述者の心理状態に何らかの影響があれば直ちに自白は排除されるのではなく、①であればウソを言うおそれがあるほどの、また②であれば意思決定の自由が侵害されるおそれがあるほどの影響でなければならない。詳細は、次のとおりである。

①にせよ②にせよ、取調べの録音・録画記録を視聴することができたとしても、裁判所が、そこから供述者の心理のあり様がどのようなものであったか、如実に理解するのは容易ではない。被疑者が泣きながら自白している場面だけを視聴したとしても、それが犯した罪に対する悔悛のあらわれか、ウソの自白をしてしまったことによる悔し涙か、それとも不本意に供述をさせられたことによる悔し涙か、見抜くのは難しい。なるほど、このように真偽不明という

ならば、検察官に自白の任意性についての挙証責任がある以上、裁判所は自白の任意性はないと本来判断すべきである。しかし実際には、「無実の者があえて自分に不利な自白をするわけがない」という先入観や「犯人を逃すことがあってはならない」という治安優先主義の下、「自白にウソのおそれはない」、「被疑者は自分の意思で供述した」などと、直感的印象で判断してしまう危険がある。

そこで、自白の場面だけでなく、自白に至る経過も録音・録画され、その記録を視聴することによって、たとえば被疑者が「無実である」と何度言っても捜査官は全く相手にしないとか、捜査官が「自白しなければ刑が重くなる」と被疑者に言っているといった経緯が明らかになれば、そのような捜査官の対応・言動が被疑者の心理状態に影響を与え、泣きながら自白してしまったのではないかという、具体的な手がかりが得られる。ゆえに可視化は、自白場面だけでなく全面的になされなければならないのは、そのとおりである。

ただし被疑者の心理状態に影響を与えたのであれば直ちに自白が排除されるのではなく、①はウソのおそれを、また②は意思決定の自由が害されるおそれを、それぞれ要求する。もちろん自白の任意性については検察官に挙証責任があるから、そのような捜査機関の対応・言動があったとしても、ウソを言ったり、意思決定の自由を害されたりするおそれはないということが明らかにされない限り、自白の任意性は本来否定されなければならない。しかし心理状態に関する事実認定の難しさゆえに、直感的印象に基づき、そのようなおそれはないと断じられる危険はなお残る。

取調べ以外の場面で被った心理的影響と可視化

また全面可視化といっても、そこで一般的に意味されているのは取調べの全面可視化であるから、被疑者が取調べ以外の場面で被った心理的影響について手がかりを提供するものではないという限界がある。

そもそも取調べについては、「供述調書を作るための質問が取調べであるという形式的な理解」に立つのではなく、

「被疑者に犯行再現動作をさせて写真に撮影するような捜査」や「被疑者に死体の隠し場所まで案内させるといった捜査」も、「動作による供述を求める行為であるから、実質的な意味では取調べとみるべき」であり、録音・録画義務の対象に含まれるという見解(後藤二〇一六:一三)がある。この見解は、それ自体、正当である。

しかし、たとえば警察の留置施設から取調室に移動する途中、留置担当官であれ捜査官であれ、警察官が被疑者に対して「お前の人生は終わった」とか「お前の家族が泣いている」と発言した場合、これが供述を求める取調べであると評価されるか否か、微妙である。まして取調べの「形式的な理解」によれば、取調べではないということになるであろう。だが仮に取調べではないとしても、このような発言が被疑者に心理的影響を与え、被疑者は心が折れて取調べに臨み、自白してしまうという状況はありうる。すなわち全面可視化といっても、その対象は取調べであることが前提とされるので、取調べ以外の場面で被る心理的影響は顧みられなくなる危険がある。

「合法」のルーチンワークと可視化

また心理的影響の原因が、捜査官と被疑者との相互関係における、捜査官による個別・特定の対応・言動というよりも、制度的・構造的に刑事手続きの中に組み込まれていてルーチン化しており、かつ実務上「合法」とみなされている事象の場合、これによる心理的影響は気づかれなかったり、軽んじられたりする。

すでに述べたとおり、捜査の実務では、逮捕・勾留された被疑者には取調べ受忍義務があると考えられている。すなわち被疑者は取調べを拒否することができない。しかも最長二三日間の身体拘束が可能であるから、その間じゅう、取調べを拒否できない状態が続く。さらに取調べ時間の法的制限もないから、捜査官は朝から晩まで取り調べることが可能である。

このような取調べ受忍義務を課した取調べが被疑者に何らの心理的影響を与えないと解するのは、かえって難しいようにみえる。だが捜査機関にとって、受忍義務を課した取調べは「合法」のルーチンワークであり、これによって自白の任意性が否定されるとは考えられていない。その理屈としては、そのような取調べが被疑者に心理的影響を全く与えないとはいえないとしても、被疑者がウソを言うおそれがある程度のものではない（上述①の考え）、あるいは、被疑者の意思決定の自由を侵害するおそれがある程度のものではない（上述②の考え）ということであろう。別の言い方をすれば、①人は自分に不利な自白は進んでしないから、取調べを強制して心理的プレッシャーをかける必要があり、そうすることでようやくホンモノの自白が得られるはずだ、あるいは、②被疑者は取調べを拒否できなくても、供述を拒否するかどうか、なお自分の意思で決定できるはずだという発想である。しかし、このような心理的影響の低さ(?)は、何ら科学的に裏付けられているわけではない。

また取調べが録音・録画され、その記録の視聴が可能であるとしても、そこから「取調べを拒否できない状態がどのような心理的影響を被疑者に与えるか」という問題を洞察するのは簡単なことではない。なぜなら「取調べを拒否できない」状態というのは、「捜査官が取調べ中に暴言を吐いた」のとは異なり、捜査官による具体的な対応ないし言動として映像や音声に反映され、誰が見ても「すぐ分かる」という類のものではないからである。

なるほど被疑者が取調べの中止を明示的に求めているにもかかわらず、捜査官が全く耳を貸さず、取調べを続けた結果、被疑者は渋々供述したというのであれば、この捜査官の対応が①②にいう、任意性を否定する程度にまで至っているか否かはさておき、少なくとも何らかの心理的影響を被疑者に与えたのではないかということを、録音・録画の視聴から窺い知ることができるかもしれない。しかし取調べ受忍義務の「合法」性が前提とされており、取調べへの弁護人立会いも認めない捜査実務の下、被疑者は取調べを拒否する余地をそもそも閉ざされているから、取調べを止めてほしいと思っても、多くの者は外観上粛々と取調べに応じ、供述するであろう。そうであるならば、取調官も、被疑者に対し、取調べに応じさせるための具体的な対応・言動をなす必要すらない。

このようにして制度的・構造的に手続きに組み込まれ「合法」化されたルーチンワークの下、抑圧され潜在化されてゆく被疑者の心理状態は、録音・録画によって、浮き彫りになるものではない。かえって「録音・録画制度の下でも自白の任意性は肯定された」という「実績」が作られることによって、その「合法」性がますます強化されることこそ、懸念される。

六　捜査機関の態度・方法の違法性

捜査機関の態度・方法に着目する考え方

このようにして、取り調べられる側、すなわち被疑者（供述者）の心理状態に着目する考え方（上述の①②）に限界があるとすれば、③取り調べる側、すなわち捜査機関の態度・方法に着目して、そこに違法性が認められれば自白を排除するという考え方はどうか。(6) この考え方は、適正手続きの保障（憲法三一条）を目的とするものである。

この考え方の下では、憲法三八条二項ないし刑事訴訟法三一九条一項が明文によって排除する「強制、拷問若しくは脅迫による自白又は不当に長く抑留若しくは拘禁された後の自白」のほか、違法な手続きによる自白が排除されることになる。ここにいう「手続き」に取調べが入るのはもちろんであるが、これに限定されるわけではなく、広い意味での自白採取過程が含まれる。たとえば、違法な身体拘束中の自白、違法な別件逮捕・勾留による自白、接見交通権をはじめとする弁護人依頼権が侵害された場合における自白は排除される。これらの違法な手続きが自白採取過程の一環とみなされるのは、それらが被疑者を不当に扱うものであり、そのような不当な扱いを被った状態で、被疑者は自白せざるを得なかったからである。

他方、違法な取調べの一例として、取調べにおいて捜査機関が被疑者に黙秘権を告知しない場合が挙げられる。取調べの録音・録画記録の視聴によって黙秘権の不告知が明らかになれば、それは告知義務を定めた法（刑事訴訟法一九八条二項）に反するから、自白は排除されなければならない。

違法という規準をめぐる問題

この黙秘権の不告知の例にもあらわれているように、③は、①②と異なり、取調べの録音・録画といった一定の工夫さえ施せば、第三者は捜査機関による取調べの態度・方法それ自体を（録音・録画記録の視聴によって）確認することができる。その上で、法を規準に、その態度・方法が適正・適法か否か、判断することになる。もっとも③は、「何が適正・適法な手続きで、何が違法な手続きか」という規準があらかじめ詳細・明確に決まっていないと、最終的な評価が難しかったり、「違法ではない」という評価に傾きやすくなったりする。

この点、日本では、取調べのための細則の定めがないのが最大のネックである。取調べ時間は法定されていないので、長時間の取調べや夜間の取調べがなされても直ちに違法とは評価されにくい。取調べの方法も、黙秘権の告知を除き、細かに法定されていない。たとえば取調べでの誘導について禁止規定はないから、捜査官が被疑者を誘導していたことが明らかになったとしても、それだけでは自白は排除されにくい。むしろ自白の任意性は肯定された上で、誘導が自白の信用性（証明力）を低めるかどうかが問題とされがちである。

同様の問題は、取調べに限らず、広い意味での自白採取過程についてもいえる。取調べ受忍義務にせよ、警察の留置施設での拘禁にせよ、その違法性が公認されておらず、むしろ「合法」であるとしてルーチン化している状況において、その下で得られた自白には任意性があるとされてしまう。

しかしこのような現状があるからといって、捜査機関の態度・方法に着目する考え方は採れないとの結論に至るとすれば、短絡的である。すなわち問題の本質は、取調べにせよ、広い意味での自白採取過程にせよ、その法的規制があまりに緩やかであり、捜査機関の裁量が広すぎるということにある。そうであるならば、法的規制を強化し、取調べも被疑者の扱いも、捜査機関の裁量が抑制されるよう抜本的に改革することこそ、率先して取り組むべき課題といえよう。たとえば取調べ受忍義務を課した取調べは違法であるという解釈が一義的に導かれるように法律が改正されれば、そのような違法な取調べで得られた自白は当然排除されなければならないことになる。

違法な取調べの抑制と可視化

また取調べの可視化との関係でいえば、右に述べたとおり、取調べは適正・適法であったか、録音・録画記録の視聴によって事後的に検証し、自白を排除すべきか、検討することも重要である一方、そもそも録音・録画によって捜査機関を監視し、違法な取調べを事前に抑止することこそ、第一義的に目指されるべきである。

もっとも、このようにして違法な取調べを抑制するためには、取調べの録音・録画が実施されれば足りるというのではなく、何が適正・適法な取調べであり、何が違法な取調べであるか、やはり規準が明確にされる必要がある。

七　自白の信用性

自白の信用性をめぐる考え方

自白の信用性については、大きく分けて、①直感的・印象的な判断方法と、②分析的・客観的な判断方法との対立がある(守屋一九八八：第五篇、渡部一九九二：I 1、木谷二〇〇四：第三章)。

①は、「人は自分に不利なウソをつくものではないから、あえて自分に不利な自白をしたのであれば、それは信用に値する」という考え方を基本とする。ゆえに、いかにして捜査機関は被疑者から自白を得たかという供述採取過程

は軽視され、「自白した」という結果が重視される。たとえ自白に矛盾点があったとしても、「自己の責任を軽くするために、そのようなことを述べたという説明が可能である」とか、「供述の内容は大筋で一貫している」といったかたちで、自白の信用性を肯定する可能性論や大筋論(大綱論)が支持される。また被告人と犯行とを結び付ける客観的証拠が欠けているため、自白内容の裏付けが十分でないようにみえる場合であっても、なお自白の信用性は積極的に評価される。そして自白内容に迫真性や臨場感があれば、より一層、自白の信用性は高く評価されよう。

これに対して②は、「誤判の経験を踏まえ、ウソの自白による誤判はあり得る」という考え方を基本とする。その上で、誤判事例の原因分析から抽出された、自白の信用性に関する合理的疑いを発見するための判断基準(注意則)に照らし、当該自白の信用性を慎重に評価する。たとえば、(a)自白内容と他の客観的証拠とに不一致がある、(b)自白内容に、あらかじめ捜査官が知り得なかった事実で後に客観的事実であることが確認された事柄(秘密の暴露)が含まれていない、(c)自白内容が不自然・不合理であったり、矛盾・変転したりしているといった特徴がある場合には、自白の信用性に合理的疑いが発生すると考える。そして、これらの特徴を見出すためには、被疑者の供述の経過を確認しなければならないから、供述採取過程が重視されることになる。

なお①は極端な考え方であって、(a)(b)(c)のような自白の特徴を全く無視する裁判所は少数であるようにみえるかもしれない。しかし問題は、裁判所がそのような特徴に言及しているか否かではない。重要なのは、自白に(a)(b)(c)のような特徴があったとき、それでも裁判所は自白の信用性を肯定するか否かということである。

録音・録画記録の実質証拠的利用

自白の信用性と録音・録画記録との関係については、そもそも(自白調書ではなく)録音・録画記録そのものを実質証拠にして自白の信用性を判断することは許されない、あるいは、録音・録画記録を実質証拠として調べる必要性がないという問題がある。具体的には、(a)取調べの一部だけの視聴や自白しているという生々しい映像・音声の視聴自体、事実認定者に不当な偏見を与えるから、法律的関連性がなく、実質証拠とすることは許されない、(b)録音・録画記録は伝聞証拠であるから、供述録取書に求められる供述者の署名・押印に代わる措置が講じられなければならない、そして(c)直接主義・口頭主義、公判中心主義の要請から、取調べの録音・録画記録を実質証拠として調べる必要性はない、というものである。

すでに述べたとおり、取調べの録音・録画は、日本特有の糺問的取調べ中心主義の下で被疑者が被る不当な圧力を取り除くものではなく、むしろその「合法」性を強化する危険がある。まして録音・録画記録の実質証拠的利用が許され、法廷が取調べビデオの上映会となれば、公判中心主義の否定であり、露骨な取調べ中心主義である。だが二〇一六年改正法に至る議論においては、実質証拠的利用に対する制約はないとの見解も有力であった。このような現状を踏まえ、以下では、あえて録音・録画記録が実質証拠として利用された場合、①②それぞれの判断方法の下、録音・録画記録はどのように扱われうるか、考えてみたい。

直感的・印象的判断方法と可視化

①は、「自白した」という結果が重要で、自白が得られたところの供述採取過程には関心がない。その基本的な考え方を突き詰めれば、自白場面が録音・録画されていて、その場面だけを視聴できれば基本的に足りるのであり、取調べが全て録音・録画されていて、それを全部視聴する必要はない。

仮に取調べが全て録音・録画され、その全てを視聴し、捜査官の誘導に合わせて自白が変遷する様子を確認できた場合、なるほど変遷部分の信用性については割り引くことがあるとしても、「自白が大筋で一貫している」のであれば、全体として自白の信用性を低く評価することはない。なぜなら自分に不利であるにもかかわらず、「あえて自白した」ことこそ、最も信用に値するからである。

このようにして①は、供述採取過程での捜査機関の姿勢・言動より、被疑者が「あえて自白した」心理状態に最大の関心がある。しかし自白の任意性のところでも確認したとおり、被疑者の心理状態に関する事実認定は容易ではない。録音・録画記録を視聴できたとしても、被疑者の表出する言動や表情から心理のあり様を推測するのは難しい。それにもかかわらず①は、「被疑者の涙は犯した罪の悔悛のあらわれだ」という風に、被疑者の言動・表情について、「あえて自白した」心理状態として解釈する一方、「ウソの自白をした」心理状態である可能性は顧みない危険がある。

さらに①によれば、たとえ自白を裏付ける客観的証拠や秘密の暴露が確認できなくとも、自白の信用性が大きく揺らぐわけではない。むしろ①は自白内容の迫真性、臨場感を重視するところ、さらに録音・録画記録で被疑者が自白している様子を視聴すれば、その映像・音声のインパクトとも相まって、誤った判断の危険が高まることが懸念される。

分析的・客観的判断方法と可視化

これに対し、自白に矛盾・変転はないかということに関心のある②は、自白場面のような取調べの一部を可視化するだけでは、そもそも被疑者の供述の経過を知ることができないとして、必然的に、全ての供述採取過程すなわち取調べの可視化を求めることになろう。そして録音・録画記録の視聴から、捜査官の誘導に合わせて自白が変遷しているといった、自白の採取方法と自白の変遷との相関関係が確認できれば、被疑者の自白に、ウソがある疑いを見出すことになる。

また②は、自白内容と他の客観的証拠の不一致に合理的疑いを見出す一方、両者が一致しているからといって、直ちに自白の信用性を肯定するものではない。なぜなら両者が一致している原因については、捜査官が捜査の結果知り得た自白以外の証拠を被疑者に暗示した可能性、被疑者が報道などで自白以外の証拠を知った可能性、あるいは被疑者が偶然言い当てた可能性もありうるからである。これらの可能性は、全ての取調べの録音・録画記録を視聴したからといって、払拭されるものではない。被疑者に対する暗示も取調べでなされるとは限らない。結局、自白内容と他の客観的証拠の一致ではなく、もっぱらそれらの不一致が、自白の信用性評価にとって重要な意味を持つというべきである。

秘密の暴露も同様である。すなわち自白に秘密の暴露が含まれているというためには、あらかじめ捜査官が知り得なかった事実であるということが証明されなければならない。しかし、これも全ての取調べの録音・録画記録を視聴したからといって明らかになるものではない。取調べは重要であるといっても、捜査の一局面である。捜査官はその事実を知っていて、捜査官の暗示は取調べ以外のところで行われた可能性は払拭されない。また被疑者が偶然言い当てた可能性もある。したがって、秘密の暴露があるということではなく、もっぱら秘密の暴露がないということが、自白の信用性評価にとって重要な意味を持つ。

このようにして②は、取調べの可視化によって、取調べという供述採取過程に誘導などの問題を発見すれば、それを具体的な根拠として自白の信用性に合理的疑いを抱く一方、仮にそのような問題を発見できなかったとしても、それを根拠に自白の信用性を安易に肯定するものではない。また自白内容に迫真性、臨場感があろうが、自白の映像・音声のインパクトがあろうが、過大に評価しないということになろう。

むしろ②は「ウソの自白による誤判はあり得る」、「証拠は分析的・客観的に評価しなければならない」という基本的スタンスの下、自白それ自体の信用性を検討するだけでなく、自白以外の証拠からどこまで犯罪事実の推認が可能か、慎重に検討することになろう。自白は犯罪事実を直接証明する証拠であるといっても、その供述過程に誤りが混入していれば信用性は低い。すなわち裁判所は、過去の出来事それ自体を知覚できず、自白から過去の出来事を推認するほかない。このことは、取調べという供述採取過程が全て可視化されたとしても、変わらない。このような推認が避けられないところ、それでも「誤っても無実の者を処罰しない」ことを目指すならば、自白以外の証拠の強度に目を向けるのは当然である。したがって取調べが録音・録画されたからといって、犯罪の証明が容易になるわけではない。

八　まとめ

取調べという供述採取過程の可視化は、供述者の供述過程そのものを知覚させるものではないが、「捜査機関による供述採取の方法・姿勢が、供述者の記憶・表現・叙述という供述過程を歪ませる」という問題にアプローチし、取調べの方法・姿勢に関する法規制を確立するための手がかりとなる。そして、この法規制を規準にすれば、供述者の心理状態そのものを問題とすることなく、違法な取調べを抑止し、あるいは違法な取調べがあった場合には自白を排除することができる。

ただし供述採取過程の可視化は、その全面的な可視化でなければ、違法な取調べの抑止にせよ、自白の任意性判断にせよ、自白の信用性評価にせよ、かえって問題を潜在化させてしまう。

また、身体拘束下での被疑者の扱いが自白獲得のために不正流用されており、それ自体が被疑者にとって強制であり、ウソの自白の原因にもなるという糺問的取調べ中心主義の問題に目を向け、これを改めなければ、たとえ供述採取過程が全面的に可視化されたとしても、やはり問題は潜在化する。

さらに自白という直接証拠があっても、過去の出来事は推認するほかないから、供述採取過程が全面的に可視化され、また被疑者の処遇が改革されたとしても、自白に依存した犯罪の証明はなお誤判の危険がある。そこで自白以外の証拠、すなわち情況証拠による事実認定が問題になるとしても、今度は間接事実から犯罪事実を推認する方法が検討課題となる。

冤罪を生まないため、取調べの全面可視化は重要な一歩であるとしても、それに尽きるものではない。

（1）犯罪捜査規範一六八条二項は、取調べで「みだりに供述を誘導し……てはならない」と規定する。これは、誘導を一切禁止するものではなく、また誘導が許される場合を具体的に示すものでもない。

（2）なお自白を内容とする供述書（上申書）であっても、被疑者が自発的に作成したものではなく、捜査機関が被疑者にその作成を指示・指導していることがある。ゆえに（供述調書ではなく）供述書であるという理由で、その自白の任意性を安易に肯定すべきではない。弁護人立会いや録音・録画制度によって、供述書の不当な作成を防ぐこと、少なくとも供述書が不当に作成されたものでないかチェックすることが必要である。

（3）ただし、裁判所がそのような知覚や記憶に関する問題点を過小評価し、供述の信用性を不当に高く評価するという問題があるとすれば、それは可視化によって解消される問題ではないとしても、供述評価のあり方という刑事手続き特有の問題といえる。

また長期間経過による記憶違いも、刑事手続きの長期化が原因であるとすれば、刑事手続き特有の問題である。

（4）ただし、妻が被疑者になれば苛酷な処遇にさらされるという理由で夫が身代わり犯人になったとすれば、これも可視化によって解消される問題ではないものの、被疑者の処遇という刑事手続き特有の問題が関わっている。

（5）被疑者は、本来の拘禁場所である監獄（現行法である刑事収容施設及び被収容者等の処遇に関する法律の下では、刑事施設という）に代えて、警察の留置施設（現在は警察署に設置されるほか、警視庁や都道府県警察本部に設置されることもあり、留置施設と総称される）に収容されることから、これを代用監獄（代用刑事施設）という。同法一四条二項一号・二号、一五条一項、一六条一項参照。

（6）なおこのような自白の排除について、そもそも自白法則（自白の任意性に関する違法排除説）の一環として行うべきか、それとも違法収集証拠排除法則の一環として行うべきか、という争いがあるところ、本文の論旨を必ずしも左右するものではないので、立ち入った検討は割愛する。ただし刑事訴訟法三〇一条の二第一項が、自白の任意性の立証との関係で、録音・録画記録の取調べ請求義務を検察官に課していることとの関係では、自白法則の一環と理解する方が、立証方法についてより厳しい規制がかかることになる。

参考文献一覧

木谷明（二〇〇四）『刑事裁判の心〔新版〕　事実認定適正化の方策』法律文化社
後藤昭（二〇一六）「刑訴法改正と取調べの録音・録画制度」『法律時報』八八巻一号
守屋克彦（一九八八）『自白の分析と評価　自白調書の信用性の研究』勁草書房
渡部保夫（一九九二）『無罪の発見　証拠の分析と判断基準』勁草書房

ウェブサイトのＵＲＬ

① http://www.npa.go.jp/sousa/kikaku/20121213/shiryou.pdf（警察庁刑事局刑事企画課（二〇一二）「取調べ（基礎編）」）

II

供述はどこまで正確か

5 虚偽自白はどのようにして生じるのか

浜田寿美男

はじめに

冤罪事件には自白の真偽にかかわる争いがつきものである。そして、現実に虚偽の自白が見抜かれず、それがネックになって有罪が確定し、その後も冤罪が晴らされないまま、延々と再審が争われ続ける事件がいくつも存在する。どうしてそのようなことが起こるのか。そのことを心理学の視点から論じるのが、本稿の課題である。

刑事裁判の実務家たちのなかには、虚偽自白を完全になくすことはできないにしても、現状においてこれを防止できるだけの法的な対策は十分に講じられているし、たとえ万一取調べの場で虚偽自白が起こったとしても、裁判で的確にこれを見抜くことができているはずだと考える人たちがいる。また、実際に虚偽自白が適切に証拠から排除された事例も少なくはない。しかし、これまで心理学の研究者として、冤罪主張の事件に数多く関わってきた筆者の目で見るかぎり、自白をめぐるわが国の刑事裁判の現状は、率直に言って、そうとうに厳しい。いや、厳しいというにとどまらず、ときに絶望的だと言いたくなるような事例に出くわすことも稀でない。現に、冤罪ではないかとして長く裁判で争われながら、物的証拠が新たに登場してはじめて、その自白の任意性・信用性に問題があったと判明するような事例に出会うことがある。最近の事例では、一九九五年七月に発生した東住吉事件で、二〇一六年八月、再審無罪が決し、無期懲役の獄中から無実の二人が娑婆に帰還した。そうして長い年月をかけてようやく雪冤される事例はまだよしとして、その背後には、いまだ再審の扉が開かれないままに請求を繰り返さざるをえない事件が、帝銀事件(一九四八年)、名張毒ぶどう酒事件(一九六一年)、狭山事件(一九六三年)、袴田事件(一九六六年)、日野町事件(一九八四年)など、いくつも控えている。そのいずれについても自白がネックになっている(1)。

問題の背景にあるのは、自白の任意性判断、信用性判断にかかわる単なる技法上の問題ではない。問題の根はもっと深く、そこには、むしろ自白判断にかかわる構造上の欠陥が潜んでいるように見える。というのも、そもそも「無実の人の虚偽自白がどのようにして生じるか」というその心理学的メカニズムそのものが、法実務の世界において正確に認識されていないように思われるからである。これは非常に大きな問題で、小論でこれを論じ尽くすことはおよそ不可能だが、ともあれ、これまで心理学の立場から種々の事件に出会って筆者が気づいた点を率直に提示しながら、せめてその問題の構図だけでも明らかにしておきたい。

一　従来の「虚偽自白論」の問題性

「任意性」チェックをくぐり抜ける虚偽自白の存在

虚偽自白は、言うまでもなく、取り調べる側(尋問者・取調官)と取り調べられる側(被疑者・被告人)の「間」に生じる。じっさい、取り調べられる側が、取り調べる側の圧倒的な強圧下に置かれれば、どれほど頑強な精神の持主でも、最後には屈服して虚偽でも自白に落ちる。典型的には、中世の魔女狩りに見るように、拷問などの暴力的な手段を用いて、罪なき者から虚偽自白を搾り取り、獄に追いやり、挙げ句は刑死に至らしめる。そうした事例が、人類の歴史にいくつも積み重ねられている。さすがに近代以降、文明諸国においてはそうした冤罪が人権上の問題として大きく取り上げられ、それを防ぐべく法的にさまざまな対策が講じられてきた。現在のわが国の刑事訴訟法で、その三一九条一項に「強制、拷問又は脅迫による自白、不当に長く抑留又は拘禁された後の自白その他任意にされたものでない疑のある自白は、これを証拠とすることができない」と定められているのも、その延長上のことである。確かに、取り調べる側にこのような問題要因があれば、それ自体が人権上許されないし、またそこからはしばしば虚偽の自白が生まれる。したがって、取り調べる側の横暴をチェックする仕組みを法制度として整備するのは当然のことで、そのことに異論を唱えるものはいない。しかし、すでに一定程度その法的仕組みが整備されているはずのわが国の刑事司法において、実際のところ、任意性チェックがどこまで十分に機能しているか、それによってどこまで無実の人の虚偽自白を防ぎえているか。その点に重大な懸念がある。ここでは二つの問題を指摘しておきたい。

第一の問題は、任意性に欠ける取調べと言えば、その典型として、やはり身体的な暴力を用いた拷問がイメージされやすい点にある。なぜこれが問題かと言えば、拷問的な取調べを任意性欠如の典型モデルと考えたときには、それとちょうど裏返しのかたちで、その素朴な典型には収まらない虚偽自白が、事実上、枠外に置かれて、任意性のチェックを免れてしまいかねないからである。

わが国においても、身体的な暴力で絞め上げて虚偽自白を取るような露骨に拷問的な取調べは、戦後のしばらくまで続いていたが、幸いにしていまではほとんどない。上記の刑事訴訟法三一九条一項は、その限りで有効に機能してきたと言ってよい。それにもかかわらず虚偽自白が疑われる事例はなお頻々として起こっていて、およその事例数が減っているとは言いがたい。言い換えれば、身体的暴力を用いたとまでは言えない「強制」「脅迫」、あるいは「不当に長く抑留又は拘禁された」なかの取調べが、なお執拗に行われ、それがチェックされないままに、虚偽自白事例が繰り返されているのである。

身体的暴力を用いた「拷問」のように行動として表に出たものは分かりやすく、任意性チェックも容易だが、そこにまで至らない取調べについては、任意性を損なう問題があったかどうかを判断するのがそれだけ難しい。それにまた、法の実務者のあいだには、有罪者から真摯な自白を得るためにも一定の圧力をかけるのは避けがたいとの考え方があって、多少の「強制」「脅迫」あるいは長期の「抑留又は拘禁」があっても、状況によってそれもやむをえないとばかりに、任意性判断をそこまで厳しくしないでおく流れがいまも根強い。

結果として、任意性判断で自白がチェックされず、その後の自白の信用性判断でもってはじめて、自白があまりに不自然で、矛盾や変遷も多く、さらには客観的証拠との不一致が見られるなどの理由から、これを証拠から排除して無罪判決を下すような事例が出てくる。しかし、そもそも自白の任意性を認めたうえで、その信用性がないとするとき、そのギャップの部分をどのように説明すればよいのか。被疑者が自分にとって明らかに不利な自白を、真の意味で「任意」に行ったならば、常識的に見るかぎり、その自白は「信用」できるはずで、「任意」だけれども「信用」できないというのは、およそ逆説である。なぜそのようなことが起こるのか。法実務のうえでも、その点の議論が十分になされてきたようには見えない。

それでも信用性チェックで正しく無罪判決が得られれば、まだよい。自白が拷問や身体的な暴力によって引き出されたとの形跡がなく、一見「任意性」をクリアして見える取調べで自白が出てしまえば、ほかに特別な事情がないかぎり「信用」できるはずだとして、間違った有罪判決が下される可能性が十分にある。筆者自身、そうした疑問のある再審事例にいくつも付き合ってきた。

この問題は、取調べの場面が録音・録画によって可視化され、取調べ状況を後から検証できるようになったいまも変わらない。実際に暴力的な取調べがなされていたのならば、これを録音・録画によってチェックできるが、そうした問題が表面上ない取調べについて、その外形的な印象だけで任意性をチェックするのは容易でない。現に、冤罪の可能性が強く疑われている事件の裁判員裁判において法廷で録音・録画が流され、そこでの自白に任意性が認められて、結果としてその信用性も認定され、有罪判決が下される事案が出ている。もちろん、それが正しい判断であればよい。しかし、実際には、虚偽の自白であった可能性がきわめて高い。

身体的な暴力による虚偽自白を典型例と考えるのは、言わば世間の常識であり、法の実務家たちの多くもこれを共有していて、従来の虚偽自白論はその枠組の内にあった。しかし、これをモデルに虚偽自白をイメージしてしまえば、身体的暴力を行使したとまでは言えない微妙な取調べに対して、これを正面から検討しないままに、一応「任意性」の基準はクリアしているとして、そこでの虚偽自白の可能性を簡単に否定してしまうことにつながる。

被疑者の心理的脆弱性とそれを超える問題

従来の虚偽自白論については、取り調べる側にかかわる上記の問題に加えてもう一点、第二に、取り調べられる側の問題を指摘しておかなければならない。それは取り調べられる側の被疑者・被告人の心理的特性をどのように考えるかにかかわる。

そもそも法において、取調べの外形的状況から自白の任意性をチェックしようとするとき、取り調べられる側の被疑者・被告人については、一般的な人間像を抽象的に想定しているにとどまる。言い換えれば、無実ならば無実として対応できるだけの通常の心的能力を持ちえた人間像を前提にしている。法というものは、誰にでも通じる一般性を念頭に、ある意味で抽象的に構成されざるをえないから、それは当然なのだが、しかし、人間はやはりさまざまである。取調べの場面で、多少の圧力には耐えて抵抗できる人もいれば、簡単に相手の勢いに押されてしまう人もいる。その意味で、取り調べられる側の被疑者・被告への要因として、取調べの圧力に十分抵抗できない脆弱性がなかったかどうかが重要な検討事項となる。そして、ここでも重度の知的障害があって、その「意思能力」を著しく欠いているような例外的な事例については、従来の虚偽自白論の枠組のなかでも、その自白に証拠能力を認めてよいかどうかが問題になる。

この点は、従来の法実務の議論で言えば、被疑者・被告人の訴訟能力の問題として、心理学あるいは精神医学がかかわってくる。ただ、一般には、被疑者・被告人の有罪を前提にその責任能力を精神鑑定の対象とすることはあっても、そもそも有罪―無罪が争われるようなところで、被疑者・被告人の訴訟能力を心理鑑定や精神鑑定によって検討する例は少ない。そのこと自体が問題なのだが、それでも「意思能力」が不十分であれば虚偽自白が生じる危険性がそれだけ高くなることは、誰もが認める。しかし、問題にしなければならないのは、ここでもまたそのような例外的な典型事例だけではない。

たとえば足利事件を例に考えてみる。この事件では、被害者の衣服に付着した体液とDNA型が一致するとしてS氏が疑われて、自白し、それによって裁判で無期懲役の判決が下り、それが確定したのだが、再審請求審段階で行われたDNA型の再鑑定によってS氏は無実だと判明し、逮捕から一七年余り後にようやく再審無罪となって帰って来た。このS氏の捜査段階の取調べをふりかえってみれば、S氏は、任意同行下の取調べのわずか一日で、涙を流して自白し、その後、犯行内容についても核心部分を自ら詳細に語って、それが自白調書に録取され、死体遺棄現場では捜査官たちの前で犯行の再現までやって見せている。S氏はその取調べで自白に落ちたときも、具体的に犯行内容を語ったときも、さらには現場で犯行再現を行ったときも、直接的な暴力を受けてはいない。おまけにS氏は、起訴後、公判廷でもすぐには否認せず、第一審の最終段階まで自白を維持し続けた。そのどの時点をとってみても、S氏の自白行動は従来の任意性判断の基準を明らかにクリアする。そのS氏が、DNA型鑑定で証明された通り、じつは無実であり、自白は虚偽だったのである。では、なぜS氏は自白し、それを長期にわたって維持したのか。

もちろん、S氏の個人的な心理特性が何らか影響していることは否定できないが、S氏にとくに問題視しなければならないような知的・精神的能力のハンディがあったわけではない。じっさい、S氏は事件まで地域の幼稚園の通園バスの運転手として働いていて、ごくふつうの日常生活を送っていた。人と対決するのが苦手な好人物で、無類のお人好しだということはあったが、S氏の虚偽自白の原因をそこに帰すことはできない。問題は、やはりこの好人物を虚偽自白に追い込んでしまったその取調べの側にある。ただ、法が禁じているような過度の圧力要因があったわけではない。これをどう考えればよいのか。

取り調べる側に身体的暴力のような圧力要因があれば、そこでの自白は任意性がないとして証拠から排除されるし、一方で、取り調べられる側に重度の知的障害があって、十分な「意思能力」に欠ける脆弱性があると分かっていれば、その自白も証拠として認められない。しかし、取り調べる側にも取り調べられる側にも、そうした例外的な問題がない場合でも、そこに虚偽の自白は生じる。いや、むしろそうした虚偽自白の方が一般的であるとさえ言える。ところが、旧来の虚偽自白論はそうしたケースに対応するだけの理論枠組を持ちえていない。とすれば、従来の虚偽自白論にかわって、ここに新たな虚偽自白過程論を構築していくことが求められることになる。ここで「虚偽自白過程論」というふうにあえて「過程」の一語を付すのは、従来のそれが虚偽自白の要因を静態的に取り上げるにとどまっていたのに対して、これをあくまで人間の現象として見て、その形成過程を動的に捉えたいからである。もちろん、それは単に理屈のうえだけの議論ではなく、わが国の刑事取調べの現実を正確に押さえたものでなければならない。

取調べの場に働く「強力な磁場」

ここで「わが国の刑事取調べの現実」と言うとき、筆者にとって印象的な事例がある。学校帰りの女児が誘拐され、わいせつ行為を受けて殺害されたという野田事件の取調べである。(2) この事件で被疑者・被告人となったA氏の場合は、S氏とは対照的に、重度の知的障害があって、訴訟能力さえ危ぶまれていた。ところが、それにもかかわらず、捜査側は、逮捕後、立会人も付けずに連日の取調べを行い、そこから自白を引き出している。裁判では、訴訟能力についての精神鑑定も行われたが、裁判所はこの点に焦点を当てた議論を避けたまま、それ以上の心理学的検証を行わずに有罪判決を下し、これが確定した。

この事件については、被疑者に知的障害があったこともあって、その取調べが録音され、現場での犯行再現が録画されて、その一部が第一審段階で開示され、筆者はこれを分析する機会を得た。そこで興味深かったのは、取調べの場でA氏と対面した取調官たちが、そのA氏に重度の知的障害があって、その場でのコミュニケーションに決定的なずれがあることを承知しながら、ひたすら自白らしき供述の断片を執拗に積み上げげて、自白調書としてこれを証拠化したという事実である。

ほんらい、取調べは事案の真相を明らかにする捜査の一コマである。そうだとすれば、重い知的障害のA氏を前にして、その事実に忠実に向き合おうとするかぎり、当のA氏の知的障害の問題を不問に付して、通常通りに自白を求めてよいはずはない。その捜査姿勢はおよそ誠実なものとは言いがたい。こうした現実を見てあらためて気づくのは、取調べの場が取調官たちにとって、結局は「有罪証拠づくり」の場でしかないという実態である。

警察・検察による事件捜査、その一環としての被疑者取調べは、真相究明の重要な一コマである。起訴されて裁判になってからは、検察官にとってその場は基本的に有罪立証を行う場として位置づけられることになるが、少なくともそれ以前の取調べにおいては、「真相究明」と言うとき、そこでの「真相」はもちろん有罪方向にありうるだけでなく、無罪方向にもありうる。つまり、目の前の被疑者は有罪かもしれないし、反対に無実かもしれない。そうだとすれば、真相の解明のためには、被疑者の有罪を示す証拠の採取・聴取が重要であるのと同じ重みで、被疑者の無実を示す証拠の採取・聴取も重要である。じっさい、無実の被疑者についてその無実を証明する証拠を発見できれば、無実者をその理不尽な苦痛からそれだけ迅速に解放できるし、それによって捜査の方針を転換し、新たな方向から真相究明を図ることが可能になる。

ところが、野田事件の取調べでは、重度の知的障害ゆえに尋問を正確に受けとめて応答できないA氏を前にして、そのことが誰の目にもはっきりと見えているにもかかわらず、取調官たちはいっさいそのことに触れず、A氏と親しげに、言わば「粛々と」有罪方向の取調べを行っている。それは実に奇妙な光景である。

野田事件の取調べに見るこの光景は、被疑者にそうした問題のない事件でも、まったく同様のかたちで見られる。たとえば、狭山事件の再審請求のなかで新たに開示された録音テープを聞いてみると、まだ否認段階のI氏に対して、取調官たちは全員がその無実の可能性をいっさい封じ込んで、徹底して有罪方向でI氏を追い詰めている。(3) もちろん、そこに暴力はない。しかし、その場には息苦しいほどの圧力が働いている。ほんらい捜査は、被疑者の無実の可能性をも念頭において、もしその無実方向の証拠が挙がれば、ただちに取調べの方向を転換していくような中立的な場でなければならない。ところが、現実の取調べの場では、有罪方向にのみこだわった取調べが、文字通り粛々と進められ、そこには「有罪方向への強力な磁場」が働いている。そして、取り調べられる被疑者はもちろん、取り調べる側の取調官たちもまた、そこに巻き込まれている。虚偽の自白が生じるのは、じつはそうした磁場のなかでのことである。

これまで虚偽自白と言えば、取調べの側に任意性に欠けると言える例外的に厳しい圧力状況があるとか、あるいは取調べを受ける被疑者の側に例外的な脆弱性があるとか、それぞれに例外的な要因が働いていると考えて、その例外的事態をいかにチェックできるかが問題だと考えられてきた。しかし、現実の虚偽自白事例を分析してみると、問題は個別的な条件による例外的事態にあるというより、むしろ取調べの場に働く「強力な磁場」という、その一般的な事態に根を有することが見えてくる。

二　虚偽自白を生み出す「有罪方向の磁場」

法の網の目をくぐりぬける虚偽自白

刑事訴訟法には、虚偽自白の発生を防ぐべく、それなりの法規制が組み込まれているが、現実の虚偽自白はしばしばその防護壁を越えて生じ、それが法廷でのチェックをもかいくぐって、有罪を決定づける証拠になる。じっさい、「意思能力を有しない」(二八条)とは言えないごく普通の能力の持主が、「強制」「拷問」「脅迫」「不当に長く抑留又は拘禁」(三一九条)などの見られない、一見任意な取調べの場で自白に落ち、その自白が調書として証拠化される。そのうえで「自由な判断」(三一八条)を委ねられているはずの裁判官あるいは裁判員が、その自白の問題性に気づかないまま、信用性を認めれば、そこに重大な冤罪が生まれてしまう。

それにしても、どうしてこのようなことになってしまうのか。あらためて考えてみれば、それは従来の虚偽自白論が、これそのものをめったに起こらない例外的な事態と見てきたからではなかったか。そうだとすれば、この問題を解決するためには、まずは、その虚偽自白への見方を反転させなければならない。虚偽自白は「めったに起こらない」どころか、「つねに起こりうる」一般的な事態であり、拷問のようなことがなくとも、ごくふつうの人が一見「対話的な取調べ」のなかで、その罠に落ちる。もっとも、ここで「対話的」と言っても、対等性を保証された真の対話ではない。

法の上では、たしかに被疑者に対等性をもたせるべく、弁護人選任権も黙秘権も保障されている。しかし、逮捕されれば身柄を押さえられたまま取調べが進められるし、たとえ任意の取調べであっても、その取調べを断るのは容易でない。それに、取調べの場を主導するのはあくまで取調官の側であって、弁護人の立ち会いはないうえ、法実務のうえで「取調べ受忍義務」があるとされる現実では、黙秘権などもその対等性を保証するものにはなりえていない。

もちろん、そうして心理的に非対等な関係のなかにあっても、取調官の側が被疑者の無実の可能性をつねに念頭において調べてくれれば、取調べの場は有罪方向にのみ傾くことなく、ニュートラルな場を維持できる。しかし、現実の取調べはとかく有罪を前提にした謝罪追求型に陥りやすく、そうなってしまえば、やりとりそのものは一見対話的に見えても、そこには「有罪方向への強力な磁場」が働く。そうした磁場に、いつ終わるとも思えないほど長時間、あるいは長期間にわたってさらされたとき、ごくふつうの人でも自己の真実を守り続けることが難しくなる。これが取調べ下におかれた被疑者の心的現実である。

虚偽自白に落ちる心理——無実の被疑者がさらされる無力感と非現実感

こうして見てくれれば、私たちが念頭におくべき虚偽自白過程のモデルは、従来のモデルとはその様相をまったく異にするものとなる。ここで従来の虚偽自白論と新たな虚偽自白過程論とを対置させて、これを図にして対照してみる。

従来の虚偽自白論は、ふつうの人が、ふつうの取調べを受けたとき、ごくふつうに自己の真実を守ることができるはずだと考えて、それを前提に論を展開する。裏返して言えば、無実の被疑者が虚偽自白に落ちるのは、拷問を典型とする暴力的な取調べ、あるいは利益誘導や偽の証拠を突きつけての欺瞞的な取調べといった例外的事態の結果であり、もしそうでなければ、被疑者が例外的なほど極端に意思能力に欠ける場合に限られる。また、そうして自白に落ちた後は、被疑者が取調官から犯行筋書を押し付けられ、誘導されて、具体的な犯行内容を語らされ、その後、起訴され裁判になって取調べの圧力から解放されれば、直ちにそれまでの自白を撤回するということになる。つまり、無実の被疑者が強引に責められて「犯人にさせられ」、「犯行内容を言わされ」、やがてその取調べの場から解放されれば元に戻る。そんなふうに被疑者はもっぱら受け身的な立場にいると想定されている。図1の上段で表しているのが

〔従来の虚偽自白論〕

暴力的・欺瞞的取調べのなか	犯行筋書の押し付け・誘導	取調べ圧力から解放
↓	↓	↓
強引に責められ「犯人にされる」	犯行内容を「言わせられる」	すぐに否認に転じる
否認 ➡ 自白への転落 ➡	自白内容の具体的展開 ➡	自白を撤回し否認

〔新たな虚偽自白過程論〕

否認 ➡ 自白への転落 ➡	自白内容の具体的展開 ➡	自白を撤回し否認
いくら言っても聞いてもらえない無力感に襲われ「犯人になる」	自ら引き受け、想像で「犯人を演じる」	取調べの終結で偽の人間関係から抜ける
↑	↑	↑
取調官が被疑者を犯人と確信し、無実の可能性を考えない取調べが延々と続くなか、「有罪方向への強力な磁場」ができる	被疑者を犯人と思い込んで手持ち証拠をもとに追及し〈犯人と取調官〉という偽の人間関係ができあがる	自分を無実と信じてくれる人と信頼関係を確立することで否認に転じる

図1　従来の虚偽自白論と新たな虚偽自白過程論

それである。

　これに対して、新たな虚偽自白過程論では、図1の下段に示したように、取調官たちが被疑者を犯人と確信して、無実の可能性を考えない取調べが延々と続く。被疑者はまだ「疑われている者」であるにすぎないのに、取調官は被疑者を犯人そのものであるかのように扱ってしまう。その表れが被疑者に対する「謝罪追求」である。謝罪追求は、当然にして有罪が前提である。足利事件のS氏は早朝自宅にやってきた捜査官に被害女児の写真を見せられて、「これに謝れ」と迫られたという。有罪を決定づける証拠があるわけではないにもかかわらず、被疑者を犯人だと確信して謝罪を求める。この「証拠なき確信」のゆえに、その取調官が主導して仕切る取調べの場には「有罪方向の強力な磁場」が生じるのである。

　無実の被疑者がそうした磁場にさらされたとき、最初は「自分はやっていない」と否認する。しかし、被疑者を犯人だと思い込んで迫る取調官は耳を貸してくれない。そこで押し問答になって、「やっただろう」「やってません」という空しいやりとりが、何時間も続いていく。それだけで無実の被疑者が無力感に陥り、どうしようもない気持ちになる。もちろん、たった一日だけであれば、頑張って耐えられるかもしれないが、人間は弱いもの、それが連日、朝から晩まで続いて、いつ終わるとも分からなくなったとき、どれだけの人が耐えられるか。身体的な暴力は一切なくとも、いつ果てるとも分からないこの無力感にさらされただけで人は崩れる。

ただ、有罪になれば死刑さえも覚悟しなければならない重大事件になると、さすがに無実の人が虚偽で自白することはあるまいと思われている。しかし、そこにも実は盲点がある。というのも、真犯人ならば問われている事件について生々しい現実の記憶があって、ここで自白すればあの陰惨な犯罪行為の結果として自分が死刑になると実感できる。だからこそ、真犯人にとっては死刑という刑罰の可能性が自白への歯止めになりうる。ところが、無実の人にはその刑罰の現実感がない。何しろ自分はやっていないのである。理屈では、これで有罪になれば死刑は間違いないと分かっても、それが現実感をもって迫ってこない。そのために虚偽自白の歯止めにはならない。じっさい、足利事件のS氏は、自白に落ちたとき、「まったくと言っていいほど先のことは考えていませんでした。……死刑への恐れはありませんでした」という(4)。

世間の人たちは、真犯人が自白するのは当然だが、無実の人が自白するというのはふつうにはありえないことだと思っているために、無実の人が自白するについては、そこによほどの圧力がかけられなければなるまいと考えやすいが、じつは、むしろ真犯人よりも無実の人の方が逆に自白に落ちやすいという側面がある。真犯人のように刑罰の現実感をもてず、それが歯止めにならないというだけではない。真犯人は「自分はやっていない」と否認して、取調官とのあいだで「やっただろう」「やってません」という押し問答が延々続いても、無実の人のように無力感に陥ることがない。というのも、そのとき真犯人ならば自分が嘘で否認していることを知っているので、相手が納得しなくて当たり前で、開き直って嘘を言い続けることが心理的に十分可能だからである。その点、無実の人は、自分がやっていないからこそ、相手にちゃんと言えば分かってもらえるはずだと思う。ところが、相手はいくら言っても聞いてくれない。そのために無力感に陥り、それが延々続いたときには耐えられなくなって自白に落ちるのである。

こうして無実の人は「犯人になる」ことを選ばざるをえなくなる。しかも、それは、ただ「私がやりました」と言わされたというにとどまらない。そこからは取調官の前で自ら「犯人になり」「犯人を演じる」ことを求められる。

虚偽自白を語る心理――「犯人を演じる」ことで取調官との人間関係が結ばれる

被疑者が自白に落ちれば、取調官の側は被疑者を犯人とする「証拠なき確信」をさらに強め、もはや揺るがない。もともと取調官たちが「有罪方向への強力な磁場」を生み出していながら、じつは自身がこの磁場に巻き込まれ、すっかり真犯人を落としたつもりで、犯行を語らせようとすることになるのである。一方、無実の被疑者の側では、自白に落ちて、取調官から「じゃあ、どのようにやったのかを話しなさい」と言われても、本当のところはもちろん分からない。ただ、もはや「分かりません」とは言えない。そう言ってしまえば、「また否認するのか」ということになって、ふたたび厳しい取調べに舞い戻るからである。ときに、そうして自白と否認のあいだを行きつ戻りつする被疑者もいるのだが、結局は「私がやりました」と認めた以上、自分がやった前提で、あれこれ想像してでも犯行筋書を語るほかはなく、無実の被疑者が自ら「犯人を演じる」ことになる。それが現実である。

こうした現実が一般にはほとんど知られていない。従来の虚偽自白論では、無実の被疑者には犯行筋書など語りようがないのだから、取調官の側で犯行筋書を作り上げて、それをただ被疑者に「押し付け、誘導する」だけであるかのように考えられてきた。しかし、実際のところ、取調官として、もしそのように自分の側から犯行筋書を考えて、それを被疑者に飲み込ませるだけだとすれば、それは被疑者が実際には何も知らないこと、つまり被疑者が無実であることを、取調官自身があらかじめ認め、そのうえで被疑者に罪を被せているようなもので、いくら何でも、そんな酷いことはできるものでない。むしろ、取調官の側もまた「被疑者を犯人と思い込んで」、「手持ち証拠をもとに追及する」し、被疑者はそれに応じて、あれこれと想像して語る。もちろん、無実の人が想像で語れば、取調官の手にしている証拠と合致しないところが出てくる。そのとき取調官は「えっ、そうか?」と疑問を呈し、そう言われた被疑者の側は、自分の想像で語っていることを自覚しているものだから、間違ったのだと思って、「じゃあ、こうです」と訂正する。そうして、やがては取調官の側が把握している客観的な証拠とおおよそ合致する自白になって、犯行筋書が完成する。

しかも、こうしたやりとりが連日にわたって続いていけば、その日々の長い付き合いのなか、自ら自白を語って犯人となった被疑者と、その自白を引き出した取調官とのあいだに、一種の融和的な人間関係ができあがる。その表向きは、反省悔悟した〈真犯人〉と反省悔悟を導いた〈取調官〉との真摯な関係であり、その内実を知らないものにとっては(そして当の取調官たちにとっても)、真の人間らしい関係に見える。しかし、実のところ、それは有罪方向への磁場のなかで作り出された〈偽の人間関係〉でしかない。

虚偽自白過程がこのようなものだということを知らなければ、取調官からの押し付けや誘導もなく、被疑者が自分の側からあれこれと犯行筋書を語る姿を見て、たいていの人が、自白は任意だし、内容も信用できると錯覚する。そして、後に裁判になってその真偽の判断を求められる裁判官や裁判員もまた、取調べの場に有罪方向への強力な磁場が働いていたことに気づかないかぎり、知らずにその同じ磁場のなかに引き込まれて、有罪方向に流されてしまうことになる。

自白撤回の心理——取調べの場から解放されてもなお続く自白

無実の被疑者が自白に転落し、自白内容を展開するその過程を以上のように見たうえで、最後に、その被疑者がどのようにしてその自白を撤回できるようになるのかも見ておく必要がある。従来の虚偽自白論では、任意性を欠く強圧の下で自白に落ち、そこから犯行筋書を押し付けられ、誘導されて自白内容を語ると考えられていたために、その取調べの強圧から解放されれば、その時点で直ちに、ほとんど自動的に否認に転じることになるはずだと考えられてきた。しかし、無実の被疑者が虚偽自白を撤回してふたたび否認に戻る過程はそれほど単純なものではない。

じっさい、足利事件のＳ氏は、前にも見たように、取調べが終結して公判段階になっても否認できなかったばかりか、ほとんど第一審の最後まで自白の撤回にはいたらず、そのことが裁判所の有罪心証を強めた。あるいは狭山事件でも、Ｉ氏は第一審のあいだ自白を維持し、第二審になってようやく自白撤回をしたことがネックとなって、いまだに再審が認められていない。しかし、それは裁判所がいまなお旧来の虚偽自白論にとどまっているためで、ここで提示した虚偽自白過程論を念頭にあらためて分析を加えてみれば、取調官たちとの人間関係に取り込まれた無実のＩ氏が、公判廷でなおその自白を維持し続けた心理を十分に理解することができる。

取調官が無実の被疑者を犯人と思い込み、その無実の被疑者が有罪方向への強力な磁場にさらされて、苦しくなって自白し、取調官の前で犯人を演じ、謝罪し反省の態度を示す。そのうえ、両者の間には長い付き合いのなかで人間的関係が生じてしまう。虚偽自白過程がそのようなものだとすれば、無実の被疑者がふたたび真に否認するためには、ただ取調べの圧力がなくなるというだけでなく、取調べの場でそれまで作り上げてきた取調官との人間関係を断ち、そこから脱出することが必要となる。そして、そのためにはあらためて自分を無実と信じてくれる人との信頼関係を確立しなければならない。多くの場合、その信頼関係は弁護人であったり、あるいは家族であったりするのだが、ときに弁護人も有罪心証をもって同じ磁場のなかにいることがあるし、家族も被疑者を犯人と思い込んで見放してしまっていたりする。そんなとき被疑者は否認に転じるきっかけをもてないまま、長く虚偽自白を維持し続けることになる。虚偽の自白を撤回するためには、それまで取調官に抱き込まれるようにして作られてきた人間関係を脱け出して、新たな人間関係を築き、それに支えられなければならないのである。

おわりに

虚偽自白は人間の心理現象の一つである。法のレベルでこの虚偽自白を抑制し排除しようとするならば、それがいかなる心理現象であるかをよく知っておかなければならない。しかし、これまで虚偽自白についての議論は、ほとんど法のレベルで閉じていて、心理現象としてこれを究明するような動きはなかった。現実に多くの冤罪事例が起こり、その最大の問題が虚偽自白であるにもかかわらず、これを心理現象として捉え直す作業が、法の世界のなかで十分に行われてこなかったし、その現実に切り込む心理学の側の研究も十分ではなかった。(5) そして、この状況は、裁判員裁判がはじまり、その対象事件について取調べが録音・録画で可視化されるようになったいまも変わらない。

取調べの場面が可視化され、録音・録画でチェックできても、それを判断する人たちが旧来の虚偽自白論にとどまっていれば、あからさまに暴力的・欺瞞的な取調べがなされていないかぎり、そこに虚偽自白の危険性を見ることはできないし、無実の被疑者が諦めて、自分が犯人になったつもりで、自分から想像して身振り手振りを加えて犯行内容を語る姿を見れば、取調官の押しつけや誘導は直接見えないために、それが虚偽の自白だと見抜くこともできない。虚偽自白が心理学的にどのようなものであるかを、裁判官、裁判員など、その判断者が知っていなければ、たとえ取調べの場の録音・録画が与えられたとしても、その真偽を正確に見分けることはできないのである。

筆者が自白の研究をはじめた一九八〇年代に比べてみれば、いまはたしかに法と心理学とが具体的に接点をもつことが多くなってきた。(6) また、現実の裁判で証拠として提出された自白について心理学者が供述分析を行って、その結果を鑑定書として法廷に提出し、また法廷で証言する機会も少しずつ出ている。しかし、それでもなお十分とは言えない。法の世界と心理学の世界がたがいの距離を縮め、議論を重ねる学際的な研究領域が、ここからさらに広がっていくことを期待したい。

（1）　帝銀事件については浜田寿美男『もうひとつの「帝銀事件」』（講談社、二〇一六年）、名張毒ぶどう酒事件については同『名張毒ぶどう酒事件　自白の罠を解く』（岩波書店、二〇一六年）、狭山事件については同『狭山事件虚偽自白』（日本評論社、一九八八年　新版は北大路書房、二〇〇九年）、袴田事件については同『自白が無実を証明する』（北大路書房、二〇〇六年）を参照されたい。なお、日野町事件についても二〇一〇年に鑑定意見書を裁判所に提出しているが、公刊物としては発表していない。

（2）　浜田寿美男『ほんとうは僕殺したんじゃねえもの』（筑摩書房、一九九一年）。

（3）　浜田寿美男『虚偽自白はこうしてつくられる』（現代人文社、二〇一四年）。

（4）　菅家利和『冤罪』（朝日新聞出版、二〇〇九年）三七頁。

（5）　虚偽自白の心理学的研究としては、浜田寿美男『自白の研究』（三一書房、一九九二年　新版は北大路書房、二〇〇五年）、同『自白の心理学』（岩波新書、二〇〇一年）がある。

（6）　心理学の研究者と法の研究者や実務家（弁護士が中心）によって、「法と心理学会」が二〇〇〇年に発足している。

6　間違った目撃・被害者供述はどのように生じるのか

今村　核

一　問題の所在

目撃者や被害者は、人の識別を誤ることがあり、また誤解により、犯罪がないのに、犯罪があったと思い込むことがある。

最初は、目撃者や被害者自身の「錯覚」に始まるが、警察や検察が関与して捜査への協力を求めて事情聴取し、あるいは法廷での証言を求めて「証人テスト」を繰り返されたとき、彼らの記憶は意識的、無意識的に捜査官の示唆を受けて変容する。そのため供述も初期のものから変わり、被告人が犯罪を行ったことは間違いないという確信的な態度で、具体的で詳細な、迫真性、臨場感に満ちた証言をする。「この人が犯人に間違いありません」との証言は強烈な印象を与え、職業裁判官などの事実認定者に信用され、それがそのまま無辜を処罰することに結びつくことも少なくない。現に裁判官の判決文には、「被害者の証言は、具体的で詳細であり、迫真性があり、臨場感に満ちており、高い信用性を有する」などと書かれて、それだけで有罪とされることも決してめずらしくない。むしろ、そんな判決文ばかりと言った方がより実態に近いかもしれない。

彼らは、もともと「錯覚」したに過ぎないが、捜査における事情聴取や公判前の「証人テスト」で練習を繰り返しているうちに、無意識のうちにも捜査官に起源を有する情報を供述に取り込み、その情報が、みずからの体験記憶に起源を有するかのように思い込んでしまうのである。つまり、記憶が変容しているのだが、その記憶の変容にみずから気が付いていないことが多い。実はここが一番怖いところである。証言台においては「嘘をついている」との自覚がなく、真っ正直な気持ちで間違った証言をする。それゆえ反対尋問も必ずしも有効ではない。彼らは、全く悪意なく、無実の被告人を傷つける鋭い刃となるのである。

この目撃証人の心理的なメカニズム（捜査官の示唆による無意識の記憶の変容と、その変容に、みずから気が付かないこと）は、記憶の汚染など全く意に介さず、自分たちが気に入る証言を手に入れるまで何度でも事情聴取や証人テストを繰り返すことを警察・検察に許容する法的なメカニズムと、見事に融合していると言ってよい。しかも、この心理的、法的メカニズムを往々にして裁判官が理解せず、「具体的、詳細で迫真性のある供述で信用性が高い」との表面的な理由だけで目撃者・被害者の証言の信用性を肯定し、誤った事実認定がなされることがある。本稿では、主として私が担当した事例をとりあげながら、どのようにして間違った目撃者、被害者の証言が生ずるのか、具体的に検討して行きたい。

二　事例検討

以下にとりあげる事例は、主として「目撃者＝被害者」の事例である。

事例1　地下鉄半蔵門線内の窃盗未遂、脅迫事件——犯人の識別を誤った例(1)

三つの「仮眠者狙い」事件

被告人Xは以下の事件1、2、3で起訴された。

事件1　一九九三年五月三〇日深夜、大学三年生のTは、テニスサークルの飲み会の帰りで地下鉄半蔵門線の電車内で酔って寝ていた。電車が終点の水天宮前駅で停車してもまどろみつづけてシートに腰掛けていると、持参していたセカンドバッグを誰かが開けようとしていることに気がついた。学生はおどろき犯人の手をつかみ、駅ホームを降り、男と対峙した。学生が興奮気味に、おまえスリだろう、と問いただすと男は、「俺はそんなことはやっていない！　証拠もないのに人を犯人呼ばわりして、お前こそ人権侵害で訴えてやる！」とはげしい剣幕で怒鳴り返して来た。学生はあきらめて手を放したが、すぐに警察に被害を届け出て、犯人の特徴を、「色の薄いサングラス、身長一六三～四センチ、髪を七、三に分け、五〇前後の小太りのボテッとした男で、上着にノーネクタイの姿」と述べた。学生がもっとも印象に残ったのは「色の薄いサングラス」だった。このとき、犯人の男のほかに、「猿顔の男」が一緒だった。

事件2　同年六月二六日、「色の薄いサングラスの男」は学生Tを水天宮前駅構内の便所内に連れ込んだ。「猿顔の男」も一緒だ。「猿顔の男」とは、髪が半白髪のパンチパーマで、痩せていて眼が落ちくぼみ、歯に被せ物がしてあり、まるで「猿」のような顔をしていることから学生がつけたニックネームだった。このとき、「色の薄いサングラスの男」は学生の胸倉をつかみ、便所の壁に二、三回叩きつけた。男は「ジャマするな！　俺は地下鉄で二〇年やってるんだ！　お前みたいな若造になめられる筋合いはねえ！」と脅した。猿顔の男は、折り畳みナイフをかざしながら「お前のホームグラウンドはどこだ。余計なことはするなよ」と言った。恐怖を感じたTが「わかりました」と答えると、二人は立ち去った。

学生Tは、なぜかは知らぬが犯人らはTを仮眠者狙いのスリの同業者と勘違いして、地下鉄半蔵門線のなわばりから追い出すために脅されたのだと思った。

Tはサークルの飲み会の帰りにはいつも終電車近くの地下鉄半蔵門線に乗っていたが、事件の日以外にも、しょっちゅう犯人グループと顔を合わせており、大体七回電車に乗れば、五回犯人らに会う感じだったと述べている。犯人らは、学生の前で仮眠者狙いをこれ見よがしに行ったりした。学生の印象では犯人グループは「色の薄いサングラスの男」と「猿顔の男」が大体いつも一緒であり、他にもう一〜二名がいたという。

事件3　同年一〇月七日、地下鉄半蔵門線内でまた仮眠者狙いが起きた。被害者は寝込んでいたサラリーマンだった。スリに内ポケットから財布を抜き取られそうになったところを、警備乗車していた私服の警察官が発見し、現行犯人として二人を取り押さえた。財布を抜き取ろうとしたYと、その向かい側座席で新聞を広げていた被告人Xの二人だった。

被害届を出していたTは、浅草警察署から「犯人の男がつかまったので確認して欲しい」との電話をもらった。Tは、「猿顔の男」がもっとも印象に残っていたため「あの男が捕まったのかな」と思って出かけた。すると一一枚の顔写真から構成された写真帳を示された。何枚目かの写真に目がとまった。そこには「薄い色のサングラス」の男が写っていた。Tは「この男です」と警察官に述べた。「猿顔の男」はいなかった。警察官はさっそく、留置場の被告人Xをマジックミラー越しにTに覗かせた。「間違いありません。あの男が犯人です」とTは告げた。

被告人は、色の薄いサングラスをし、身長一六一センチ、五四歳、小太り、髪ぼさぼさ、上着姿にノーネクタイだった。学生が被害を届け出たときに述べた犯人の特徴と大体かさなっていた。

Xは、西日暮里のサウナを常宿とする「パチプロ」で、パチンコ屋でかせいだ帰りに地下鉄半蔵門線に乗っていた。

被告人は「事件1」と「事件2」の犯人であろうと追及されたが、全くの人違いであり、絶対に私は犯人でない、と強く否認をした。事件1、2、3とも起訴された。

一審で有罪判決

Tが証人として出廷した。

（検察官）この法廷に犯人はいますか。
（T証人）はい。
（検察官）それでは犯人を指さしてください。
（T証人）（証言台の前に立ち、被告人席にすわった被告人を指さす）
（検察官）この男が犯人に間違いありませんか。
（T証人）はい。このひとが犯人に絶対に間違いがありません。

被告人Xは、事件1、事件2を強く否認した。そして大手町駅の食堂で、真犯人グループが「学生風の男を脅してやった」と話しているのを聞いたことがある、と弁解した。一審判決ではTの目撃証言の信用性は高いとされる一方、被告人の弁解は「不自然であり、作話であることが強く疑われる」と一蹴された。一九九四年、三事件とも有罪となり、Xには懲役二年六月の実刑判決が言い渡された。

控訴審

Xは控訴した。控訴審で国選弁護人となった私のもとに被告人から頻繁に手紙が送られてきた。「真犯人は、〔事件3で〕一緒だったYという男です。大手町の食堂で、Yが学生風の男を脅してやったと話をしているのを聞いたのです。私は猿顔の男とは面識があり、学生が、犯人の男はいつも猿顔の男と一緒だったと述べていることから真犯人がYだとわかったのです。Yはいつも猿顔の男と一緒でした。Yは私と同様、色の薄いサングラスをしていて雰囲気が似ているのです。どうか自分を信じてください」。Xは、Yとは面識がない、と一審で述べており、真犯人をYと名指ししていなかった。私はXにこの点を問いただした。Xは、護送車に乗せられるとき、Yが口に人差し指を当て「シーッ」という格好をして「お互いに知らないことにしようぜ！」と指示をしたためYを知っていると言えなかったと述べた。事件1、事件2は無実だと涙をにじませ必死で訴える被告人の姿に迫力を感じた。私は重い腰をあげ、甲府刑務所に収監されていたYに面会した。

たまたまサングラスを外していた

丸坊主となったYはXと似ていなくもないが、けっして瓜二つという感じではない。Yは四八歳、身長一六四センチ、髪は分けている、上着姿でネクタイはしたりしなかったり、いつも色の薄いサングラスをしているが、捕まったときはたまたまサングラスを外していた、なんでかなあ、と述べた。するとYは学生Tが述べていた「色の薄いサングラス」の男の特徴とほとんど重なる。Yは、スリの同業者で「猿のような顔をした男」は知っている（通称タナカ）、Xは何回か地下鉄半蔵門線で顔をみたことはあるが、同業者とは思っていなかった、と述べた。Yは電車の仮眠者狙いを長年やっていて、電車の路線ごとになわばりがあるが、同業者になわばりを荒らされると蹴散らして来た、とも述べた。Yは事件当時、地下鉄半蔵門線をなわばりとしていた。Yは最初、よくしゃべったが、私が「真犯人はYではないか」との仮説のもとに聞いていることに気づき、口数が減り、面会が終了し看守に連れられるときに、「ケッ馬鹿野郎！」と吐き捨てた。

私は、Ｙの刑事確定記録を閲覧した。するとＹは「仮眠者狙い」の同種前科が四件あり、一六年前から前科が始まっていることがわかった。これは「俺は地下鉄で二〇年やっているんだ！」という犯人の男のセリフによく符合する。他方で被告人には仮眠者狙いの前科は一切ない。

バイアスのかかった写真帳

一審記録のなかに、「写真面割台帳」がなかった。そこで控訴審の第一回公判前に写真帳の証拠開示命令の申立をした。東京高等検察庁が任意に開示した写真帳は一一枚の写真から構成されていた。一一枚中一〇枚は眼鏡をしていた。しかしサングラスをした写真は、被告人のものだけだった。一一枚中にＹの写真もあったが、刑務所でのＹの言葉どおり眼鏡そのものをしていなかった。

目撃証言の心理学

私はこの件で、目撃証言の心理学研究で著名な厳島行雄教授（日本大学）に多くを教わった。私は同教授の研究室をたずねては質問した。目撃証言の心理学が明らかにしたことが、本件に多くのヒントを与えた。

例えば「凶器注目効果」という現象がある。これは、目撃者が犯人にナイフやピストルなどの凶器を突きつけられたりすると、凶器に注目してしまい、犯人の顔を覚えにくくなるというものだ。便所のなかで「猿顔の男」にナイフを示されて脅されたときＴは、犯人の男の顔よりもナイフを見つめてしまったのではないか。

「無意識的転移」という現象がある。アメリカの例で、銃を突きつけられ脅された駅の出札係が、事件後の面通しである水兵を犯人と認めた。しかしこの水兵にははっきりとしたアリバイがあり釈放された。なぜ誤認をしたのか出札係にインタビューしたところ、その水兵に「見覚えがあったからだ」と答えた。その水兵の所属する基地が駅の近くにあり、水兵はその出札係から切符を買ったことがあったのだ。あるところでみた人物のイメージを全く違う出来事と融合させてしまうことを「無意識的転移」というらしい。Tがいつか、半蔵門線でXを見かけたとしても不思議はなかった……。

本件の写真一一枚のうち、「色の薄いサングラス」の男の写真がXのもの一枚しかなかったことに疑問を感じたが、この点はどうなのか。アメリカの心理学者E・F・ロフタスは、その著『目撃者の証言』(一九八七、誠信書房、西本武彦訳)で回答を与えていた。ロフタスは、目撃者があらかじめ言語的に表現した犯人の特徴をすべて備えた人物だけでラインアップを構成しなければならないと述べる。そうした人物が一人しかいなければ、ラインアップのなかに犯人がいるとの前提に立つと、一〇〇%その人物が選択されてしまうからだ。Yはあらかじめ「犯人が捕まった」と警察から連絡を受けていた。写真帳の中に犯人がいる前提だ。Xが写真選別されたのは、「色の薄いサングラス」をした写真が一枚しかなかったからではなかったか。そしてYが選択肢から漏れたのは「たまたまサングラスを外していた」からではなかったか……。

被告人Xが拘置所でよく訴えていたのは、留置場で写真撮影されたときフラッシュがつかず暗い感じの写真になってしまったとのことだった。確かに被告人の言うとおり、被告人とYの写真だけが、全体的に青みがかったような暗い写真で、写真全体に顔が占める面積比も、他と比べてはっきり大きかった。この二枚はその外形だけで他の写真から浮き立っていた。写真選別の場合、「浮き立った写真」はそれだけで選別されやすくなるという心理学実験もあることも、後に知った(エリザベス・ロフタス、キャサリン・ケッチャム著『目撃証言』二〇〇〇、岩波書店、厳島行雄訳。高木光太郎著『証言の心理学』二〇〇六、中公新書)。

「背が低く、頑丈な体格」との特徴だけで誤識別

被告人XとYは、色の薄いサングラスを始め、いくつかの特徴こそ共通するが、そっくりとまでは言えなかった。そうした人物を取り違えるだろうか。私はアメリカの次の事例があることを知った(渡部保夫著『無罪の発見』一九九二、勁草書房)。

一九五〇年代、米国カンザス州の一都市の商店街で偽造小切手が使用される事件が頻発した。商店主らの供述によると、犯人は、「背が低く、頑丈な体格」の三〇歳すぎの女性で六歳くらいの女児を連れていた。まもなく「背が低く、頑丈な体格」で、一一歳の娘がいるモアラー夫人が逮捕された。夫人は無罪を主張したが、四名の「犯人は、モアラー夫人にそっくりで間違いない」との証言をもとに陪審員は有罪の評決をした。控訴も棄却された。夫人は服役し、五六年一一月仮出獄した。すると五七年二月「背が低く頑丈な体格」の女性が洋品店で偽造小切手を行使する事件が次々と発生した。警察は、これもモアラー夫人の仕業と考え、同女の写真を被害者らに見せたところ、犯人はモアラー夫人にそっくりだ、又は間違いないと供述した。夫人はまた逮捕、起訴された。

しかしモアラー夫人が犯人だとの見方に疑問を抱いた警部がいた。同警部は、モアラー夫人の勾留中にも、「背の低い頑丈な体格の女性」により偽造小切手が使用される事件が発生したことを知っていたからだ。警部は保釈中のモアラー夫人に、毎日いろいろの時刻に警察署に出頭させ、その時刻を記録させた。夫人のアリバイを作っていたのだ。証拠物の小切手を集めたところ、犯人は「forty」のスペルを誤記する癖があった。同年七月、洋品店の店主から警察に「いま、一人の婦人が小切手を置いていったが、なんとなく怪しい」と通報があった。その婦人はやはり「背が低く頑丈な体格」をし、小切手に「forty」のスペルの誤記もみられる、とのことだった。追跡によりジョーンズ夫人が逮捕された。……そこで、モアラー夫人を呼び二人を比較したところ、似ていた点は「背が低く頑丈な体格」という点だけで、ジョーンズ夫人は体重が一〇キロほど多く、ずっと若々しく見え、顔も似ているとは言えなかった。

ジョーンズ夫人は、五五年一月以来、カンザス、ミズリー、オクラホマの三州で合計二五通以上の偽造小切手を使用したと自白した。三州の警察が調査したところ、ペンス夫人も、ジョーンズ夫人に間違えられて処罰されたことが判明した。ペンス夫人も、背が低く頑丈な体格であった。さらにパーマ夫人も、ジョーンズ夫人の偽造小切手行使の犯人として逮捕され、公判に付される寸前だった。結局、一二名の証人が、犯人とただ「背が低く頑丈な体格」という点で似ているにすぎず、ほかの点では全く似ていない三人の婦人を犯人に間違いないと確認していた。

塗り替えられる記憶

東京高等裁判所は、Tの再度の証人尋問と、Yの証人尋問を行った。法廷では、Yが証人尋問を受けている姿、被告人Xが質問を受けている姿をそれぞれ傍聴席でTにみせ、再度、犯人に見間違いがないかTに証人尋問をするという手順で行われた。しかし案の定、一度被告人を犯人と思い込んだTが、Yをみて、やはりこの人が犯人だと証言を改めることはなかった。Yに色の薄いサングラスをかけてもらい「どうですか、似ているとは思いませんか」と裁判官が質問をしたが、「そんなには……。似ているとは……。いえ、そんなにはというか似ているとは思いません」との回答だった。

結局Tは「被告人が犯人であると言い切れます」と述べた。

私はTに面会してみた。彼はごく普通の感じの学生で、被告人Xが犯人だと心底信じている様子だった。考えられるのは「事後情報効果による記憶の変容」ということだ。事後に与えられた情報が、オリジナルな記憶を塗り替えてしまう。犯人を見たときのオリジナルの記憶は時とともに薄れる。Tの写真からの選別は、事件からおよそ四カ月後だった。そして写真帳の被告人のイメージが、薄れた犯人のイメージに上塗りされる。写真帳から選んだ人物が、取調室内で手錠、腰縄付きでいかにも犯人然としている様子をマジックミラー越しに覗く。やはり選別が正しかったと自信を深めて確信に至るとともに、もはやその人物は犯人としか見えない。こうして記憶は完全に塗り替えられる。ロフタスの「事後情報効果」についての有名な実験によれば、質問の中にさりげなく忍び込ませた言葉一つですら、人の記憶を塗り替える力をもつ（車の衝突事故のスライドを被験者に見せ、グループ1には「車が激突したとき、ガラスの破片を見ましたか」と聞き、グループ2には「車が衝突したとき、ガラスの破片はありましたか」と聞く。グループ1の方が「ガラスの破片を見た」との回答が有意に多かった。実際にはガラスの破片は映っていない。前掲ロフタス『目撃者の証言』）。ここで怖いのは、人は記憶が変容したことにみずから気が付かないことだ。したがって本人は正直な気持ちで現在の記憶どおりに、確信をもって証言する。それは無実の被告人を切りつける鋭い刃となるのだ。

Yは法廷で、「ふだんは色の薄いサングラスをはめているが、捕まった日はたまたまサングラスを外していた」と証言した。通称「タナカ」という「猿顔の男」のことは「知らない」と否定した。しかし刑務所での面会のときのメモ書きをもとに追及したところ「タナカいうのは知っています」といやいや認めた。電車内でなわばりを荒らす同業者を蹴散らすことも認めた。しかし自分が犯人であることは断じて否定した。

犯人は「猿顔の男」の相棒

Tによれば、犯人の男はいつも「猿顔の男」と一緒とのことだった。したがって、「猿顔の男」の相棒が真犯人ということだ。

Yの刑事確定記録には、半身不随になって都内の病院に入院中のHという仮眠者狙いのスリの調書が綴られていた。高齢のHは、かつて横浜の黄金町でYの仲人をした人で、Yのグループの先輩格だった。私は、もはや入院中のHから何か情報を得る以外に術がないように思った。Hと何度か面会をした。その話は次のとおりだった。

Hは数年前まで、YとともにJR総武線をなわばりとして仮眠者狙いのスリをやっていた。Yは気性が激しく、何度か仮眠者狙いのなわばり争いで同業者を追い散らしていた。そのことで先輩格のHに苦情を言いに来る者もいた。Hは事件のころは病気のため現役を退いて、山谷の窃盗グループの盗人宿でYらと一緒に暮らしていた。犯人グループは山谷から毎晩、銀座線の田原町駅から地下鉄に乗車し、三越前駅で半蔵門線に乗り換え、三越前駅と水天宮前駅とを往復して仮眠者を狙っていた。タナカという猿のような顔をした男は、犯人グループの一人である。財布を抜き取るのはいつもYがやり、タナカは「威勢をつける」だけでYのおかげで食っているようなものだ。タナカは余りいい男ではないので、かばう必要がないとYに伝えてください。犯人グループはいずれも横浜出身で、偽名を使って宿に泊まっていた。Yもタナカも横浜の出身で偽名は「鶴見」、「黄金町」など横浜の地名にちなんだものが多い、とのことだった。西日暮里のサウナに本名で宿泊し、山谷の盗人宿にも宿泊せず、横浜出身でもない被告人Xは、仮眠者狙いの犯人グループとは無関係であろう。地下鉄半蔵門線になわばり意識をもち、同業者を追い出しにかかる存在では到底ないと思った。

裁判所はHを証人採用し、病院に出張して尋問が行われた。HはYの写真を示され「これはYさんだね」と確認した後、被告人Xの写真を示され「これはYさんじゃないなあ。この人は知らないなあ」と言った。Hは「タナカはかばう必要がないって俺はYさんに言ったんだ。Yさんっていう人はひとをかばうからね。でもかばっていいやつとわるいやつとがあるんだ」と述べた。裁判官が「Yはタナカをかばっていると思っているのか」と問い詰めたところ、「思っている、思っているけれども……」と答えた。Hは半蔵門線の仮眠者狙い事件の犯人はYであり、その共犯は「猿顔の男」であるが、Yは共犯者をかばって名前を出さないのだと思っていたことがわかった。

一九九五年三月三〇日、東京高等裁判所(神田忠治裁判長)は、事件1、事件2について一審判決を破棄して被告人Xに無罪を言い渡し、事件3は有罪とした(判例タイムズ八八四号二六四頁、判例時報一五三五号一三八頁、別冊ジュリスト一四八号一四六頁)。本件は、まるで教科書事例のように写真帳の作り方に問題があり、間違った写真選別が行われ、記憶が塗り替えられたケースである。

※バイアスのかかった写真帳が目撃者を誤らせた例は氷見事件(二〇〇二年柳原氏が二件の強姦罪で有罪判決を受け、三年間服役した後、真犯人が自供し、その真犯人の足跡痕がぴったりと一致し、また柳原氏に固定電話の通話記録という鉄壁のアリバイがあることが元からわかっており、二〇〇七年再審無罪とされた例)でも同じである。

被害者ら二名の犯人の描写は、犯人はマスクをしていたが鼻が高く、目がぱっちりした男性というものだった。被害者らが見せられた写真帳にその特徴を備えたものは柳原氏のものしかなく、二名とも柳原氏の写真を選別し、取調室にいる柳原氏を透視鏡越しに見る「単独面通し」の後、犯人に間違いないと供述した。柳原氏は逮捕され、虚偽自白に落ち、弁護人にも信じてもらえず絶望し、公判でも犯行を自認し服役した。

事例2　バス内の公然わいせつ事件――犯罪がないのに犯罪者とされた例(1)

「後ろに座っている男の人、性器をしごいていますよ」

この事件は、「被告人は、二〇〇九年五月七日午後七時三〇分ころ、某市内を走行中の路線バス内において、不特定多数の者が認識しうる状態で、ことさら自己の陰茎を露出するなどし、もって公然とわいせつな行為をした」、としてSが起訴されたものである。

S(当時五二歳)は銀行員で、この日もいつものとおり、妻に「帰る」と携帯電話をしてから某市内の通勤バスに乗り込み、最後部座席の進行方向右側に腰を下ろした。この日は雨がぱらついたので、傘を持っていた。

Sと同じ最後部座席の左側には、三〇代の女性会社員Aが座っていた。Aの供述によれば、携帯電話のゲームに熱中していて、ふと、ここはどこだろうと思って周囲を見渡すと、Sが陰茎を露出し、激しく指を動かして自慰行為をしていたというのである。

一～二秒それを見たが、嫌悪感で全身を左方向にそむけた。その様子がSに伝わって、もうやめただろうと思い、もう一度、一～二秒Sの腰付近を見たが、まだ陰茎を露出して指でしごいていた。Aは、次のバス停留所前で、降車を装ってそっと立ち上がり、三〇代の女性バス運転手Bに「後ろに座っている男の人、性器をしごいていますよ。どうしたらいいでしょう」と相談をした。Bは、「だから臭いんだ！」と反応し、後部座席方向をミラーで確認したが、上半身しか映っていなかった。Bはバスの速度を異常なほど落とし、Aに携帯で警察に通報させた。のろのろ運転を続け、次のバス停留所で停車したとき、Sが前方に歩いて来て降車しようとしたがドアを開けなかった。Bは他の降りようとする客にはドアを開けない理由を説明したが、後方から遅れてやってきたSには説明をせず、「元の席に座っていてください」とだけ告げた。この停留所は、Sの居宅の真ん前だった。早く帰りたいと思ったSは、もう一度前に出て行き、「どうして降ろしてくれないんですか？」とBに尋ねたところ、Bは「あなた性器出したでしょ」と小さな声で言い、驚いて否定するSに対して「女ばかりだからって、なめんじゃないわよ！」と言ってSの両肩を押し、無理やり座らせた。Sは激しい羞恥心と混乱に陥った。やがて警察官らが到着してSを、有無を言わせず警察署に連行し、手錠、腰縄を打って留置場に入れ、Sは番号で呼ばれるようになる。

「色」と「形」――変わる女性Aの供述内容

Sは「私はやっていません。私は両手の親指と親指をこすり合わせる癖があり、それを見間違えたのではないですか。あるいは傘と見間違えたのではないですか」と弁明・弁解し、頭から犯人扱いをして弁明を聴こうともしない検察官に対して、最後は何を聞かれても答えず、黙秘した。Sは二三日間の逮捕・勾留後、起訴され、数日後に保釈された。保釈後、私はSから相談を受け、それまでの担当弁護士とともに弁護を受任することとなった。受任した理由は、Sの人柄が信頼できたからでもあったが、私が席を外し、相談室でSが私を待っている様子を観察すると、Sが緊張した面持ちで、親指と親指を重ね合わせて激しくこすり合わせていたことが決め手となった。

起訴までに、AとBの供述調書が何通か作成された。この事件の場合、B供述はA供述の伝聞(また聞きのこと)に過ぎないので、重要なのはAの供述である。

Aの供述内容は、検察官調書において、「……そうして丸めた手の上の方に手とは明らかに違う色のものが見えました。赤みがあるというか手の皮膚の色とは明らかに違っていました。…中略…私もセックスの体験はあるし、男性の性器は見たことがあるし、手の上から見えているのが男性の性器であることははっきりと分かりました」と録取された。これまでの警察官調書にはなかった、見た対象の「色が赤かった」ことが何度も録取され、強調されていた。また、捜査段階の供述調書においては見た対象の形について、何も供述がなく、「陰茎の先端部分」とだけ表現されていた。しかし、法廷で証言台に立ったAは検察官の求めに応じて白い紙に見たものの絵を書かされた。そして述べた。


(検察官) あなたが見たものの形を、絵にかいてみることはできますか。

(A証人)はい。

(検察官)…前略…この今から渡す赤いペンで、あなたが見たという被告人の亀頭の部分を、大体でいいんでかいてもらえますか。

(A証人) はい。(記入した)何かちょっと形が妙ですが。

(検察官) 形がちょっとゆがんじゃいましたか。

(A証人) はい。

（検察官）　どの辺がゆがんじゃいましたか。

（Ａ証人）　この辺りが、均等に左右があるとは思うんですけど。

（検察官）　左と右とがちょっとシンメトリーになっていない、左右対称になってないけど、本当は対称だったということですね。

（Ａ証人）　はい。

（検察官）　左右どっちの形が正しいんですかね、どちらかというと。

（Ａ証人）　どっちかというと、左側です。

「色」と「形」が事実と合わない

対象の形についてのＡの供述は、少し考えれば、おかしなものであることがわかる。ＳとＡとはバスの最後部座席の左右の両端に腰かけていた。その位置関係で仮にＳが陰茎を露出していたのを視認したとして、左右対称、シンメトリーに見えるはずがない。左右対称に見えるには、正面から見下ろさなければならない。ＳとＡの現実の位置関係からすれば、仮に性器を出したとしても、その左側面しか見えないはずである。

また「赤っぽく、皮膚の他の部分と明らかに違っていた」とされた対象の色について私は考え続けて、ある日相談室でＳの陰茎の「抜き打ち検査」をすることとした。すると、Ｓの亀頭部分の色は、見事なまでに他の周辺部分の色と同じであり、全く「赤っぽく」なかった。私はある種の感動を禁じえず、この事件は救済できるかもしれないと思った。しかし、まさか裁判所で直接陰茎を見てもらい、その状況を検証調書に残すわけにもいくまい。

私はまたもや日大の厳島行雄教授に相談して、「マンセル表色系」（色相、明度、彩度の組み合わせですべての色を表現できるとの理論で、色を記号化・数値化できる）の基本的な知識を教わった。厳島教授は、研究室にあった大山正教授の

『色彩心理学入門』(中公新書)を「あげるよ」といってくださった。さらに私は、マンセル表色系にもとづく「色票」(非常に細かく、色相ごとに分かれた紙に、明度、彩度を一〇段階程度に分けて色のグラデーションを示したもの)を借り受け、泌尿器を見慣れた医師に、「色票」と対比してSの各部位の色を、マンセル表色系の記号・数値により同定してもらった。その際、「勃起した状態だと充血により赤くなるはずだ」との検察による批判を予測し、薬物により強制勃起状態にしてもらった。しかしこの方法も主観的な判断を避けられず、限界があると考えたところ、「財団法人日本色彩研究所」が「可視光分光光度計」による測色を行っていることを知った。そこで、客観性を確保するため、Sの陰部の何カ所かを測色してもらい、それを数値化してもらい(XYZ表色系だと色相についての記号はいらず、数値のみで表現できる)、その数値の色紙を作ってもらった。そして奥様がその色票の周囲をSが着ていた背広と同じ生地で包み、背景色を同じにした。同時に、他の全く色相の異なる色紙を作ってもらい、同様に生地で周囲を包み、それらをもとに、厳島行雄教授に鑑定を依頼した。同教授は、学生延べ人数三〇〇人に約四〇ルクスの明るさのもとで(実際のバス内最後部座席は二〇ルクス程度で、薄暗い)、一～二秒ではなく、色の命名ができるようになるまで見てもらった。その結果、Sの亀頭部分の色紙について「赤っぽい」という表現をした学生は一人もおらず(「死人の肌のような色」、「薄いコーヒー色」などと表現)、Sの亀頭部分は「赤っぽい」ことがないことが証明された。私が驚いたのは、同教授の研究室で、彼がいろいろな色紙を、机の下の薄暗いところ(二〇ルクスぐらい)で一～二秒さっとかざしたのを見せられたときだ。「全部灰色にしか見えないでしょう」と同教授は言った。全くそのとおりだったのだ。

Aは、なぜ錯覚をしたのか

私は、Sが、バスの最後部座席という薄暗く目立たない場所で、激しく親指どうしをこすり合わせるという怪しげな行為をしているのを見て、直感的に男性の自慰行為を連想したのではないか、との印象を思った。現行犯逮捕手続書には、Aからの聞き取りにもとづき、「男は、座った状態でズボンのチャック部分から陰部を露出させてしごいている状況であった。…中略…男が引き続き同じ行為をしているならば運転手に知らせて何とかしてもらいたいと考えて…後略…」と記載されている。

Aの司法警察員面前調書には、「こねくり回している様子を見せられたのです」(一回目の目撃時)、「こねくり回していたのです」(二回目の目撃時)と、やはり被告人Sの動作に注目した供述が録取されている。

つまり、彼女が錯覚をしたのは、性器か指か、という対象についてというより、Sの動作の意味ではないかと思った。そこを錯覚すると、曖昧な部分については、その動作の意味に沿って知覚・記憶が解釈される。彼女は短時間、薄暗いところで、驚愕、狼狽下で観察した。そうしたとき、ぼんやりとした観察対象は、想像により補われる。

厳島行雄教授は、この裁判で次のように証言した。

(弁護人)　心理学的に見て、どのような機序でというか、どのようにしてそのような錯覚が生まれるのでしょうか。

(厳島証人)　一つには、曖昧なものに対して起こる、ということがありまして、本件では、供述人は比較的早い段階で変態だと思った、と述べているのですね。多分、被告人の供述と合わせると、バスの中で手を組んで、親指などを動かしていて、確かにバスに一番端の暗闇の中でごそごそやっていたら怪しく感じるでしょうし、暗い所で、しかも股間の近くだったというのが致命的だったと思いますが、そこで多分、A氏は、そういうことが行われているると思ってしまったのだと。…中略…お化けだと思って怖がっていて、次の日見に行ったら枯れ尾花だった、などというのに似ていて、結局、我々は思い込んで、自分の知識でどうにか解釈してしまうんですね。でも実際それは現実そのものではない、そういうことがよくあるわけです。これは、私の解釈ですが、A氏の場合はそういう振る舞いを見てしまって、なぜかそれが発火、ここでいう発火というのはアクティベート、つまり活性化するということですが、あっ、そういうことをしている人なんだ、という印象が来てしまい、それ以降の行動が、そういう変態男に対する行動として表れる、…中略…多分そういう錯覚というか、本人はそう思い込んでいるのですが、ここが厄介なところで、でも、そうでないものを見て自分で解釈してそれで行動してしまうということが、実際我々にはよくあるということです。…後略…

※私には、ジェームズ『心理学』の古典的な記述が参考になった。

「第二のタイプの錯覚。——このタイプでわれわれが誤った対象を知覚するのは、われわれの心がその時にその誤った物の考えで満たされているためであって、これと関わりのあるごくわずかな感覚が、いわばすでに準備のできた列車を発車させて、その対象が実際に自分の前にあるかのような感じを与えるのである。よく知られた一例を挙げよう。あるスポーツハンターが森の中で山しぎを撃っているときに、ちょうど山しぎと同じくらいの大きさと色の小鳥が飛び立って樹の葉の間を縫って飛ぶのを見ると、そのような大きさと色の小鳥であるということ以上は見る時間がないので、彼は即座に推論によって山しぎのその他の性質を補い、後になってつぐみを撃ったことを発見して不快に思う。私自身も一度こんなことをして、自分が撃った鳥がつぐみであったことはほとんど信ずることができなかった。私の視覚的知覚に対する心的補足はそれほど完全であった。

…中略…私はボストンでのある夜のことをよく覚えている。私がケンブリッジに行くために'Mount Auburn'行きの電車を待っているときに、ある電車の行き先表示板にその名前がはっきりと書いてあるのを読んだ。(後で分かったのでは)そこには'North Avenue'と書いてあったのである。その錯覚は、自分が自分の眼にだまされたことを信じられないほどに鮮明なものであった。…中略…もはや知覚の一般的法則を証明するためには十分に論じた。すなわち、われわれの知覚するものの一部は感覚を通じてわれわれの前にある対象から来るけれども、他の一部(そしてそれは大きな部分であることもある)は常にわれわれ自身の心から来る。」(W・ジェームズ著『心理学(下)』一九九三、岩波文庫、今田寛訳、一三二頁以下)

Aには、捜査官に影響を受けた記憶の変容があったか

捜査段階の検察官調書において、突如、「色は赤っぽく、周囲の皮膚の色と明らかに違っていました」という供述が現れた。それまでの警察官調書にはなかった記述だ。これは、「色はどうでしたか」「赤っぽくなかったですか」などの検察官の質問を受けての調書であると考えられる。捜査担当の検察官も、「スキーマ」(既有知識)で、亀頭は赤い物だとの先入観があり、「色」について質問したのだと思う。そしてAも、既有知識にもとづいて答えたのだ。さらに「形」についての供述は、法廷証言で突然現れたものだった。Aは証人テストの回数について弁護人に問われて「五回やりました」と答え、検察官に「証人テストは六回ではないですか」と聞かれて「六回でした」と答えている。この検察官は、どうも気合が入り過ぎていた。ここでも、明らかに事実に反する供述は、繰り返された証人テストにおける記憶の汚染によりもたらされた可能性が大きい。彼女は証人テストにおいて、一体何回、「亀頭の絵」を書かされたことであろう。ここでも状況を無視して「左右対称」という既有知識にもとづく証言がされた。

私は、この事件は、彼女の錯覚をそのまま記述した初期供述から、有罪を確実にするための並々ならぬ努力が行われて、主に検察官がそれをやり過ぎてかえって墓穴を掘った事件だと思う。一審無罪判決(二〇一一年六月一九日言い渡し、判例集未登載)は、A供述を、「記憶にもとづくというよりは知識にもとづく供述」としてその信用性を低いとした。その後検察官が控訴し、再度証言台に立ったAは、裁判長に問われて、次のように答えている。

(裁判長) もしあなたが間違った証言をしていたら、これは大変深刻な結果をもたらすことになるのですよ。それでもあなたは間違っていないと言い切れますか。

(A証人) 絶対に間違っていません。

やはりAには、繰り返された事情聴取や、証人テストによる記憶の変容が起こっており、その変容にみずから気が付いていないのであった。その後幸いにも、検察官の控訴は棄却された。

事例3　バス内の痴漢事件——犯罪がないのに犯罪者とされた例(2)

何か謝ることありますよね

本件は、公立中学勤務の被告人Tが、二〇一一年一二月二二日午後九時二八分ころから同三五分ころにかけ、バス内で女子生徒(当時一七歳)の臀部を着衣の上から触ったとして起訴された事件である。

この日、Tは学年の忘年会の帰りで、同学年担当の教員である彼女と新宿で過ごす予定だった。しかし財布を学校に忘れたことに気づき、慌ててバスで学校に戻った。その途中、マスクをした女子生徒が急に後ろを振り返り、Tを睨みつけてきた。何か発言したようだが、マスク越しでよく聞こえなかった(「何か謝ることありますよね」と言ったことが後にわかった)。Tは一度視線を外したが、もう一度女子生徒を見ると、相変わらず睨みつけていた。Tは思わず「ごめんごめん」と軽く謝った。酒臭い男が近くにいたことが不快だったのだろうと想像したのだ。すると女子生徒は、Tをバスから降ろそうとして手を引っ張り、Tは学校の父兄らがいるかもしれないところでみっともない争いはできないので、バスを降りた。すると女子生徒は「痴漢しましたよね」と言って来た。Tは驚き、「知らん！」と答えたところ、女子生徒は「じゃあ、帰ってください」と言った。Tは、こんなところで降ろしておきながら、帰ってくださいといわれて、「ふざけるな！」と怒鳴ってしまった。しばらくすると次のバスが来て、女子生徒は乗車するふりをして痴漢被害に遭ったと運転手に告げ、Tは運転手に逮捕された。

車載カメラにお前が痴漢をしているところが映っている

女子生徒は、後ろに立ったTが、ねっとりと手のひらで数回、お尻全体を撫で上げたので、耐え切れずに振り向いたと供述した（ただし目視はない。臀部の感触による）。Tは現行犯人逮捕・勾留され、警察官らは、「目撃者がいるんだよ」「車載カメラにお前が痴漢をしているところが映っている」などと嘘をついて取調べを行った。しかしTは否認をつづけた。警察は、Tと被害者とされる女性の乗車位置の関係を車載カメラで確認し、二人ともバスのステップを上がり、バス後方に同じ方向に立ち、Tが当初は女性のやや右斜め後ろに立ち、近くに他に男性がいないことを確認した。

期日間整理手続を再開

本件は「期日間整理手続」に付された。私が弁護人に選任されたときは、すでに期日間整理手続は閉じられ、被害者とされる女性の証人尋問も終了し、被告人質問が始まっていた。しかし、本件では車載カメラ画像があり、それを繰り返し見れば、被害者とされる女性が「耐え切れずに振り向いた」というその前の決定的な時間帯には、被告人Tが右手に携帯電話を持っており、触れないのではないか、との疑問が残った（被害者とされる女性は、被告人に右手でお尻を触られた、被告人の左手はつり革につかまっていたと供述していた）。また、Tが腹側にリュックをかけていたので、バスの揺れでリュックが臀部に当たったことが、手による痴漢と勘違いされたのではないかとの疑問も残った。

そこで、専門家に画像解析を依頼し、またリュックの刺激を手による刺激と誤認する可能性について認知心理学的な鑑定を依頼する必要があると考え、期日間整理手続を再開することを強く主張したところ（期日間整理手続が終了すると、「やむを得ない事由」がない限り、あらたな証拠調べ請求ができない）、当時担当の池本寿美子裁判官は鑑定を完成させるまでどのぐらい必要かと問い、「三カ月」と答えたところ、約三カ月後に期日間整理手続を再度入れてくれた（なお、本件では被告人の両手から被害者とされる女性のスカートの構成繊維と類似する繊維は発見されず、繊維の専門家により、手で触れれば付着するとの実験にもとづく鑑定が行われ、証拠調べ請求がされており、採否は留保となっていた）。

右手では痴漢は不可能

バス会社は、交通事故の解析に備え、車両にカメラを搭載し、うち一台がフロントガラス上部からバス後方を俯瞰していた。ステップを上がったバス後方にいた女性とTも、人陰に遮られることもあったが、映っていた。ただしカメラは二五万画素、一秒に五枚の静止画像しかないもので、これはメモリー容量の限界のためとのことだった。夜間で、照明も暗い。最初私には、バス後方の画像は迷彩模様が何か蠢いているようにしか見えなかった。

Tは保釈後、検察庁に連日通い、十数時間その映像を見た。そして女性が「耐え切れず振り返った」時刻を二一時三四分二六秒と特定した(女生徒の黒いマフラーが両肩から背中に垂れている様子がカメラ正面に映る。すなわち車窓を向いた姿勢からカメラに背を向けた姿勢に転じたことを確認)。その前に痴漢をした状況が認められるかを検討した。携帯会社のサーバ記録によれば、二一時三四分一八秒にTは携帯で彼女にメールを返信している。映像上は、二一時三三分〇三秒ころから、右手で携帯らしき物を持っている姿が確認された。その携帯らしきものが最後に確認できるのが三四分二三秒。振り向くまで最大三秒しかない。三秒間以内に右手で、先に述べた痴漢をするのは不可能と思われた。実際、女子生徒が移動を開始したのは同二二秒ころと思われ、不可能なのだ。他方、彼女は「犯人の左手はつり革をつかんでいた」と当初から供述していた。バスの揺れで、女子生徒の頭部が「犯人」の左手にぶつかり、「犯人」の懐にすっぽりと入ってしまい「凍り付くような恐怖を感じた」ことを記憶していたためらしい。

私は画像鑑定を、東京歯科大学の橋本正次教授(法人類学)に依頼した。同教授は、警察、検察から年一〇〇～二〇〇件、防犯カメラの画像解析の委嘱を受けている。例えば、コンビニ強盗などで防犯カメラ上の犯人と被疑者、被告人の同一性などが鑑定事項となる。同教授は、「私は中立ですよ。画像で判断し正しいと思った側だけに立つ」と述べ、画像を検討し鑑定を引き受けてくださった。同教授は、三四分一五秒～二〇秒ころにかけてバスが左右に大きく揺れ、被告人が前方にいる女子生徒に激しくぶつかり、被告人が腹側にかけたリュックが女生徒の臀部付近にぶつかっていることを指摘。それを契機に女子生徒が移動、身体の向きを変えて、ポールに凭れかかるような姿勢になったと指摘。右手に持つ物は二つ折りの携帯電話で、三四分二三秒ころまで見えると指摘した。確かに手の先に延びた細い直線状のものが確認できる静止画像がいくつかあった。こうして画像上「右手では不可能」との鑑定が行われた。

リュックの刺激と勘違い

女子生徒は、「犯人の左手はつり革をつかんでいた」と証言し、立会人として指示説明した犯行再現でも仮想犯人は左手でつり革をつかみながら右手で仮想女子生徒の尻を撫でていた。

Tが女子生徒を手で痴漢する余地はない。バスの激しい揺れで、Tの腹側に提げたリュックサックが臀部にぶつかっており、これを痴漢と勘違いした蓋然性が極めて高い。私たちは、日大の厳島行雄教授(認知心理学)に、臀部の感覚でリュックサックと手指を識別しうるか鑑定を委嘱した。同教授は、実際(五枚重ね着)よりも感度の高い条件設定で実験を繰り返し、正答確率が、偶然確率(四択なので二五%)と有意差がなく、臀部という鈍い感覚受容器では、正確に識別しうる可能性は低い、との鑑定結果を出した(後述の厳島第二鑑定を含めて季刊刑事弁護七六号掲載「痴漢遭遇時に臀部の触感覚のみに事実認定を頼る危うさ」にまとめられた)。

再現実験で、彼女と同身長の女性の協力により、Tのリュックは、ちょうど臀部にぶつかり、接近するとそれを被うようになることが確かめられた。また橋本教授は後に画像解析で、Tと女子生徒がほぼ同じ位置をそれぞれ単独で通過した画像を比較して、リュックの下端と臀部の高さがほぼ同じであると鑑定した。

繊維の付着

被告人Tの手指に女子生徒のスカートの構成繊維と類似繊維の付着はなかった。女子生徒の制服スカートを学校長に事情を説明して入手、全ウールだったそのスカートを触り、繊維の付着の有無を確かめた。繊維片採取のデジタルカメラ写真のプロパティ欄から採取時刻を特定、実際よりも長い時刻を置いたが、実験ではウール繊維片が数本採取された。

左手で痴漢をした

一審(倉澤千巖裁判官)は、上記のうち、橋本正次教授の鑑定のみを採用し、他は採用しなかった。日本の刑事訴訟法においては「自由心証主義」にくわえ、「証拠の採否が自由裁量に近い」ことが、裁判官の権限を肥大化させ、誤判要因となっていると私は思う。

一審は、二〇一三年五月八日、Tに有罪判決(罰金四〇万円)を言い渡し、判決理由で次のように述べた。「右手で痴漢を行うことは不可能に近い」、「右手で携帯電話を操作しながら、左手で痴漢をすることは、容易とは言えないが、不可能とか、著しく困難とまで言えない」、「被告人の左手はつり革につかまっていたと被害者は証言するが、それは痴漢が始まったころのことと思われ、痴漢をされている間ずっとそうだったとの趣旨ではないと思われる」

しかしこの一審判決によっても、「痴漢が始まったころ」は、被告人は左手でつり革を持ち、また右手で痴漢をすることは「不可能」と述べているのである。「痴漢を始める」ことができないではないか。こんなあからさまな論理誤謬をした一審判決に、私の「裁判官不信」は高まった。また一審判決は、「一度や二度の刺激ならともかく、何度も刺激を受けているのだから、物か手指かの区別はつくはずだ」から「勘違いの可能性はない」ともしていた。

ツイッターで非難囂々

一審判決後三日ぐらい経過すると、傍聴していたジャーナリスト池添徳明氏のつぶやきがツイッター上で拡散していた。「まとめサイト」の閲覧件数が一六万件以上となり、数えきれない判決批判のコメントが寄せられていて、私も少々驚いた。

左手の画像解析

控訴審では、「左手で終始つり革につかまっていたこと」を映像上、確定するために橋本教授に第二鑑定を依頼した。静止画像化して左手部分を中心に切り出し、連続でコントラストを強調して見ると、左手がつり革にずっとつかまっていることが確認された。例えば、ドーナツ状のつり輪だけが浮いているように見える画像がいくつかあったが、このバスではつり輪は進行方向と平行に垂れているので、誰かが持っていないと、車載カメラ側から見てドーナツ状には見えないのだが、それを持ちうる人物は被告人しかなく、持っていることが確認できた。またバスの揺れでつり輪が画面上右側に移動し、ポールの陰に隠れて半分ぐらい見えている画像だとか、画像が急に工事現場の照明で明るくなり、被告人の左手の手首の辺りが白っぽくよく見える画像などがあり、一枚単独ではなく、連続で見ていくと、左手でずっとつり革を持っていて、それは三四分二四秒まで確認できる、との鑑定結果となった。

コンピュータは、人間の肉眼が見分けることができない色のわずかの差を、数値として認識しうる。RGBの三原色で、各八ビットずつ、約一万六七〇〇の色の差を数値として認識している。情報科学の博士課程の大学院生川内見作氏(現在、シンガポール大学教授)に、「コンピュータで同じ色を追跡し、三ピクセル(画素)以上移動したものを、ベクトル表示する」という方法(オプティカル・フローというそうだ)で画像解析をしてもらったところ、被告人の頭部、携帯を持つ右手、つり輪を持つため上にあがった左手が、連動することが示され、これらは「同一人物に帰属する」と鑑定された。これを橋本教授に検討していただき「鑑定補足書」として提出していただいた。

巌島教授には追加実験として、刺激を二〇回連続で与えたときに正答率は向上するか、確認していただいたが、回数は増やしてもグラフは右肩上がりには上昇せず、成績の向上は認められなかった。

微物採取したスライドグラスそのものを顕微鏡検査したところ、左右の手掌に約四〇〇本、五〇〇本ずつの繊維片様の微物が付着しており、採取二時間前にウールが付着したとすれば存在しないのは不自然に思われた。

控訴審では、橋本教授の主尋問、反対尋問がそれぞれ一期日ずつ、また被告人質問が一期日行われた。どちらも法廷は午後一杯使われた。控訴審はその他の証拠を採用せずに結審した。

控訴審判決

東京高等裁判所（河合健司裁判長）は、原判決を破棄し、自判して被告人を無罪とした（東京高判平二六・七・一五、東京高等裁判所判決時報刑事六五巻一〜一二号五四頁、判例時報二二四六号一二三頁）。橋本第二鑑定どおり、左手はずっとつり革をつかんでいたと認定したばかりでなく、同第二鑑定がなかったとしても、原判決の「容易とは言えないが、不可能とか著しく困難とまで言えない」として左手で痴漢をしたとの認定を、「明らかに論理の飛躍があり」、「この種事件で被害者供述の信用性を判断するうえで必要とされる慎重さを欠くもの」、「客観的証拠との整合性の観点からみた供述の信用性判断を誤ったものというほかなく、論理則、経験則に照らしてみても、不合理であって是認できない」と手厳しく批判した。また、女子高生は、リュックがぶつかったことを痴漢と勘違いした可能性があると判示した。

女子高生は、なぜ錯覚をし、なぜ供述が詳細化したか

女子生徒がリュックによる刺激を痴漢行為と勘違いした理由は、思春期特有の自意識過剰と理解できるようにも思

うし、われわれだって同じような状況に置かれれば、同じような誤解をしかねない。しかし、その後の供述調書や、法廷証言における供述の「具体性、詳細性、迫真性」などは見事なもので、一見、本当に痴漢に遭ったとしか思えないように感じさせる力があった。事情聴取で捜査官に具体的な質問をされ、それに「わかりません」と回答できずに、具体的な答えをして調書にまとめられる。例えば、痴漢事件では、「親指の太さと小指の太さの違いから痴漢しているのは左手であることがわかった」などと、臀部の知覚・感覚の閾値を超えた識別がされた供述が頻繁にみられる。これらの供述が、体験記憶にもとづくものではないことは、そのような識別が人間の感覚器官には不可能であることからわかる。「右手、左手、どちらだったですか」、「指の太さからわかったことがありますか」など、捜査官から細かい質問がなされ、被害者が、捜査官の反応を見ながら、その細かい質問に答えていることが予測される。親指、小指の違いは、どの事例でも被告人の手が犯人の手に合致するような回答が得られている。人間には、想像で答えたことでも、一旦そのような回答をすると、それが二次的な記憶として記憶の変容をもたらし、みずからもそれに気が付かないという傾向があるようだ。

事例4　電車内の痴漢事件――犯人の識別を誤った例(2)

いきなり胸倉をつかまれて

この事件は、被告人I(当時四五歳)が、二〇一二年一一月二八日午後九時二八分から同三二分ころまでの間、埼京線板橋駅から赤羽駅を走行する電車内において、女子高生K(当時一七歳)に対して、スカート内に右手を差し入れ、左太ももをなでるなどしたとして、起訴された事例である。

この日、被害者とされる女子高生は、同級生の男子高校生とデートをした帰りで、埼京線の先頭車両のドア付近に向き合って立ち、互いにスマートフォンを持ってメールのやりとりなどをしていた。女子高生は、ややうつむき加減だった。女子高生は、椅子の仕切りに背もたれていたが、その仕切りはスチール製のパイプでできていて、下半身がパイプとパイプの間からはみ出る状況だった。Ｉは女子高生の左斜め後方に、女子高生とほぼ直角に立っていた。女子高生は、いきなりＩの方向を振り向いて「お前、いい加減にしろよ！　分かってんでしょ、やったことを！」などと叫びながら、Ｉの胸倉をつかんできた。Ｉは「それは人違いです」と弁明したが、赤羽駅のドアから引きずり出された。駅員が来て駅事務室への同行を求められ、拒んでいたが、警察官らが来て、警察署まで連行された。二八日間逮捕・勾留され、頭から犯人視した取調べを受けたが、弁護士のアドバイスにより完全黙秘を貫いた。

手首、腕、肩、顔を順に確認した

事件から一四日後、検察官は、女子高生を呼び出し、検察官調書を作成した。そこには、これまでの警察官調書には全く書かれていないことが書かれていた。それは、女子高生は、痴漢をされているとき、触っている犯人の手首を見て、そこから順に視線を上げて腕、肩、顔とつながりを見て行き、もじゃもじゃした頭髪と分厚い眼鏡が特徴的なＩが犯人であることを確認した。その確認後にＩをつかまえたので、Ｉが犯人であることに間違いがない、というものであった。

一審の法廷で証言台に立った女子高生は、Ｉの方を振り向くときに、手首、腕、肩、顔とつながりを見て行き、Ｉが犯人であることを確認したと証言した。これは、順繰りに手首から顔までのつながりを確認した時点が、検察官調書では、痴漢をされているときに前方を向いているときに確認した、となっていたが、Ｉの方に身体を半時計回りに回転させて振り向き、そのとき確認をした、と変わっていた。警察官調書では述べていなかった、手首から顔まで順を追ってつながりを、前方を向いているときに確認したと検察官調書で述べ、さらに公判廷ではその確認の時期が、Ｉの方を振り向きながらであったと変わり、女子高生の供述には、「供述の変遷」があった。

防犯カメラ画像

この事件では、防犯カメラ画像があり、椅子との仕切りに背もたれてボーイフレンドの方向を見ている女子高生の姿、女子高生がいきなりIの方を振り向き、その胸倉をつかむ様子などが、かなり鮮明に映像化されており、そのデジタルデータのコピーを、検察官が証拠調べ請求していた。その映像では、女子高生がややうつむき加減に前方を見ているときには、女子高生は頭を動かしておらず、左後方を振り返った様子は全くなかった。そして、女子高生の左顔面は、ボリュームのある髪の毛にすっぽりと覆われており、左後方は見えないであろうことがわかる。

他方、女子高生が何かを叫びながら胸倉をつかんだ様子も鮮明に映像化されていた。その女子高生の視線の方向を映像で見ると、怒りの表情でまっすぐにIの顔面を見つめており、これまたIの右手、腕、肩、顔のつながりを順に確認した様子は全くうかがわれなかった。

要するに、検察官調書も、その後変遷した法廷証言も、客観的証拠である防犯カメラ映像と矛盾している。弁護団（山添拓主任弁護人）は、この点を弁論で指摘した。併せて女子高生に痴漢ができる者として、女子高生が背もたれていた座席に座っていた男性の存在を指摘した。

しかし、東京地裁の一審判決（齊藤啓昭裁判官）は、「被害者が顔を上げて被告人を確認すると同時に胸ぐらをつかむ様子は車内カメラ映像とも一致していて、手首から顔まで順を追って確認した旨の供述が検察官調書で追加されたとしても、被害者供述の信用性には影響しない」と全く趣旨不明のことを述べて有罪判決を言い渡した。そして背もたれていた椅子の仕切りの向こうに座っている人が犯人である可能性については、女子高生が「触られたのは親指が上側にあったので右手である」と供述していることをそのまま盲信して（前述のとおり、親指の太さと小指の太さを太ももで識別することは、知覚、感覚の分解能の閾値を超えており、できないので、この供述はありえない）、その可能性を排斥した。

控訴審

被告人は当然のことながら控訴し、弁護団は、防犯カメラ映像と供述が矛盾することについて、さらに強調して主張・立証した。あらたな立証活動は、事例3で鑑定をしてくれた東京大学情報学府の博士課程の川内見作氏に女子高生の画像をコンピュータ解析してもらい、女子高生の視線が、Iの手首や腕、肩などに向いてなく、まっすぐに顔を見つめており、しかも人間の中心視野はおよそ三度しかなく、周辺視では確認ができないとの鑑定意見書を得て、事実取調べ請求したことであった。

きわめて珍しいことに、東京高等検察庁の錦織聖検事は、一審で有罪判決を得ているにもかかわらず、女子高生を再度証人申請して来た。そして女子高生は、今度は手首、腕、肩、顔と順を追って確認したとは証言せずに、目線を上げると同時に顔も上げ、そのとき視野に入っただけであると証言した。おそらく、担当検察官も順を追って確認したとの供述が、防犯カメラ映像と合わないと判断したのであろう。

そして弁護人が検察官調書をもとに反対尋問を行っているときに、女子高生は次のように述べた。

(女子高生)　違いますよ、それ。
(弁護人)　違うんですか、この調書。
(女子高生)　それ、偽物です。

東京高等裁判所(河合健司裁判長)は、女子高生の供述は変遷しており、防犯カメラ映像とも整合せず、信用性が低いとして二〇一五年三月二五日、無罪判決を言い渡した(判例集未登載)。

私は弁護人ではなかったが、この事件の被害者供述に関心を抱いた。そして、最高裁が一、二審の有罪判決を破棄、自判して無罪を言い渡した防衛医大教授痴漢冤罪事件（最判平二一・四・一四、最高裁刑事判例集六三巻四号三三一頁、判例タイムズ一三〇二号九五頁、判例時報二〇五二号一五一頁）の被害者の供述を思い出した。この判決は法廷意見において「本件のような満員電車内の痴漢事件においては、被害事実や犯人の特定について物的証拠等の客観的証拠が得られにくく、被害者の供述が唯一の証拠である場合も多い上、被害者の思い込みその他により被害申告がされて犯人と特定された場合、その者が有効な防御を行うことが容易ではないという特質が認められることから、これらの点を考慮した上で特に慎重な判断をすることが求められる」と判示した画期的といえるものであり、その判旨は例えば事例3のバス内痴漢冤罪事件の東京高等裁判所の無罪判決などにも引かれている。

私はこの事件の上告審で、弁護人の一人であった（主任弁護人秋山賢三）。被害者である女子高生は、やはり、警察官調書では全くその旨述べていなかったのに、検察官調書で「スカートに入った手首、肘、腕、肩と顔のつながりを目で確認したので犯人に間違いないと思った」と供述し、一審の法廷でも同じことを証言していた。この事件では、被害者は、小田急線内で自分と向き合っていた防衛医大教授が犯人だと思っていたが、下北沢駅で二人とも一時下車後、再び犯人と思っている教授と同じドアから乗り込み、再度教授と向き合う姿勢となるなど、その供述に不自然な点が見られた。それだけではない。最高裁の判旨では全く触れられていないが、警察官調書には「私の視力は〇・〇三で当日は眼鏡をしておらず、裸眼でした」との記載があった。ただ一審では女子高生は検察官の主尋問に対して、「私の視力は〇・三以下です」と、不可解な回答をしていた。これに対して一審弁護人は、警察官調書にもとづいた反対尋問を行っておらず、また彼女の客観的な視力検査の結果が調べられることもなかった。また、女子高生は、失礼ではあるがかなりの肥満体型であり（欧米人の極度に肥満した婦人と同じかそれ以上）、顔を下に向けても、胸部や腹部がじゃまになって、スカートに手が入っているところなど見通せない状況だった。つまり、「スカートに入った手首、肘、腕、肩、顔のつながりを確認した」というのは、少なくとも肝心の手首については、視界が自らの身体に遮られて見られない状況だった。そして、この供述部分以外に、教授を犯人とする根拠はなかった。

三　考察および問題提起

これまでいくつかの事例を検討して来た。ひとつの類型として、目撃者や被害者が、何らかの錯覚をして、オリジナルな記憶にもとづく供述が、検察官等の意識的、もしくは無意識的な働きかけにより変遷し、目撃者の記憶も変容して、みずからその変容に気が付いていないケースがあることは確かである。こうして汚染された記憶により「具体的で詳細で迫真性のある供述」が得られる。裁判官がただそれだけの基準で信用性を判断しようとすれば、誤判が生じうる。

とくに検察官が、犯人性を確実なものにしようとして、目撃者や被害者に意識的に働きかけていることが強く疑われるケースが見られた。「触っている手首、肘、肩、顔のつながりを順を追って確認した」というのは、多くのケースで痴漢被害者が供述するところであり、おそらく検察官は、意識的にひとつの定型にまとめあげようとしてしまっているのである。こうした働きかけは、被害者が「その手と被告人の繋がりを実際に目で見て確認したというのでな」いとして無罪とした判決（東京高判平一二・七・一四、秋山賢三ほか編『痴漢冤罪の弁護』二〇〇四、現代人文社、五二一頁以下所収）等を受けて、検察官が有罪を確実にするために行われていると考えられる。事例4で検討したように、そのような順を追った確認をしていないことが客観的に明らかなケースでもそのような供述がなされ、その信用性が慎重に検討されないまま、一審や二審で有罪とされるケースがあることがわかった。この検察官の定形にはめようとする働きかけに応じて、被害者はいったんはそのように供述したが、後に「あれは偽物です」と証言するケースもあった。この場合、記憶が変容してしまっているというより、むしろ嘘であるとわかっていながらそのように供述したと考えられる。このようなことが起こるのは、単なる目撃者ではない、被害者だからこそではないだろうか。「目撃者供述」に関する注意則研究は積み重ねられているし、心理学研究も発達している。しかし「被害者供述」についての注意則研究や、心理学研究は少ないのではなかろうか。事例検討に見られた、検察官の誘導に乗っかった意図的な虚言は、被害者特有のものである。私が被害者供述について、わずかに見つけた文献では、ゼーリッヒが、「多くの現実の被害者は、――真実（しばしば無意識であるところの）復讐感情に駆られて――、犯人の服罪と処罰を命ぜられたものと強く信ずるので、有罪証拠の提出のためには、真実をさほど厳密には検討しないのであり、正義のために虚言し、「それでも彼はやったのですから」と云う」（司法研修資料一二号「ゼーリッヒの供述心理学」より）と指摘している。その多くの部分が真実である供述に意図的な虚言を織り交ぜられると、それを見破るのは非常に困難となる。被害者供述についての注意則研究、心理学研究が今後、さらに行われることが必要と考える。

さらに、制度的な問題として、参考人の事情聴取や証人テストの録音・録画化がぜひとも必要である。前記のロフタスの実験に見られるように、たったひとつの言葉でさえ、暗示・誘導効果をもち、記憶の変容をもたらすのであるから、目撃者、被害者の供述の起源を探り、その供述が真に目撃者、被害者の体験記憶に起源をもつのか、そうではなく、捜査官に示唆されたことを自らの記憶に取り込んでしまっているのかなど、微妙な問題を解決するには、録音・録画化しかない。その必要性は、参考人取調べの方が、被疑者取調べよりもむしろ大きいほどであると思われる。なぜならば虚偽自白をした者は、供述の起源を自覚しているが、暗示を受けて記憶が変容した目撃者、被害者は供述の起源を自覚できないことが多いからである。

7　なぜ無実の供述が軽視されるのか——「不自然・不合理」判断の闇

守屋克彦

はじめに

刑事裁判においては、有罪にしろ、無罪にしろ、過去に起こされた犯罪を、証拠によって認定・判断して行くことになるが、その証拠の中で重要な位置を占めるのが、人の供述である。そして、過去の真実を構築するという証拠としての使われ方の面から考えると、供述は、供述をする側の問題と、それを聴く側の問題に分けて考えることができる。供述する側の問題としては、体験した事柄を正確に知覚し、記憶し、かつ表現できているかという問題であり、聴き手の側では、捜査官であれば、供述者の供述を正確に受けとめて、内容を歪曲することなく、裁判に提供できているか（取調べの適正）、裁判官であれば、その供述の証拠としての価値を、正確に評価ないし判断できているか（判断の公正）という問題である。実際の刑事裁判において、犯罪の嫌疑を受けて裁判を受けている人（被告人）の事件に対する供述（言い分）を見ると、大きく四つの類型に分かれる。第一は、冤罪を訴え、終始否認している場合である。第二は、冤罪を訴えているが、捜査段階での自白がある場合である。第三は、犯行を認めているが、捜査段階での自白を争っている場合である。最後は、犯行を認めており、捜査段階を含めて自白している場合である。第一、第二は、被告人が犯人であること（犯行との結びつき）を争っている場合であるから、有罪を認定するためには、①犯罪の内容と、

②犯罪と人の結びつき（真犯人であるかどうか）が、証拠によって認定される必要があるが、第三の場合は、何らかの犯行を犯したことは認めているが、起こした犯罪の内容（中身）を争っている場合である。これまでの誤判・冤罪事件での関心は、多く第一、第二の類型に集まっていて、第一では、被告人の否認を覆して有罪とするだけの証拠があるかどうか、第二では、捜査段階での取調べの違法ないし不当によって虚偽の自白がなされたかどうかが審理の中心となり、その結果、最終的には、犯罪の発生若しくは被告人が犯人であることに対する有罪の証拠が十分でないという理由で、無罪とされたケースが話題を呼んできた。これに比べると、第三の類型は被告人が何らかの意味で犯人であり、最終的に無罪とはならないので、事件の内容を争ったとしても、裁判所の認定の仕方の問題と受け取られて、あまり問題にされてこなかった。しかし、第三の類型は、適正な事実の認定という観点から、第一、第二の類型とは、また別の問題があることが指摘できるのではないかというのが、本稿の一つの関心である。なぜなら、供述する側の問題として、行為前の精神状態は別にしても、行為時の緊張、興奮あるいは驚愕など情動の異常によって記憶の正確性が担保されないおそれが十分にあることに加えて、聴き手の方にも、被告人の自己に有利と思える供述を、自己防衛の本能によってなされる信用性に欠ける供述とみて、信用せずに、より重大な犯罪の成立の可能性を追求し、挙げ句の果てに、信用性の欠ける虚偽の自白に追いこんでしまうおそれが考えられるからである。第一、第二の類型にも、客観的な証拠の状況から有罪を推認する方向への予断が介入するおそれがないわけではないが、第三の場合は、より予断が生じやすいという条件があるということができると思われる。しかも、我が国のように構成要件に目的や故意などの主観的要素が多く、その態様及び程度の如何では、刑事責任の有無またはその量の判断に大きな差が出てくる場合に、法的な知識に乏しい供述者が、無警戒に聴き手の誘導等に応じて不正確な供述を行い、誤った重罰を科刑される不利益を受けるおそれを無視することはできない。あえて「真犯人の虚偽自白」という類型を提示し、後に、計画性の有無が、死刑選択の重要な要因と考えられているケースを提供し、この問題を考えてみることにしたい。

一　「供述」の聴き手の問題

刑事裁判では、被告人は、公開された法廷（日本国憲法八二条）で、身体の拘束もなく、弁護人が選任され、裁判長から黙秘権などの防御権を告げられた上で供述を行っているものであるから、普通は、自由な意思で述べていると見られるし、裁判官の前で直接なされることにより、捜査段階で作成された供述調書など、裁判所外で作成された証拠と違って、裁判官としても、それを直接観察することができる。それに、何よりも、被告人の供述は、審理の対象になっている犯罪の存否、態様、さらには自分が犯人であるかどうかということについて、直接自分が体験していることをその立場から述べるという点で、過去の真相を知る上で替え難い価値（証拠価値）を持つものである。起訴されている事実は、被告人が過去に犯したとされる行為であるから、その裁判において審理に携わる者は、過去にあったであろう事実を、証拠をとおして自分の観念の中で構築するしかないが、被告人は、起訴されている事実について、有罪にしろ、無実にしろ、自ら体験しているという立場である。裁判ではよく「真実は神のみぞ知る」と言われるが、被告人も、自分の体験を持っているのである。そのために、被告人の立場にたてば、黙秘している場合は格別、事実についての言い分がある場合、特に無実を主張するようなケースについては、熱心かつ詳細に供述を行うことに努めるのは当然である。

しかし、我が国のこれまでの刑事裁判では、一九八〇年代に明るみにでた四大再審事件（死刑判決が確定した後、再審で無罪となった免田、財田川、松山、島田各事件）を例に挙げるまでもなく、被告人の無実の主張が、第一審の裁判所で認められず、また控訴審、最高裁判所でも救済されずに確定し、長年月を経て、再審の審理において、ようやく、無実となり、当初の被告人の供述が真実であったと認められた事例が珍しくなく、社会の関心を惹いている。被告人が法廷で自分の体験を真摯に訴える無実の叫びが、なぜ裁判官の耳に届かないのか、改善の方法はないのか、再審開始決定で救済されたことを喜ぶとともに、再審以前の確定した裁判手続に問題がなかったかと考えるのが当然であろう。今日では、裁判員制度が実施されており、職業裁判官だけでなく、誰もが裁く立場になる可能性を持つのであるから、誤りなき裁判を期したいというのはなおさらである。今回のシリーズの第1巻である本書は、裁判官に誤りのない事実認定をなさしめるための証拠という面から供述証拠を検討するというのが主題であり、刑事裁判の制度全体に対する考察や、適正な事実認定を実現するための研究は、他の巻で行われることになるようであるから、あるいは結果として重複することになるかもしれないが、誤判・冤罪を生み出す背景に関わる要因という面から、公判廷で自らの体験したことを述べている被告人の供述と、それを聴く、受け手の立場にある裁判所の問題を、先ほどの類型に即して見ておくことも意味のないことではないであろうと考える。すなわち、先に述べたように供述は、供述者の体験を正確に伝えているかという内容自体の吟味とともに、その聴き手が供述内容を正しく受け止めているかという聴き手の吟味を経て、はじめて過去を正しく構築できる本来の証拠としての役割を果たせることになると考えるからである。

二　大阪再審事件

このような課題を考える格好の素材として、最近のいわゆる大阪再審事件をとりあげる(1)。

(一)　事件の内容

この事件は、「X(以下、被告人をXという)は、①平成一六年一一月二一日ころ、X宅において、被害少女(当時一一歳)を強姦しようと企て、少女が一三歳未満であることを知りながら、自室にいた少女に対し、いきなりその肩等をつかんで仰向けに押し倒し、無理に衣服をはぎ取るなどして、少女が抵抗できないようにした上、少女を強姦した。②平成二〇年四月一四日ころ、X宅において、上記強姦の犯行やその後繰り返し行った性的虐待行為等により被害少女(当時一四歳)がXを極度に畏怖しているのに乗じ、再び少女を強姦しようと企て、自室にいた少女に対し、前第一と同様の暴行を加えて抵抗できないようにした上、少女を強姦した。③平成二〇年七月上旬ころ、X宅において、被害少女(当時一四歳)に対し、無理にわいせつな行為をしようと企て、廊下にいた少女に対し、いきなりその背後から両腕でその身体に抱きつくとともに、少女が抵抗するのも構わず、両手で衣服の上からその両乳房をつかんで揉み、もって無理にわいせつな行為をした」という強姦・強制わいせつ事件である。

事件の関係者

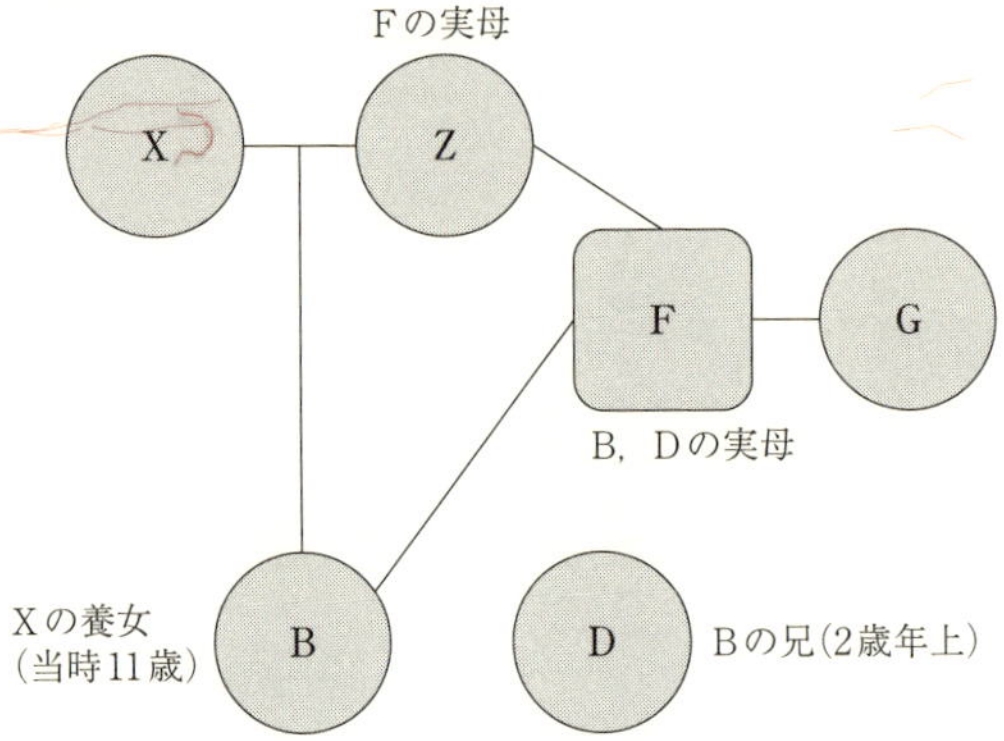

(二) 関係者

この事件の関係者は、上図のとおりであり、被告人Xは、妻Zと同居しており、被害少女Bは、D(兄)とともに、Zの子Fの実子であるが、事件当時は、Xと養子縁組をしていた。B、Dの実母であるFは、外に出て、Gと同棲していた。つまり、本件は、養親であるXが、養女の未成年者Bに対して、強姦及び強制わいせつ行為を行ったという事案として起訴されたものである。

(三) 証拠関係

本件では、三件の事実とも、有罪方向にはたらく証拠としてBの供述とその被害を目撃したとする兄Dの供述があり、他方、Xは、無実であると否認し、妻ZもXの供述に沿う証言をしていた。

㈣　審理の経過

一　起訴　平成二〇年九月三〇日（①と③の事実）
二　追起訴　平成二〇年一一月一二日（②の事実）
三　第一審判決　平成二一年五月一五日　懲役一二年（求刑懲役一三年）
四　控訴審判決　平成二二年七月二一日　控訴棄却
五　上告審決定　平成二三年四月二一日　上告棄却
六　再審開始請求　平成二六年九月一二日
七　再審開始決定　平成二七年二月二七日
八　再審判決　平成二八年六月一六日　無罪

㈤　確定第一審の有罪判断

確定第一審判決は、被害少女Bの供述を全面的に信用し、有罪の根拠とした。その内容は、次の通りである。

①　Bには、虚偽の供述をする利益、動機はない。弱冠一四歳（証言当時）の少女が、ありもしない強姦被害などをでっち上げて、養父（実質上の祖父）を告訴するということは非常に考え難い。

②　被害を打ち明けるにいたった経過も自然である。思春期にさしかかる前後の被害少女にとって、初めから強姦のことまでは話せず、徐々に重大な被害内容を語っていったなど、自然である。

③　Ｄの目撃供述による裏付けがある。

④　供述内容が、自然性・合理性を備えている。

「被害少女は、(a)平成一六年の強姦被害について、前日の結婚式の引き出物のお菓子を食べていたときに突然被害に遭ったなどと具体的なエピソードに基づいて日付を記憶喚起しているだけでなく、初めての性交渉により出血した状況やＸから口止めされた状況についても供述していること、また、(b)平成二〇年の強姦被害についても、テレビ番組をもとに日付を記憶喚起している上、強姦被害についてＸから口止めされた状況に至るまで供述していること、さらに、(c)平成二〇年の強制わいせつの被害については、Ｘと自分の体勢やＸから乳房を揉まれたときの状況、必死に抵抗した状況等も具体的に供述していること、以上のような諸点に照らすと、これらの供述は、全体として具体性と迫真性を有しているものと認めることができる。確かに、強姦そのものの場面については、やや具体性を欠いている部分も見受けられるが、被害内容がそれ自体強制わいせつに比べて格段に衝撃的であることに加え、被害少女の年齢や相手が養父(実質上の祖父)であったことにも照らすと、その受けた精神的衝撃は更に大きなものであったと推測されるのであって、この点からすれば、弁護人指摘のとおり肝心の強姦被害の場面について多少抽象的で画一的な証言しかできていないにしても、それ自体、誠にやむを得ないものがあって、決して虚偽供述の徴表と評価すべきものではないと考えられる」(判決文引用)。

⑤　供述態度も真摯である。

「証人尋問の前日は緊張の余り十分に寝られず、緊張感から途中で体調を崩しながらも、涙ながらに辛い過去の出来事をありのまま記憶のままに供述するなど、精一杯誠実に応答していたのであって、弁護人の反対尋問にもさして動揺を来しておらず、その供述態度は極めて真摯なものであったと評価することができる」(判決文引用)。

⑥　Ｄの証言など、他の証拠とも整合する。

⑦ 供述変遷の評価。

被害少女には最初の強姦の日付を一年間間違えていたことなど供述の変遷があるが、これらの変遷は、基本的信用性に影響を及ぼすような性質のものではない。

(六) Xの主張の排斥

確定第一審は、右のように被害少女Bの供述の信用性を肯定する一方で、Xの無実の主張(供述)を退けている。すなわちXの主張を「本件各犯行について全く身に覚えがない。そもそも、私は一〇年くらい前から糖尿病のため、勃起障害があり、性行為ができないことはもちろん、性欲も湧かなくなっているから、被害少女にわいせつ行為をするはずがない。なお、主治医の医師に、勃起障害があることを話したことがあるが、医師は、なんとなくそのままその話を流してしまい、特に治療をすることもなかった。また、被害少女は、平成一六年一一月に玄関向いの被害少女の部屋で私に強姦されたというが、当時その部屋は自分の母親の部屋であって、被害少女の部屋になったのは、平成一七年の春休みくらいからである」と要約したうえで、「Xに真に勃起障害が生じていたのであれば、発症当時まだ五〇歳半ば前後の年頃であり、特に妻とも夫婦仲の悪くなかったXとしては、なぜ医師にその相談をしてその治療を受けなかったのか、まずもって疑問に思われる。(中略)本件当時Xに勃起障害があったとの供述は不自然・不合理な点が多く、これによって、前記のとおり高度の信用性が認められる被害少女供述に疑いが生じるとは到底言えない」と信用性を否定している。そして、量刑の理由として、「本件は、Xが言語道断にも、自宅で養育中の実質上の孫娘に対し繰り返し強姦・強制わいせつの犯行に及んだというものであって、その犯行動機は誠に身勝手極まりなく、そこには一片の酌むべき点すら見出せない」「その行動は誠に醜悪極まりなく、齢六〇を超えた者の振る舞いとも思えぬ甚だ恥ずべき所業であるといわざるを得ない」「このような深刻な被害状況にもかかわらず、Xは、不合理な弁解に終始して本件各犯行を全面的に否認し、反省の情が皆無であるばかりか、挙げ句には、被害少女の母親が自分に恨みを持っていることから被害をでっち上げたなどと同女を誹謗中傷するまでに至っている」（以上判決文の抜粋）などと判示して、懲役一二年を言い渡した。

(七) 確定控訴審判決・上告審決定

紙数の関係で内容を省略するが、控訴審判決は「関係証拠によれば、Xが被害少女に対する強姦、強制わいせつの各犯行に及んだとする一審判決の認定を優に首肯することができる」として、確定第一審判決の事実認定を追認し、上告審決定は、事実誤認が適切な上告理由に当たらないとして、決定で上告を棄却した。

(八) 再審無罪判決とその内容

この事件については、前に記載したように、平成二六年九月一二日、再審請求があり、平成二七年二月二七日再審開始決定がなされ、平成二八年六月一六日、再審判決があり、無罪が確定した。再審については、検察官も開始相当の意見を述べており、再審開始の当否をめぐって、申立側と検察側が熾烈な法廷闘争を繰り広げるこの種の事件にしては、平穏・順調な再審開始決定に続く無罪判決であった。

再審無罪判決の要旨は次の通りである。

① カルテの発見。本件再審請求後、検察官から証拠請求されたカルテ（本件カルテ）には、Bが、平成二〇年八月二九日、H産婦人科医院を受診し、「処女膜は破れていない」との診断がなされたとの記載があることが認められ、その診断結果に信用性を疑わせる事情は何らうかがわれない。

② Bの旧供述によると、Bは、平成一六年一一月及び平成二〇年四月の二回のほか、何回もXに強姦されたとい

うのであるから、Bの旧供述を前提にすれば、前記受診当時、Bの処女膜が破れていないとは考えがたい。

③　B及びDの各旧供述(確定審の供述)のうち、XがBを強姦したという核心部分は、本件カルテの診断結果と明らかに矛盾しており、その信用性は大きく減殺される。このような矛盾は、B及びDに記憶違いがあったなどとはおよそ考えられないから、両名が意図的に虚偽供述を行ったとみるほかない。そうすると、両名の供述の前記核心部分と密接に関連する、XがBに強制わいせつ行為をしたという供述部分についても、B及びDが意図的に虚偽の供述をしたとみるのが相当であり、両名の各旧供述全体の信用性に疑義を生じさせることになる。

④　Bは、F及びGからXに尻以外も触られていないかと聞かれ、当初は否定していたものの、問い詰められた結果、これを否定できず、最終的には胸を触られたと答えてしまい、その後、強姦についても執拗に「やられたやろう」などと問い詰められ、これも認めてしまった、強姦等の被害状況についてはFから見せられた動画等をもとに、Fに言われるがままに供述した、などと、Xから強姦やわいせつ行為をされた旨の虚偽供述をした経緯を述べている。

⑤　Dは、F方で、Bが泣きながら、Xから胸を触られたと突如言い出したため、嘘とも思えず、また、F及びGから長時間問い詰められた上、Bからも「おにいも見たやろ」などと言われたため、話を合わせてしまった、Bを信じていたし、Bが強姦されたというのであれば自分がそれを否定しても信じてもらえないだろうという気持ちから目撃した旨嘘をついたと述べている。

⑥　Bは、再審公判で、確定審の一審判決が言い渡された後に、確定審での供述は虚偽であった旨をFやGらに述べたが、話し合いの結果、偽証罪に問われるおそれがあることや、確定審で証言等をした人に迷惑がかかるなどの理由から真実は伏せておくことになり、その後、FやGと疎遠になり、かつ、E(大伯母)から促されたため真実を述べることにしたと述べている。また、Dも、前記話し合いの結果、真実は伏せておくことになったが、その後、Bが弁護人に真実を話した旨の連絡を受け、自分も真実を話そうと思ったと述べており、これらの供述は、信用できる。ま

た、Bは、平成二二年八月二日、K病院精神科神経科を受診しているが、同病院の診療録には、Bの陳述として、確定審の一審判決があった頃から、Bが性的虐待はされていないと言い出していた旨が記載されており、前記各供述を裏付けている。

⑦ B及びDの各旧供述は、その核心部分が重要な客観的事実と大きく矛盾している上、B及びD自身が各旧供述は虚偽であり、Xによる強姦等の事実はなかった旨の各新供述をするに至っており、各新供述には信用性が十分に認められる。加えて、各旧供述の内容自体にも不自然・不合理な点を指摘できることからすると、両名の各旧供述が信用できないことは明らかである。本件各公訴事実については、犯罪の証明がないことになるから、刑事訴訟法三三六条により無罪の言渡しをする。

(九) 本件に関する考察

本件は、再審で無罪となり、結果的には救済されたが、確定審の審理及び判決から導き出される問題点は、この事件特有のものではなく、一般性を持つものとして、検討に値する。

A 「不自然・不合理」という判断

本稿のテーマである「被告人の供述」との関連でとらえると、Xは、犯行を全部否認し、無実であると否認し、その理由として、「一〇年くらい前から糖尿病のため、勃起障害があり、性行為ができないことはもちろん、性欲も湧かなくなっているから、被害少女にわいせつ行為をするはずがない」と、勃起障害という具体的な事実を挙げて説明していた。そして、妻ZもXの供述に沿う証言をしていた。

しかし、裁判所は、Xが糖尿病に罹患していたことを認めながら、「Xに真に勃起障害が生じていたのであれば、発症当時まだ五〇歳半ば前後の年頃であり、特に妻とも夫婦仲の悪くなかったXとしては、なぜ医師にその相談をしてその治療を受けなかったのか、まずもって疑問に思われる。（中略）本件当時Xに勃起障害があったとの供述は不自然・不合理な点が多く、これによって、前記のとおり高度の信用性が認められる被害少女供述に疑いが生じるとは到底言えない」としてXの供述の信用性を否定した。具体的な事実を踏まえての供述が、その事実の存否に関する証拠調べがなされることなく、「不自然・不合理」として、否定されてしまった。なぜ、不自然であり、不合理であるといえるのか、勃起障害を感じている人間であれば、医師に相談することが自然であると言い切れるのであろうか。裁判所が証拠を排斥する表現として「不自然・不合理」という言葉が用いられていることをよく見るが、供述者が自らの体験として具体的な体験をもとに述べている供述を、「不自然・不合理」として排斥し、しかも供述者の供述を否定して不利益を課する場合に、証拠の取捨選択の原理の点から、検討がなされるべきことがないかというのがここでの問題である。

B　Xの供述が量刑上の不利益に使用される

次に、確定第一審は、先に述べたように、Xの供述を、「不合理な弁解に終始して本件各犯行を全面的に否認し、反省の情が皆無である」として、後の再審判決で明らかにされた真相からすれば当然の主張をしたことを、悪性を示す情状要因として示している。このように、権利主張を、悪性格としてとらえる受け止め方は、被害者の供述を信用した結果とみることもできようが、無実の主張をしたことが、かえって不利な結果となって我が身にふりかかってくるという刑事裁判の現状は、それ自体が検討の課題であると考える。

C　なぜ確定第一審や控訴審は誤ったのか

確定第一審や控訴審が、誤った事実認定に陥った理由は、確定第一審におけるBの供述に高い価値を認めたことであろう。これまでの理論や実務では、児童の証言、特に性的な体験に関する証言には虚言の危険がある（もちろん真実の証言もある）という研究が報告されている[2]こともあるので、もしB一人の供述であれば、あるいは異なった結果につながったかもしれないが、本件では、Bの兄Dの証言もあるので、裁判所(検察官も?)としては、Xの犯行が現実に存在したという心証を強く持ち、その後の審理をすすめたように思われる。それを窺わせるのは、確定第一審で、Bの母Fが、「Bが胸を触られたと言っていたので、これは強姦の被害を受けているのではないかと疑い、Bを産婦人科医院に連れて行って診察を受けさせたことがあったほか、その後、警察から依頼があり、Bを別の産婦人科医院に連れて行ったことがあった」という供述をしていたのにもかかわらず、検察官は、その際の産婦人科医師の診断結果などによる客観的な証拠による裏付けを得ることをしていないし、裁判所も審理の中でそこまで踏み込んでいないことである。もし、Bらの供述の補強として客観的な証拠を求めることに踏み込んでいれば、真相は、確定第一審で明らかになり、Xも獄中生活を送ることもなかったかもしれないというらみを残すことになったと言わざるを得ない。

裁判所が、一旦有罪の心証を取ってしまった後のこのような思考は、社会心理学の視点から「偏見」と呼ばれる現象にあたるように思われる。偏見とは、「ある種の人間や社会に対して、事実に即して認知し、判断するのではなく、予断や先入観によって、否定的、非好意的な態度や信念をいだいていることをいう」(社会心理学小辞典増補版)とされる。まさしく、Bの証言で、有罪の心証を抱いた裁判所のXに対する目は、Xを有罪かつ悪性格の犯罪者ととらえる偏見に支配されていたのではないか。その偏見が、Xの供述やそこで表れている事実を冷静に観察する視点——冤罪を発見する視点を薄めてしまったのではないだろうか。これまでの冤罪の中にも、裁判官の自由心証主義に、「被告人の供述」に対する偏見——軽視が隠されていたのではないか、大阪再審事件は、このようなことを考えさせる事案である。

三　石巻事件

被告人が否認しているにもかかわらず、裁判所が有罪の心証を取ったのちに、偏見に支配されるまま有罪に傾斜した訴訟指揮を行った可能性が観察される事案を前節で取り上げたが、被告人が、犯人であることは争っていないが、犯した事件の内容を争っているような場合に、争っている領域に対する審理にもそのような懸念が感じられた事例として、いわゆる石巻少年死刑事件を取り上げてみる。[3]

関係者

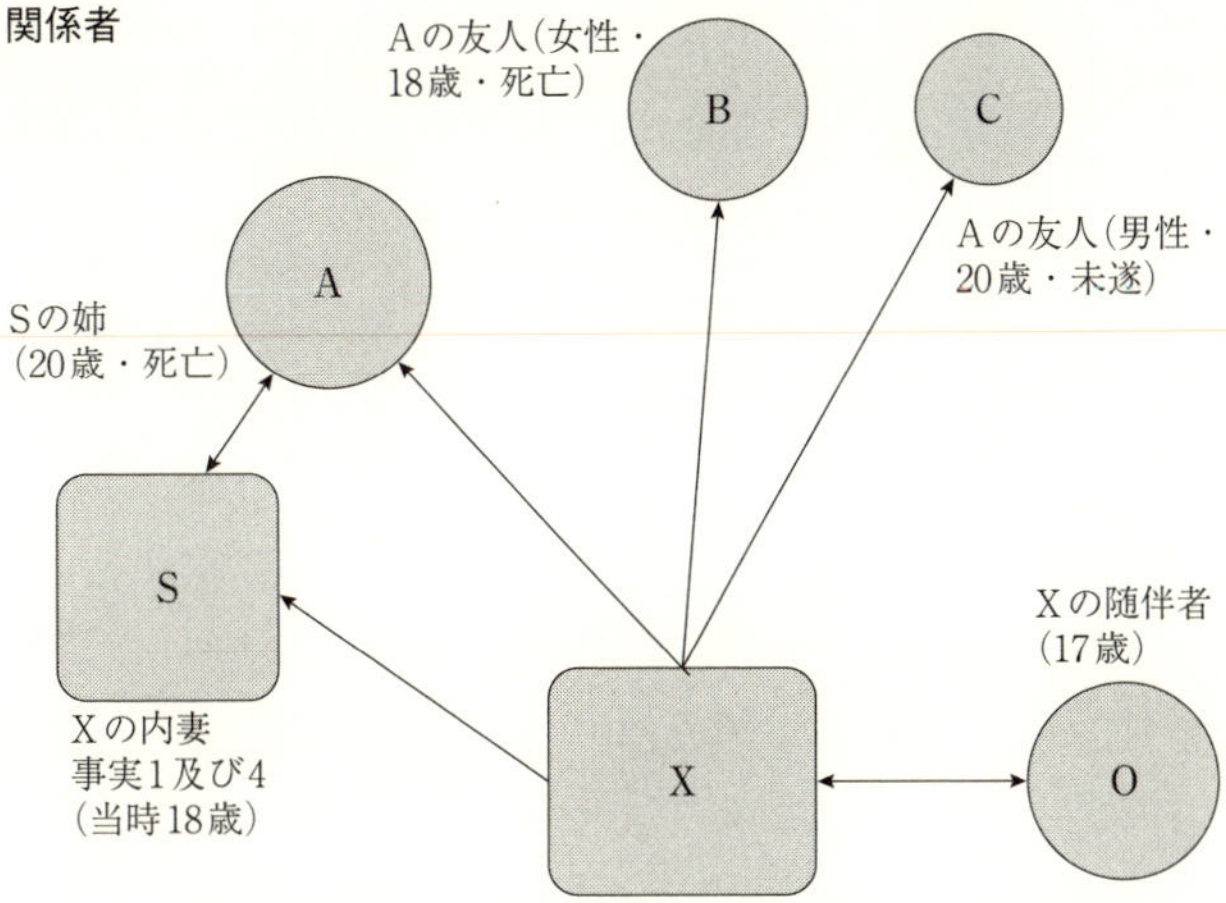

(一) 事件の内容

この事件で最高裁判所第一小法廷が決定で示している事実は、「Xが(1)平成二二年二月四日から同月五日までの間、同棲相手の女性S(当時一八歳)に対し、模造刀及び鉄棒で数十回その全身を殴打するなどの暴行を加えて全治約一か月を要する傷害を負わせ、(2)実家に戻ったSを連れ出そうと試みたもののSの姉A(当時二〇歳)に阻まれ、Aの友人女性B(当時一八歳)に警察に通報されて逃げ出すのを余儀なくされるに至って、Sを略取するとともにこれを邪魔する者は殺害しようと計画し、同月一〇日早朝、Aの実家において、①Aが警察に連絡したことなどを契機として、A、B、及びAの友人の男性C(当時二〇歳)に対し、いずれも殺意をもって、包丁で胸部等を突き刺し、よって、A及びBを失血死させるなどして殺害し、Cに入院加療一週間を要する右肺損傷等の傷害を負わせるにとどまり殺害の目的を遂げず、②Sを自動車に乗せて略取した」というものである。

(二) 事件の背景

ア　Xは、一六歳だった平成二〇年六月ころ、友人の紹介でS(当時一六歳)と知り合い、互いに幼い頃から父親のいない環境で育ってきたこと、家族の愛情を十分に受けることができなかったことなど、その境遇が近いことに惹かれ合い、同年八月頃から、交際を開始することになった。同年一二月ころからXとSはXの実母宅で同居を開始するようになったが、XがSに対して暴力を振るうようなことがあり、平成二一年一月になって、Xの暴力が重なったために、Sは女性相談センターの一時保護所に入所したが、間もなくXのもとに戻ってきて、再び同居を始めた。その後、同年二月ころになって、Sが妊娠していることが判明した。Xの母親もSの母親や姉も、子供を産むことに反対したが、XとSは、子供を産みたいという思いが強く、二人で東京に家出をしたりしたが、補導されて石巻に戻り、改めて双方の家族で話し合った結果、周囲も子供を産むことを認めてくれたので、その後、両名は、Xの祖母やSの自宅で同居を続けていたが、同年四月に、Sが姉から出て行けと言われたために、二人でSの自宅を出たが、その直後、Xが母親に暴力をふるったことで逮捕され、少年鑑別所に入所し、保護観察処分に付されたことがあって、その後は、Xが母親宅、Sは実家で別々に生活しながら付き合いを続けている間に、同年一〇月に長女が生まれた。Sは、子供の誕生後、Xとの結婚を考え、婚姻届に自分の署名をして渡すなどし、XもまたSと結婚しようと考え、再三、姉Aと会って結婚を承諾してくれるよう頼んだものの、Aの同意を得られなかった。XとSは、同年一一月ころからXの母親宅で同居を始めた。ところが、翌平成二二年一月初め頃に、Sが自宅で別な男性と肉体関係を持ったことがあり、Xは再びSに暴力を振るうようになった。その暴力がエスカレートした部分が、前記判示(1)の傷害事案である。そして、同年二月六日、Sは、「Sは汚い」とか「Sは、あなたが好き。でも、こんな女あなたにはもう必要ないでしょう」「Sにはあなたと一緒に居れる価値もなにもない。Sはあなたのこと売ったりしないから。たくさんの思い出をありがとう。大好きです」などという記載をした置き手紙を残して、家を出た。そのために、Xは、Sに対して、自分にはまだSが必要であることを伝えたいという思いを伝えるべく、同月七日から頻繁にSに電話をしたり、直接出向いてSと接触しようとしたが、Aから、拒絶され続けていた。またOは、Xより一歳若い平成四年生まれで事件当時一七歳であったが、本件の約二カ月前ごろに、たまたまXと知り合いになったところ、Xからしつこく誘われるまま、断り切れずに、本件当時は一緒に行動するようになっていた。

イ　一方、Aは、本件の被害当時二〇歳で、母親と同居していた。Xは、交際を始めたころに、SからAに対する不満を聞かされたり、交際後も、AがXのことを悪く言っていたことを聞かされていたし、Sが一時保護所に入所した際にも、Aらに連れて行かれたと聞かされたり、SがXの子供を妊娠した際にも、Aから、XとSの子供の顔は見たくないと言われたりしていた。平成二一年九月か一〇月ころ、Xは、Sとの結婚を認めてもらおうと、三回にわたって、Aのもとへ頭を下げに行き、最後には「二人にはまだ早い」と優しく諭されるなど、Sとの交際について理解を示してくれるような対応も受けたが、結婚を承諾してはもらえなかった。しかも、同年一二月ころになって、Xは、Sから、Aの暴力を警察に届け出ようとしていることなどを聞かされ、また、前記のSの不倫についても、Aが、Sと男性の寝る布団を敷いて、不倫のお膳立てをしたことを聞かされ、Aが、XとSを別れさせようとしていることと同時に、SもAの意向に逆らえない状態にあると思い込むようになっていた。

㈢　事件の経緯

Xは、前示のようにSが家を出たことを知った平成二二年二月七日以降、Sと逢いたい一心で、携帯電話をかけたり、A宅に近づいて様子を窺ったりしていたが、同月九日の夕方、Sを探してA宅に侵入していたところを、帰宅したAに見つかって戸外に押し出された際、「殺してやる」と毒づいたところ、「殺せば」と挑発的な調子で言われて戸をバタンと閉められたために、いっそのことAを殺してやろうというほどに憤激して、同行していたOに「お前のせいで見つかったんだからお前が殺せ」というような言葉を発したりしたうえ、Oに命じて、同市内のスーパーマーケットで包丁(本件の凶器)を万引きさせたりしたあと、A宅の近辺に戻ってきて、気配を窺っていたが、翌一〇日朝になって、A宅に侵入し、睡眠中のSを起こして、自分のところに戻るように説得しようとしていたところをAに見とがめられ誰何されたので、一旦Aの枕元にあった携帯電話を取り上げて、なおSに帰宅をうながしていたところ、Aが、携帯電話を返してくれというので渡したところ、XがSに向かって話している隙に、Aが警察と思われる外部に電話をしていることに気がついて激高し、Aと、その場に居合わせたAの友人のB(女性)を包丁で刺し殺し、C(男性)の胸部をも刺して重傷を負わせてしまった。

(四) 事件の争点

Xは、結果的に、右のような殺人・同未遂の罪に当たる行為をしたという外形的な事実は争っていないが、①犯行前日に前述のようにAとトラブルがあって、Aを殺してやろうというまで憤慨して包丁を手に入れたが、その後殺意は消えて、Sとの話し合いを邪魔するものがいれば脅かすことに用いるぐらいのつもりで侵入時に持って入った、②その後、A宅に侵入して、Sに一緒に帰ろうという説得をしていた際に、傍らにいたAが、前に一旦Xが取り上げたものの要求されて渡してやった携帯電話で警察に連絡した気配に気がついて逆上し、Aを刺してしまったが、それに引き続いてBを刺したことの記憶はない。その直後に、Cから「落ち着け」と言われて、ハッと我に返った瞬間、Cを刺してしまった、と主張していた。すなわち、Aに対する当初の殺意は、その後一旦消えて、A方に侵入する際には、脅迫の手段として使用するかもしれないという意思で包丁を携行したもので、AのみならずB・Cに対して殺意をいだくようなことはなかったのに、Aが携帯電話で外部に連絡をしたことで、頭が真っ白になって衝動的に本件犯行に及んでしまったとして、本件が計画的に行われた犯行であることを強く否定していた。

このようなXの主張に対して、第一審の裁判員裁判では、①Xが、前記のように、前日にA方に侵入して、Aから追い出された後、同行していたOに対し、「お前のせいで見つかったんだから、お前が姉ちゃん刺せ」、「通報しそうなやついたら、すぐ刺せ」と話し、Oが誰か人がいたらどうするのか尋ねると、「全員一気にぶっ刺せばいいべや」と答えていたこと、その後、Xが、Oに、本件包丁や革手袋を準備させた上、本件包丁をOに握らせて指紋を付けさせたほか、「お前が犯人の代わりなんだから、返り血浴びてもお前のせいになるから貸せ」と言って、Oのジャンパーを着用したことなど、Oに対して、Aや居合わせたものに対する殺意を表明するような言動を示していたこと、②本件犯行当時、Xは、Aが警察に通報していることに気付くと、躊躇することなく、直ちにAの腹部を本件包丁で刺した上、立て続けにB、Cを刺していること、③それぞれの創傷の部位が胸腹部など生命侵害に向けられた危険なものであり、その程度も強力なもので強固な殺意によって行われたとみるべきことなどを主な理由として、本件は前夜から起こした殺意を継続させた計画的な犯行であると認定した。そして、このように事実を認定するについては、当日終始行動を共にしていたOの証言が重要な役割を果たしていた。しかし、控訴審にいたって、Oの供述が、一転して衝動的な犯行であったという趣旨に変化した点に、本件の特色がある。

㈤　Oの控訴審における証言

ア　Oは、Xより一歳若い平成四年生まれで事件当時一七歳であったが、本件当日Xと行動を共にしており、本件では、自らも殺人幇助、殺人未遂幇助の罪で訴追され、Xに対する第一審判決宣告の後、平成二二年一二月一七日、懲役三年以上六年以下の刑に処せられ、上訴をせずに確定して、函館少年刑務所に入所した。同人に対して判決が有罪と認定した事実は、「XがAらを殺害することを知りながら、二月九日夜に本件犯行に使用された包丁を調達したり、二月一〇日午前六時三〇分頃の本件犯行に際して、包丁を携えてXに随行してA方に行き、その場でXに包丁を手渡し、Aらのいた二階八畳寝室の出入り口ドアを閉めて、そのドアの前に立ち、もってXの本件犯行を容易にして、これを幇助した」というものであった。Oは、Xの第一審では、証人として㈣で第一審判決として紹介した事実通りの行動、つまりXには前日から殺意があったような内容の証言をしていた。

イ　しかし、Oは、函館少年刑務所入所後約一年を経た平成二三年一二月ころ、自発的に、被害者の遺族に対して、謝罪する意思を表明するとともに、「Xが包丁を持ってA宅に入ったのは、Sを連れ出すために脅すことが目的であり、その後Aが警察に通報した結果、Xが衝動的に殺人を犯すにいたったものであって、当初から殺人の計画があってなされたのではない」という内容の手紙を書いた上、自らの元弁護人に、被害者の遺族宛に投函したいということを伝えたために、その経過がXの弁護人側にも判明し、控訴審の公判においてOの証人尋問が施行された。そこでも、Oは、第一審の証言に反して、右の手紙と同様に、A方に侵入したのは、Sを連れ戻すために行ったもので、包丁も脅しの道具として持って行ったものに過ぎないという証言をおこなった。

ウ　さらに、Oは、Xの第一審の公判廷では真実を証言することができなかった理由として、捜査段階、特に検察官の取調べにおいて、Aの電話がXの犯行のきっかけとなったという趣旨の供述をしたところ、被害者を非難するような供述を取り上げる訳にはいかないと言われて相手にしてもらえなかったこと、結果が発生しているのだから、殺意がなかったという弁解は通らないと言われたこと、また被害者側は極刑を望んでいると言われ、また自分でもXに対して極刑がやむを得ないという気持ちでもあったために、A宅に侵入する以前から殺意があったという趣旨の供述をしてしまったということを挙げた。

エ　Oは、本件犯行当時、終始Xと行動を共にしていた者であったから、Xの本件犯意の形成過程や犯行の経緯、犯行後の状況に関する最も重要な証人であり、その供述が、第一審判決におけるXの刑事責任判断に大きな影響を及ぼしていた。それが、控訴審で否定されたために、Oの証言は、第一審とは逆に、XがA宅に侵入する際には、Aや居合わせた者に対する殺意は抱いていなかったというX自身の主張を裏付ける重要な間接事実になった。

オ　しかし、控訴審裁判所は、Oが、一審の証言が真意でなかったことを述べる控訴審の供述に信用性を認めなかった。その理由は、①「Xの後で開かれたOに対する公判においては、起訴状に、「Xが殺意を抱いている情を知りながら、同月九日ごろ、本件包丁を自ら調達した上、同月一〇日午前六時三〇分ころ、Xと共に本件包丁を隠し持ってA方まで赴き、A方において、Xに本件包丁を手渡し、Aの居室において、出入口ドアを閉め、ドアの前に立った」として、Xが、前日夜に本件包丁を調達した前後から本件各犯行時まで殺意を継続していたことが、O自身の殺人及び殺人未遂の従犯成立の前提事情となっているのであり、Oの第一審証言は、Xに殺意があったということが自己の罪責を肯定する重要な事情であることを覚悟の上でのものとして述べられている、②Oは、一審の証言当時、O自身の弁護人に対し、捜査官から指示されて事実と異なる内容の供述をしていること、またO自身の事件が少年事件であり、しかも、Xに対する帮助事件であることから、少年法二〇条によって検察官送致処分がなされる前にも、また検察官送致処分がなされてしまった後にも、予想と違って、可能性が低いと言われていた検察官送致処分となったことについて相談したが、実際に生じた結果や、被害者の感情を考えるということで供述を変更しなかったとも証言しているが、Xが殺意を継続していたか否かは、Oに対する殺人及び殺人未遂の従犯の成否を左右する重要な事実であり、法的知識に乏しい少年であるOはともかく、Oから相談を何度か受けたという弁護人において、捜査官が示す見通しとは異なる逆送となった後においてさえも、その相談にまともに対応せず、真実を供述するように助言することもなかったという、弁護人としての職務に違背するかの対応に終始したということは、にわかに想定し難い、③検察官から説得されて記憶と異なる供述をすることになったとする点も、最初の切っ掛けは、検察官による前記説得であると述べながら、他方では、検察官の取調べ前に実施されたとする警察官による取調べ状況を問われると、警察官に対し、脅し目的であったとの言い分は述べたが、計画的な方に流されたとも述べており、記憶に反する供述をすることになった肝心の理由や経緯が、曖昧であり、一貫性も認められない。④Oの当審証言は、内容自体に不自然な点が存する。けだし、Oは、Xとの間で脅しと決まったというのに、Xの友人に対し、Xのいない場において、Xの脅しを止めさせる方策を相談するため、Xが殺人に及ぼうとしているなどと説明したとする点は、真実、脅しの目的に決まったというのであれば、不自然というほかなく、殊更大げさに言ったとする理由についても、説得力のある説明はなされていない。また、Oは、脅し目的に決まったとする前の段階でXから、Aを殺すように指示された上で、凶器となる本件包丁等も万引きさせられるとともに、Oに殺人の罪を被せるとして、指紋を付けるために本件包丁を握らされたほか、防寒着も貸すように強引に求められて貸したにも拘わらず、Xが、結局は、殺人はしないと踏んでいたというのも、不自然といわざるを得ない」、という理由であった。

このように、X及びOが、お互いに連絡を取り合うこともない状態で、いずれも、本件犯行はA宅に侵入前から計画していた犯行ではなかったという趣旨で行っている公判廷での供述を、裁判所が、不自然・不合理であるという理由から退けていることについて、X及びOが納得していないことは当然である。本人たちは、裁判所に対して期待した公正な裁判にそぐわない事実認定と受け止めるしかなく、裁判所に対する信頼感は傷ついたままである。

四 「不自然」・「不合理」とする判断について

これまでみたように、大阪再審事件では、「勃起障害があり、性行為ができないことはもちろん、性欲も湧かなくなっているから、被害少女にわいせつ行為をするはずがない」という被告人自らの体験事実を理由とする無実の主張が、裁判所に受け入れられなかった。また、石巻事件では、①Xが、「Aに対する殺意が一旦消滅し、脅し目的で包丁を持参してA宅に侵入した」という自分の心理状態を体験として述べている供述を、裁判所は、第一審・控訴審・上告審とも認めなかった。さらに、同じ事件では、Xに同行していたOが、理由を挙げて第一審の証言を偽証であったと告白した証言を控訴審裁判所は信用しなかった。その判断に共通しているのは、それらの供述が、いずれも、不自然、不合理であるということである。

大阪再審事件では「Xに真に勃起障害が生じていたのであれば、発症当時まだ五〇歳半ば前後の年頃であり、特に妻とも夫婦仲の悪くなかったXとしては、なぜ医師にその相談をしてその治療を受けなかったのか、まずもって疑問に思われる。（中略）本件当時Xに勃起障害があったとの供述は不自然・不合理な点が多く、これによって、前記のとおり高度の信用性が認められるB供述に疑いが生ずるとは到底言えない」というのであり、石巻事件のOの証言については、「Oが自らの公判の弁護人にその旨の話をしていないこと、捜査段階において検察官に言い分を聴いてもらえなかったという点は曖昧で不確実であること、他の供述証拠と符合せず不自然であること」などである。

ここに例示した二件の例に限らず、裁判所が、判決書における証拠説明において、証拠の信用性判断として「不自然・不合理」であるという判断は、日常的に使用されている。しかし、「不自然・不合理」という言葉がどのような意味内容を示しているのか、その概念の内容や使用の仕方について、これまで、まとまった研究がなされてきたとは言えない。

いうまでもなく、近代の刑事裁判においては自由心証主義が採用されている。前近代における法定証拠主義が有罪の証拠として自白を必要としたため、拷問などの弊害を伴ったことに対する反省と言われるが、我が国においても、証拠の評価は裁判官の自由な心証に委ねるとする自由心証主義が、明治期の治罪法以来、条文に明記されてきている。しかし、自由心証主義は、裁判官の恣意的な認定を許すものではない。自由心証主義の下では、証拠の一般的な信用性も、特定の事実をどこまで明らかにできるかという推認力も、すべて裁判官の自由な判断に委ねられるが、その判断は、あくまでも経験則・論理則にしたがって合理的なものでなければならないとされている。経験則とは、日常的な生活における法則など、個別の経験から機能的に得られた事物の性状や因果関係に関する知識や法則であり、実験則とも言われて、事実認定を行う上で重要な機能を果たすことになるもので、つまりは、社会の常識に属するものと要約される。しかし、それだけに、経験則の内容も豊富・広範であり、内容の信頼性も精粗万別である。したがって、裁判上の事実認定に利用される場合には、厳格な証明の対象となる。つまり、経験則の正しさ自体が適正な証拠によって証明されていなければならないのである。従来の「不自然・不合理」という判断には、その基礎に置かれた経験則が、社会の常識と言われる程の正確さを持たず、裁判官の体験や個人的な生活体験から得られたにとどまる知識に過ぎず、その範囲内にとどまらない現象に対して正確に対応し得ない限界を持つことに対する理解が不十分であったために、事実の認定を誤った事例が含まれるのではないかという感触を否定することができない。石巻事件の場合、もともとOは、Xにしつこく呼び出されるために不本意ながら同道していたというだけで、SやAに何の関わりもなく、ただXが興奮しているので、何かあったら心配だと思ってついて行ったところ、Aの携帯電話の使用でXが衝動的にAらに危害を加えたということであり、殺人を手伝う意思などは全くなかったことははっきりしているのである。現場に居合わせた者の刑事責任を厳密に考えれば、殺人罪の共犯は成立しないとの見方も十分に成り立つ事案であった。そのために、事実関係を争わずに、執行猶予などの軽い処遇を獲得しようとする方針を考えたとしても、刑事弁護の実情としてはあり得ることであり、Oが、弁護人とともに検察官の立証を全部争わないという方針で、捜査や裁判に臨んだことも理解できない訳ではないであろう。しかも、Aの携帯電話がXの殺意を惹き起こしたという旨の供述を、検察官に取り上げてもらえなかったとする経緯に関する事実は、その内容が、一七歳の少年であるOのそれまでの生活体験から想像で供述できる内容とは到底思えないのであり、そのような結果、真実を話す口を閉ざしてしまったということが、Oの体験として現実に存在したと考えるのがそれこそ普通と考えるべきではないだろうか。このケースも、供述者の体験を、不自然・不合理ということで無視することが、誤った認定を生み出す原因になることを検討すべき素材を提供しているとみることができると思われる。

結び

自由心証主義は、裁判官の人格と能力を信頼し、証拠の評価の一切を合理的な評価に委ねたものであるから、その意義も大きいが、それだけに大きな危険が伴うことが指摘されている。(4) 裁判官の認識能力の不十分さ、人格的な偏向、有罪率の高い事件処理に慣れたマンネリズムなどがもたらす誤判の危険性について、裁判官自身も常に意識していなければならない。そのためには、裁判官自身が直接聞くことができる被告人の供述(直接聞く点で証人の証言も同じであるが)を真摯かつ細心に受け止めて、そこに明らかにされている供述者の体験がその体験を直接知り得ない立場にあるものとして否定することができるものなのかどうか、十分に吟味することが望まれるというべきは当然である。「疑わしきは被告人の利益に」の原則、「合理的な疑いを容れる余地が残るかどうか」の基準も、被告人が述べる体験事実を否定できるかどうかという角度から、慎重になされるべきである。その配慮が十分でないと思われる裁判所の判断が、前にも述べたように、社会心理学の視点から「偏見」と呼ばれる現象に基づくものでないかどうかということも、刑事裁判の公正さに対する信頼を確保するために、確かめられなければならない。これまでの数々の冤罪事件において、被告人の供述を否定して有罪の認定を行った裁判の中に、このような偏見に支配されたものがなかったかどうか、あらためて、しかも網羅的に研究する必要がある。

「被告人の供述」に対する取り組みは、刑事司法が健全に運用されるかどうかの鍵というべきである。

（1）　ＬＥＸ／ＤＢデータベース文献番号二五五四一二七六。
大阪地方裁判所平成二七年一〇月一六日判決、平成二六年(た)第二二号強制わいせつ、強姦(再審)被告事件。
（2）　Ｕ・ウンドィッチ編著・植村秀三訳『証言の心理』財団法人東京大学出版会、一九七三年など多数。
（3）　ＬＥＸ／ＤＢデータベース文献番号二五五四二九八八。
最高裁判所第一小法廷平成二八年六月一六日判決、平成二六年(あ)第四五二号傷害、殺人、殺人未遂、未成年者略取、銃砲刀剣類所持等取締法違反被告事件及び同所に収録されている第一審と控訴審の判決書。なお、判決内容は、本稿の問題意識を明確にするために、筆者の責任で、抄録にとどめたことをお断りしておく。
（4）　鴨良弼『刑事証拠法』日本評論社、一九六二年、三八〇頁。

8　訴訟能力が疑われる人々の語りをどう読むか
――訴訟能力の鑑定と供述分析と本人の意志尊重と――

中島　直

一　訴訟能力の総論

1　訴訟能力とは

筆者は精神科医で、日常は診療に従事する一方で刑事精神鑑定に携わっている。日本における鑑定で問われるのは主として責任能力である。これは刑法三九条「心神喪失者の行為は、罰しない」「心神耗弱者の行為は、その刑を減軽する」を根拠の条文としている。もう少し具体的には、昭和六年の大審院（昔の最高裁判所）判決により、精神の障害によって善悪を弁識する能力ないしその弁識に従って行動する能力が失われている者を心神喪失（責任無能力）とし、こうした能力が失われてはいないが著しく減退している者を心神耗弱（限定責任能力）とするとされている。

本論の課題は訴訟能力である。刑事訴訟法三一四条は「被告人が心神喪失の状態に在るときは、検察官及び弁護人の意見を聴き、決定で、その状態の続いている間公判手続を停止しなければならない」としている。ここにおける「心神喪失」は、右の刑法三九条と同じ字句であるが、その意味内容は異なる。「一定の訴訟行為をなすに当り、その行為の意義を理解し、自己の権利を守る能力」（最高裁判所第二小法廷一九五四）、「被告人としての重要な利害を弁別し、それに従って相当な防御をすることのできる能力」（最高裁判所第三小法廷一九九五）等の最高裁判所判例が挙げられている。責任能力に比し、鑑定で訴訟能力が問われることは少ない。

耳目を集めるような事件があり、責任能力が問題になる場合がある。これが一般には批判が強い。「被害者や遺族のことをどう考えているんだ」などという即時的な三九条否定論である。あるいは、ノーマライゼーションの観点からの三九条否定論もある。障害者権利条約をどう考えるかといった議論もある。訴訟能力は議論が少ないのでこうした扱いを受けることはほとんどないが、同じような批判が加えられる可能性もある。

訴訟能力は、後述するような例外を除くと、現在から近い将来の時点を問題にする。責任能力が犯行時という過去の一時点を扱うのと対照的である。評価の具体的手法や裁判での評価については別著も参照されたい（中島二〇〇六a、訴訟能力研究会二〇一六）。

人の能力というのは、本来は連続量で、二〜三段階に分けられるものではないが、法的能力はある扱いを受ける資格としての役割もあるので、あえて分けることになる。訴訟能力は、責任能力における「心神耗弱」のような中間類型はない。有か無かのみである。無とされると公判手続が停止される。後述する供述分析のように、供述の部分的な正誤を判定していくというような指向性ではなく、全体としてその被告人の述べるところは扱われないこととなる。

なお、訴訟能力は扱われることが少ないとしたが、日本の刑事裁判においては責任能力の問題は大半の事例がいわゆる簡易鑑定（逮捕勾留期間中に行われる、被疑者本人の同意に基づく、通常は一回のみの診察で結論にまで至る鑑定）によって処理されており、実質的には訴訟能力がない事例もそこで処理されている可能性が高い。

2　訴訟能力と抽象能力

被疑者・被告人は自分の訴訟上の利益を考えなければならない。例えば本人の要求も一部聞きつつ優しい言葉で問いかけてくれる警察官や検察官よりも、わけのわからない裁判上の問題を厳しい言葉も交えながら説明してくる弁護人を信頼しなければならない。言いたいことは何でも言えばいいのではなく、不利になる可能性のあることは述べるか否かの選択を判断しなければならない。相対する人物の好き嫌いではなくその役割を優先しなければならない。日常生活とは異なる、一種の抽象世界である。訴訟能力の判定において、日常生活能力を重視せず、刑事手続において自己の置かれている立場、各訴訟行為の内容、黙秘権等に関する一般的・抽象的・言語的な理解能力ないし意思疎通能力等の欠如をもって訴訟無能力とした裁判例（いくつかあるが、例えば最高裁判所第三小法廷一九九五）は、こうした点を重視したと思われる。一方、最近は、抽象的な理解能力が低くても、意思疎通も「相手方の善意と努力」の上でしか成立しなくても、社会内適応能力があり、事案が単純で、弁護人の援助や裁判所の後見的役割があれば、訴訟能力はありとしてよい、とも判示されている（最高裁判所第一小法廷一九九八）。しかし、被告人として独自に判断しなければならない場面はあるし、裁く側である裁判所が裁かれる側を配慮していると言ってもどの程度説得力があるだろうか。筆者の個人的な経験でも、精神遅滞の鑑定例で後述するように、訴訟の場の理解にかなり問題のある例があった。また、精神科医の目からみると、精神病の症状で、法廷内でまとまりのない行動をしているに過ぎないのだが、それが反抗的な態度とみなされてむしろ関係者に悪印象をもたれているような例もあった。訴訟能力についての認識が、精神科医も含めてであるが、関係者に薄すぎると感じる。

3　訴訟無能力としたときの排除

責任能力概念につき、被告人本人の問題ではなく社会の問題であり、精神障害者を社会契約から除外したがために作らなければならなくなった例外規定であり（西山一九七二）、また近代国家が契約の参加者として理性人を措定しており、近代の刑事法体系自体に児童や精神障害者等の非理性的存在を罰する資格がないゆえに罰することができないことを意味するもので、個人における責任能力の欠陥とはまさしく法自身の欠陥の投影である(西山一九七四)という指摘がある。この分析は訴訟能力の問題ではより具体的に該当するように思われる。すなわち訴訟の場は一定の自己防御ができる者を想定しているのであって、それができない者をその場に置く資格はないのである。障害を有して訴訟の場で有効な自己防御ができない者は、その場から離す方が、権利を守ったことになる。

しかし、事はそう単純ではない。本来訴訟の場は社会とイコールではないはずなのであるが、そこにいられない人を社会が許容できるのか、という圧力は加わるからである。訴訟の場がその人を自らの領域に置けないのはその場自体の問題であるとしても、それがその人の社会からの排除につながるとすれば、結局不利益をこうむるのはその人である。実際問題としても、公判停止されても、日本の制度のもとでは、必ずしも釈放をされるわけではなく、勾留が続くこともあり、また治療を受ける権利も必ずしも保障されていない。訴訟無能力とされ、公判手続が停止された後も刑事施設への勾留が継続され、結局約一八年後に自殺を遂げた事例(高橋ら二〇一一)、弁護人からの提訴があるまで刑事施設で治療が行われず、公判停止後も入院までに期間を要した事例(伊神ら二〇一四)などがある。

一般に能力概念は保護として働くと同時に排除の性格も持つ。訴訟能力も同様である。その適用には慎重さが必要である。

4　過去の行為を問う訴訟能力

訴訟能力は通常現在から近い将来に向けての能力を問うと述べた。若干例外がある。それは、過去において被告人が行った訴訟上の行為の有効性が問われる場合である(最高裁判所第二小法廷一九九三、最高裁判所第二小法廷一九九五)。有名なのは、死刑事件で、下級審で死刑判決が出て、弁護人などが上訴したが、被告人本人がその取り下げを行ったとき、弁護人らから、その取り下げが無効である、との主張がなされるものである。例えば死刑によって死ぬことはないという妄想を持っていたような事例が挙げられる。訴訟能力がありとされれば取り下げが有効で死刑が確定して刑事裁判は終結する。訴訟能力なしとされれば上訴が有効になるので裁判は継続するが、訴訟能力がないとされた被告人に対する裁判なのでまた難しいことになる。一部類似し一部相違している課題として、再審を請求する際の訴訟能力の問題があり、野田事件で問題となったことは後述するし、筆者は弁護士や支援者との面会を拒否するに至った死刑囚の再審の訴訟能力について鑑定したことがある（中島二〇〇九）。いずれにしても、弁護人が、被告人本人から示された意志に沿わない動きをするということであり、その点でも矛盾が生じる。

二　訴訟能力鑑定の実例

論者の鑑定例を数例紹介する。個人情報や精神医学的診断に至る過程等は省略する。

【精神遅滞の例】

例一：強姦致傷被告事件被告人（二〇歳台男性）（中島二〇〇六b）

知能検査の結果は種類によって相違したが、五歳一〇カ月から八歳〇カ月、ＩＱは50であった。質問の内容を理解して答えるのではなく、中に含まれる言葉に反応しそれによって思いつくことを語る。これが偶々質問内容に合致すればつながった問答が成立するが、そうでなければ成立しない。黙秘権を告知しても記憶しておらず、鑑定人が繰り返し告げてもその内容を理解せず、言いたくないことは言わないこともできるが、それは有利・不利とは関係がなく、また言いたくないことも繰り返し尋ねられると答えた。弁護人は味方、検察官は敵、との一応の認識を示すが、味方ないし敵が勝つとどうなるか、味方とは何か、敵とは何か、それぞれ何をするのが役割であるのか尋ねても答えられない。被害者が嘘を言ったらどうするか、との質問を行ったが、「困る」というのみで、具体的な対応は全く出なかった。これは別の日に同様の質問を繰り返しても同じであった。後日、〈そういうときは後で弁護士さんにあれは嘘だって言えばいいんだよ〉と教示したところ、初めて聞いたという顔をし、その後全く同じ言葉で質問した際には「弁護士に言う」と答えるようになった。しかし、少し言葉を変えただけで、同様の質問に誤答した。

限定責任能力を示唆するとともに、裁判の構成員の役割や黙秘権について理解せず、教示しても必要時に弁護人に相談することが難しいことなどから、訴訟無能力と鑑定した。

判決は、限定責任能力は認めたが、「限定的ではあるが、弁護人を頼りにしている様子も窺われる」「言いたくないことは言わないということも、どの程度貫徹できるかはともかく、一応することができ」ること等を理由として、訴訟無能力は認めず、執行猶予つき有罪判決となった。

例二：窃盗未遂被告事件被告人(三〇歳台男性)

小学校時代成績不良、児童福祉施設に入所した。有機溶剤の吸引や万引きの履歴もある。二二歳ころ精神科入通院歴、不眠、憂うつ気分、幻聴などを疑わせる症状。傷害、窃盗、暴行などで検挙が繰り返されており、執行猶予中の犯行もある。刑務所に出入りの繰り返しで、今回も出所後金銭を費消し困窮した状況であった。被害者の紙袋を引ったくろうとしたが果たせず、他の女性にも近づいた。警察官に職務質問され、被害者、目撃者の面通しを経て逮捕された。被告人自身の供述は、やった、やってないの間で変転している。鑑定人に対しては明瞭でないが、やっていないとほぼ一貫していた。IQは40で中度精神遅滞、短絡的・場当たり的な性格傾向、遵法意識は低い、時に適応障害・特定不能の解離性障害を来している。責任能力については幾分かの減弱を来していたと考えられる。

問われていなかったが訴訟能力について鑑定書に付記した。本件では主たる問題ではない旨告げられたので、詳細な検討は行っていないが、被告人の自己防御能力には疑問がある。理解がきわめて悪い。自分の「味方」が弁護士であることは理解しているが、助けてもらえていないと感じており、また「困ったら誰に相談するか」という質問には答えることができず、「裁判官」が挙がるほどである。黙秘権についての理解も疑わしい。平成一〇(一九九八)年最高裁判所判決は、訴訟能力の判断において、事例の単純さ、弁護人等からの適切な援助および裁判所の後見的役割をその評価に含めるとしている。訴訟関係者に重視されていないが、被告人は本件犯行への関与を否定しており、鑑定人にはこのことが正当か否か不明であるが、いくらかでも事実関係に疑念があるのだとすれば、「事例の単純さ」は否定される可能性がある、また、被告人の主張は「弁護人等からの適切な援助」を引き出していない。すなわち、訴訟能力について疑問を呈する充分な理由がある。供述心理学的立場からすれば被害者や目撃者による単独面通しの正確性には批判がある。

判決は、限定責任能力は認めたが実刑で、訴訟能力についてはは争われた形跡がなかった。

【統合失調症の例】

例三：統合失調症、建造物侵入および窃盗、暴行被告事件被告人(四〇歳台男性)

広範な市民に攻撃を加える集団が存在するという被害妄想、それと闘う特殊な能力を自分のみが持っているとする誇大妄想、自己の身体に関連づけられた妄想、被影響体験等があり、それらと関連する幻視および幻聴がある。統合失調症の拘禁着色された幻覚妄想状態と判断される。本件犯行については病的体験や強い陰性症状の影響下で行われたものとは認められず、完全責任能力と考えられる。現在の妄想も、拘禁を契機としこれに着色されたもので、その裁判に関わる部分は、未だ不明確な点を残しつつも、「無罪です」とするなど、願望充足的な意味合いを持つ。統合失調症に基づくものとは言え、それは妄想知覚や妄想着想のような真性妄想ではなく、心因に大きく影響された妄想様観念で、犯行の存在自体を否定するなどの徹底した無罪妄想や赦免妄想にまで発展したものではない。事実関係の争いや、上訴の取り下げにも直面していない。訴訟能力には著しい障害はない。ただし、現在被告人は拘置所内での治療を拒否しており、病状悪化に伴い能力喪失に至る可能性があることも示唆した。

一審は有罪判決を受け、本人が控訴し、その最中に病状悪化、再び筆者に意見が求められた。問診は本人により拒否された。資料から、一種の赦免妄想が形成されている可能性があると述べた。訴訟能力なしとの決定が出て、他の病院で入院加療を受け軽快して公判再開され、有罪が確定した。

【拘禁反応の例】

例四：出入国管理及び難民認定法違反、窃盗未遂、住居侵入、強盗致傷被告事件被告人(二〇歳台男性)

逮捕当初の供述は流暢。徐々に無言、奇行を弁護人に訴え、公判前日に精神運動興奮、弄便、出廷拒否、公判で「馬鹿」「みんな豚ども」「私は、あなたたちをみんな死刑にしてやる。みんな銃殺にする」「ケーキが食べたい」等の不規則発言があった。三日ほどの不食もあった。鑑定人の問診には意味ある発語による回答は全くなく、表情の変化もない。あえて沈黙の時間を作ったところ緊張感が和らぎ、突然話しかけたところ、ビクッとし、緊張感が強まった。問診の最後に、本日はこれで終了する旨を告げたところ、明らかに緊張感が和らぎ、立ち会いの職員に「帰るよ」「行くよ」(日本語)等と呼びかけられ即座に反応して立ち上がり取調室を出て行った。興奮は爆発反応であり、偽痴呆(認知症でないのに認知症のような症状を示すこと)、レッケの昏迷(拘禁反応の一種で、無言・無反応となるが、状況によってその状態が変化する)等があり、詐病の色彩の濃い拘禁反応である。拘禁反応においては、原則として訴訟無能力を認めないとの見解が有力であり、被告人が例外状況にあるという根拠はなく、むしろ意図的色彩が強い。症状が始まる時点では明らかに意思が関与している。公判の際の異常言動も、そこが裁判の場であることは理解していることを示している。終了の合図に即座に応じるなど、疎通はとれている。訴訟能力は保たれている、と鑑定した。実刑判決となり、被告人が控訴したが結局取り下げて確定した。

例五：殺人・銃砲刀剣類所持等取締法違反被告事件被告人(四〇歳台男性)

学業成績は不良で、中卒後職を転々。某社での配達業務は長く続いたが、給料はパチンコや性風俗で費消した。セールスにあってマンションを購入し、多額の借金を負った。社長が替わって待遇が変わり、退職した。借金がかさみ、返済の目途が立たなくなった。本件犯行は困窮して刑務所に入ろうと考えて全く見ず知らずの者を刺殺したもので、直後に自ら事実を述べて逮捕されている。質問に対しては適切に答えるときと、話をそらし全く無関係なことを話すときがあった。問診者が被告人の提供した話題に興味を示すとその話が広がるが、当初の質問に答えるよう繰り返し強く促すとそれに応じた。話をそらすときの内容は、性的なものが多い。特に本件犯行前後に関する話題では話をそらす傾向が強く、流れに沿った供述を得ることができなかった。語る内容が日によって異なることもあり、また質問に対する答えを述べている最中に突然「モードアンドカンパニーアンド……」と長々と繰り返すことがあった。自分から、有名女優一五名と同棲している、百兆円の財産があり、天空〇(〇というのは被告人の実名の名部分)ドームというのがA区にある、と話を広げる。問診者が反応を示さずにいると、「すごいと思いませんか」などと関心を惹こうとする。遮って事実を示すとあっさりと認め、その矛盾に頓着しない。自己の陳述が虚偽であることを認識しているのである。虚言ないし空想作話と言える。本件被害者につき、実は人間ではなく、マネキン人形だった、空気人形だった等と述べ、実は生きているなどと言うこともある。しかしそれも一貫するわけではなく、別の場面では犯罪であること、殺人であることを認める。話のつながりが悪く、一見滅裂思考にもみえるような思考障害を示すこともあるが、犯行についての追及を強めると話題をそらす。供述を拒否する気持ちから生じたもので、偽痴呆である。IQ73

で、境界域知能および拘禁反応と診断した。そもそも、拘禁反応では原則として訴訟能力が認められるべきである。被告人は、本件犯行に関する内容も含め、質問に対して拒絶や多少ずれた回答をすることがあっても、事実を提示するなどして促せば、多くの場合意図した回答が得られる。空想作話も、関心を示すと広がっていくが、話題を戻すと中断する。訴訟能力は保たれていると鑑定した。無期懲役判決となった。

【認知症・器質性精神障害の例】

例六：殺人未遂被疑事件被疑者（八〇歳台男性）

数年前から物忘れ、迷子。嫉妬妄想があった。突然寝ている同居の妻をバールで殴った。アルツハイマー型認知症で、刑事手続期間中に進行し、被害者を母や姉、妹などと誤認する人物誤認が出現し、作話も顕著となった。動機は全く不明で、責任無能力である。被害者が誰であるのかを言えなくなり、時には犯行自体がなかったとするようになった。警察署にいてもそこがどこであるかわからず、病院と混同する。黙秘権の行使などは不可能である。弁護士という言葉は知っており、その役割をうっすらと語ることはできるが、何を相談するかも思い付かないし、どのようにすれば会えるのかもわからない。訴訟能力もない。結局不起訴となり、責任無能力の方が採用されて医療観察法の申立となった（訴訟無能力では医療観察法の申立はできず、今後の処遇が問題になるためと思われた）。

例七：監禁、強制わいせつ被告事件被告人（五〇歳台男性）

性犯罪を繰り返し、受刑も数度にわたりしていた。勾留中にインフルエンザに罹患、意識障害を発し、コルサコフ症候群（主としてビタミンB_1の不足によって起こる、記憶障害、作話などが起こる疾患）ないしインフルエンザ脳症（インフルエンザの罹患を契機に脳細胞の障害が起こり、けいれん、意識障害を呈し、知的機能低下などの後遺症を残す疾患）と診断され、記憶障害は固定化した。判断能力は保たれているが、新しい記憶は数分しか保持できず、本件犯行も記憶しておらず、数年前の事項についても記憶が定かでない。問診のたびに「私は何をしたんでしょうか」「ここはどこでしょうか」と尋ねる。訴訟能力を欠いていると思われると鑑定した。ただし今後の処遇が難しい。処分は未だ出ていない。

以上総覧する。精神遅滞の事例では能力が低くても訴訟無能力の主張は認められがたい傾向があった。統合失調症では訴訟無能力とされて治療につなげられ、回復を待って公判再開に至った。拘禁反応では表面的な疎通が困難でも鑑定意見と同様に訴訟能力が認められた。認知症・器質性精神障害ではその後の処遇が問題になった。

三　障害特性に合わせた分析

訴訟能力が問われてきた事例の多くは知的障害で、聴覚障害を合併している事例も多い。筆者は聴覚障害および知的障害を持った被告人につき心理学的観点から行われた鑑定書を入手し、検討したことがある（中島二〇一〇）。直接経験したことや目に見えること、自分に関わる具体的な事柄等については、相手の質問の意味を理解して応答でき、ほぼ支障なく意思疎通できる一方で、具体性を離れた一般事象や抽象的な概念についての意思疎通が困難である例がある。「弁護人」や「裁判官」の職務やその機能、「黙秘権」とか「弁護人選任権」といった概念など、直接目に見えない因果関係や事柄の仕組みなどの理解の程度が検討されていた。自分の世界だけが全てであって自分の理解できない意味世界があることを知らないから、不都合を感じていない、「わからない」ということがわからないのである、といった指摘もあった。

精神鑑定は精神科医に依頼されることが多い。しかしそれが適任か疑問に思うこともある。まず該当する精神障害の特性についての専門的知識・経験が必要であるが、実は多くの精神科医は知的障害を扱う機会は少なく、聴覚障害はさらに乏しい。また、被鑑定人に能力のばらつきがあるような際にはそれを分類し個々に細かく分析する技量が必要である。さらに、訴訟能力が問題となった場合には、刑事手続きの場という特殊な状況において要求される能力に対する認識が必要である。多くの精神科医は訴訟に馴染みが薄く、訴訟における自己防御能力等は犯行時の弁識能力や制御能力よりも判断しにくい。一部の論客(西山二〇〇四)を除き、精神科医の中には訴訟能力を分析的に捉える視点は薄い。

四 供述分析

近年の供述分析(浜田一九八六)の手法や考え方については本書の他の箇所で語られるであろう。ここでは供述分析と訴訟能力との関係のみについて、若干述べる。

供述分析の対象となるのは、主として、いずれかの時点で犯人であることを認め、その供述が残されているが、その後否認に転じるなどし、えん罪を争っている事例である。訴訟無能力者とは関連するが一致しない。訴訟無能力者と認定されれば裁判が止まるのでえん罪を争う余地がない。弁護側からしても、えん罪を争っているのであれば、訴訟無能力の主張はしにくい。訴訟無能力となって裁判が止まると「やってないこと」の証明ができないし、上述のようにそれが必ずしも身柄の釈放につながるとは言えないからである。ただし、精神遅滞者は、被暗示性が高いことが多く、虚偽自白に陥りやすい傾向はある。後述する野田事件の元被告人は訴訟能力も争われたが供述分析の手法も採られている。

別の観点もあり得る。前述した最高裁判所の決定(一九九八年)においては、訴訟能力を肯定する根拠の一つに事案が単純であることが挙げられている。逆に言えば、えん罪が疑われるような、事実関係が複雑な事案では、訴訟能力肯定は慎重にしなければならないとも言える。

五　野田事件

筆者にとって訴訟能力について考える原点は野田事件で（浜田一九九一、青山正さんを救援する関西市民の会『証拠ねつ造』編集委員会一九九三）、一九八八年ころから関わっている。知的障害者の供述が裁判でどのように扱われるかを象徴的に示している。

一九七九年九月一一日、千葉県野田市で、小学校一年生の女の子が下校途中に行方不明となり、夜九時過ぎ、通学路脇の竹林の古井戸跡の穴の中から両手足を縛られ全裸で埋められて死亡しているのが発見された。口から咽頭にかけて、被害者自身のハンカチとパンティが詰められており、それによる窒息が死因とされた。頭部の陥没骨折を始め、多数の傷があり、陰部にも裂傷があった。警察は、近くに住む知的障害者のAさん（当時三一歳）に目を付け、翌一二日から連日家を訪れて「内偵」を行い、二九日、Aさんを逮捕した。

Aさんは逮捕当初の数日は容疑を否認したが、その後認めたとされている。しかし、控訴審の段階になって、証拠として提出されている、取調べを録音したテープを分析したところ、それは「カノに言われてやった」というものであった。実は、「カノ」とはAさんの親類で、ちょっとしたトラブルがあり、腹に据えかねたAさんが、「カノ」宅に悪戯で無言電話をかけていたことがあった。Aさんは取調べの中でこれに言及したに過ぎなかった。もちろん野田事件とは何の関係もない。しかし、「カノ」やトラブルを知らない取調官にはわからない。誰かに教唆されて、あるいは何かを言われたことの腹いせに、野田事件を「やった」という趣旨と捉えた。これが「自白」の最初である。配慮がなされ、適宜Aさんを知る者を立ち会わせるなどすれば、こんなことにはならなかったのである。

「やった」と認めたのだから、取調べはその後、「どういうふうにやったのか」を問われることになる。Aさんは、質問されても意味がわからないので、思いついたことや、「自分だったらどうするだろう」と考えたことを口にした。これによって自白らしきものができたが、その内容は、現場の状況と食い違い、被害者の動きにも不自然な点が多く、また誰が取調べをしたかによって変遷した。例えば、被害者の頭部には陥没骨折があり、Aさんは当初警察官に対して「げんこやった」と述べた。しかし、それは到底手拳ではできない。気づいた検察官が誘導し、「本当は石ころでやった」という供述を出させた。もしAさんが真犯人なら、もう自白しているのであるから、ここであえて細部について嘘をつく必要はない。事件を知らないからこそつくことのできる「嘘」であり、Aさんの「自白」にはこうしたものが随所に見られる。また、Aさんの「自白」どおりとすると、被害者は、特に脅されてもいないのに、促されるままに古井戸脇まで歩き、服を脱ぐのも手を縛られるのも古井戸の中に入るのにも抵抗せず協力し、頭の傷の原因とされた「石」をAさんが一一メートル離れた場所から持って来る間ただ待ち、重さ一五キログラムというその大きな石をAさんが穴の上から落とすのをそのまま頭で受け止めたということになる。

唯一の「物証」が「ネーム片」である。被害者の鞄が現場の近くで見つかっており、発見時に裏側の記名部分が切り取られていたとされている。捜査官は、それをAさんが持っていると考え追及した。Aさんは「川に捨てた」「ポケットに入れた」などといろいろ述べた。これも上述した、事実を知らないからこそつける「嘘」である。ともあれ、供述に基づいて警察官は探すが、「ネーム片」は見つからない。しかし、逮捕から一〇日後、Aさんが「定期入れの中にある」と言ったことを受け、警察官が見てみたところ、ネーム片が見つかったとされているのである。

しかし、これには数々の疑惑がある。

㈠被害者の赤い鞄や白い体操服などは、遺体発見現場から一七・九メートルしか離れていない雑草の上で見つかった。しかし、それは遺体発見の翌々日であった。前日にもそのすぐそばまで捜索がなされており、事件後のAさんが後で廃棄するのは不可能であった。

(二)鞄や衣類などの発見時の写真は、極めて不鮮明なもの二枚しか開示されていない。

(三)定期入れはAさんが逮捕されたときに押収されている。押収時にはテープでぐるぐる巻きになっていたが、それをはがした痕跡がある。しかし、捜査官は逮捕後一〇日間もその中を調べなかったとしている。

(四)控訴審の段階でわかったことであるが、ネーム片が発見された当日、野田署内の証拠品保管場所から取調室まで定期入れを持ってくるのに「一時間や二時間はかかる」と取調官が発言していることが録音テープに残っている。また、定期入れは、当日、取調官によって午前と午後の二回持ち出されている。さらに、当日午前中の録音テープには「定期入れの中を見てもらったが、なかった」という取調官の言葉がある。しかし、その日の午後、写真撮影の準備などを行ったうえで、定期入れをAさん自身に開けさせてネーム片を取り出す過程を撮影している。すなわち、午前には「なかった」としたのに、午後には撮影の準備をしているのである。

(五)報道機関は、発見された直後の鞄が写ったポラロイド写真を警察から示されて接写している。以前から、これがその後証拠として提出され保存されている鞄と種々の点で相違があるのではないかという指摘があったが、ポラロイド写真自体は証拠開示がなされていない。上告審の段階で、ポラロイド写真の比較的鮮明なものが報道機関から得られ、上記の相違がよりいっそう明白となった。すなわちどこかの段階ですり替えられているのである。

しかし、裁判所は、一九八七年の第一審、一九八九年の第二審ともに懲役一二年という有罪判決を出し、一九九三年、最高裁でもこれが維持されて確定した。Aさんは刑を終えて出所したが、汚名はそそがれないままである。

Aさんには精神鑑定が三度行われ、知能指数36の知的障害者とされた。この精神鑑定にも、Aさんを「真犯人」と決めつけ、かなり乱暴な論理で「児性愛」を認定するなど、種々の問題が認められた。責任能力および訴訟能力が問題となり、第一鑑定では「被疑者の知能が著しく低く、しかも現在、今後いかなる処置を受けるかについてほとんど無知であり、法廷での弁論も非常に制限されるであろうし、弁護人との意志疎通にも支障は大きいと思われるが、被疑者が従来示したところからも自らの利害を考えての行動がある。それゆえ、有能な弁護人がつくならば、訴訟の進行が不能であり、被疑者が著しく不利な立場に立つとも考えられないので、訴訟能力が完全に喪失しているとも断定できない」「被疑者には訴訟能力に著しい欠陥があるが、適当な配慮がなされるならば、訴訟無能力であるとも断定できない」とされ、第二鑑定では「被告人の場合は訴訟無能力を認めるのが相当と思料する」とされたが、裁判では限定責任能力、訴訟能力はあるとされた。実際には、Aさんは最後まで裁判とは何であるのかわからないままであった(中島ら一九八九)。

この裁判ではAさんの供述がきわめて問題ある形で扱われている。極めつけは二審判決である。事実認定に関する問題が、Aさんの知的障害を理由として排斥されているのである。上述のとおり、ネーム片に関しては種々の疑問がある。二審判決はこれらを、「常識的に考えれば不審な観があることは否定できず」「信じ難い感があることは否定し得ない」などして一旦認める。しかし、Aさんの「自白」とされる録音テープについて次のように述べる。「その語調、供述態度はまことに自発的かつ真摯なものであることが明らかであって、前述の程度の知能を有するにとどまる被告人が、身に覚えのないことについて、もし予め誘導され教え込まれたのであれば、このような迫真の演技ができるなどとは到底考えられず、右被告人の供述の信用性は十分というべきである。」すなわち、事実に基づく「証拠」への疑問に対し、「知的障害者には演技ができない、だから言ったのは本当のこと、だから有罪」としたのである。

鞄などの発見経緯については、別の箇所でも同様に述べている。Aさんがビデオテープの中で行っている「犯行再現」について、「これまた、身に覚えのないことについて被告人にこれだけの演技ができるとは到底考えられないのである。してみれば、鞄、衣類の発見経過にも、納得できないほどの不審はないということができる。」全く同じ筋道である。

もちろん知的障害者が嘘をつかないということはないし、「演技」ができないということもない。Aさんもそうである。また、前述したように、Aさんが「自白」めいたことを言ったのは「演技」ではなくて、追及されてやむなく自分だったらどうするかと一生懸命考えての発言と考えられる。むしろ真犯人であればつけない「嘘」をついていることを前述した。こうしたことを無視し、Aさんを有罪とした裁判所は、知的障害者を有罪にするのには証拠も論理もなくてよいのだ、と宣言しているのに等しい。訴訟能力に関連して言うのであれば、それが乏しい人は、都合のいい供述だけ採用して、あとは無視してよい、という立場としか言えない。

弁護団と救援会は、最高裁の判決直後から再審を目指して準備を開始した。しかし、その作業は難航した。一つの理由は、これまで出してきた証拠以上のものがなかなか準備できなかったことである。弁護団と救援会の粘り強い活動で、いくつかの新しい証拠を準備することができた。

理由のもう一つは、Aさんが「裁判をもう一度やる」ということをなかなか理解できなかったことである。Aさんはそもそも当初の裁判を充分理解しているとは言えなかった。訴訟能力が疑われたことも前述した。そのAさんに、「もう一度裁判をやる」ということを理解してもらうのは至難の業である。当初の裁判は向こうから押し付けられたもので、避けることはできないが、今回の裁判はある意味ではやらなくても済むものである。しかし、結局Aさんは、再審を請求することを選択した(青山正さんを救援する関西市民の会二〇〇七)。

Aさんがどの程度再審を理解しているかはわからない。ただ、前の裁判ではやったんだろう、やったんだろうと言われて言うことを聞いてもらえなかった、もう一度裁判やる、という趣旨のことは自発的な言葉で語られるので、最低限の理解はあると思われる。何より、訴訟能力ありとされていわれのない罪を着せられた者が、再審においては訴訟能力なしとされるのでは全く筋が通らない。

おわりに

刑事裁判の場で充分に自己防御をする能力を発揮できない人がいる。一時的にか永続的にかは別として、裁判を止めることが検討される場合がある。この基準に若干の疑問がある。止められた場合はその後の本人の処遇が問題となる。裁判を止めないと、本人の供述が適切に扱われるかが問題となる。上訴の取り下げや再審においては、本人が表面的に示した意志を尊重するかどうかが問題となることがある。本邦の裁判関係者はこうした事項について関心が薄いと感じられる。議論の蓄積、および制度的対応が必要である。

参考文献

青山正さんを救援する関西市民の会編(二〇〇七)『さいばん、マル――野田事件・青山正さんの再審無罪を求めて』障害者問題資料センターりぼん社

青山正さんを救援する関西市民の会『証拠ねつ造』編集委員会(一九九三)『証拠ねつ造――野田事件・青山正さんにあたりまえの無罪を!』青山正さん救援会・青山正さんを救援する関西市民の会

伊神喜弘・佐藤隆太・指宿信・中島直(二〇一四)「訴訟能力の回復可能性を正面から論じ、手続を打ち切ったケース」『季刊刑事弁護』七九号(訴訟能力研究会二〇一六:二〇六―二一五)

最高裁判所第一小法廷(一九九八)「平成一〇年三月一二日判決」『判例時報』一六三六号

最高裁判所第三小法廷(一九九五)「平成七年二月二八日決定」『判例時報』一五三三号

最高裁判所第二小法廷(一九五四)「昭和二九年七月三〇日決定」『最高裁判所判例集』八巻七号

最高裁判所第二小法廷(一九九三)「平成五年五月三一日決定」『判例時報』一四六六号

最高裁判所第二小法廷(一九九五)「平成七年六月二八日決定」『判例時報』一五三四号

訴訟能力研究会編(二〇一六)『訴訟能力を争う刑事弁護』現代人文社
髙橋秀一・中島宏(二〇一一)「長期の公判停止が問題となった事例」『季刊刑事弁護』六八号(訴訟能力研究会二〇一六:一六六―一七八)
中島直(二〇〇六a)「刑事裁判における訴訟能力についての裁判例の検討」『精神神経学雑誌』一〇八巻一一号(中島二〇〇八:八四―一〇四)
中島直(二〇〇六b)「精神発達遅滞者の訴訟能力――鑑定例と過去の裁判例の検討による考察」『精神神経学雑誌』S二六〇
中島直(二〇〇八)『犯罪と司法精神医学』批評社
中島直(二〇〇九)「死刑適応能力および再審請求能力が問われた事例」中谷陽二編『責任能力の現在――法と精神医学の交錯』金剛出版
中島直(二〇一〇)「心理学的観点からの鑑定書の紹介」『季刊刑事弁護』六四号(訴訟能力研究会二〇一六:一四三―一四九)
中島直・篠原睦治(一九八九)「青山さんの裁判における精神鑑定書批判」『臨床心理学研究』二七巻二号
西山詮(一九七二)「刑事責任能力とその判定の諸問題」『精神医療』二巻一号
西山詮(一九七四)「刑事責任能力と基本的人権」『精神医療』三巻四号
西山詮(二〇〇四)『刑事精神鑑定の実際』新興医学出版社
浜田寿美男(一九八六)『証言台の子どもたち――「甲山事件」園児供述の構造』日本評論社
浜田寿美男(一九九一)『ほんとうは僕殺したんじゃねえもの――野田事件・青山正の真実』筑摩書房

III

供述から何を読み取ることができるか

9 供述分析――体験者の語りと非体験者の語りを判別する

大倉得史

刑事裁判においてはさまざまな人物の供述・証言が問題になるが、その中でも被疑者の自白や被害者の被害供述というのは、特別な重要性を持つ。というのも、それらが仮に供述者の実体験に基づかない完全なる虚偽であったとすれば、裁判そのものの構図が根底から覆ることになるからである。本当は「無実」の人物が厳しい取調べに屈して行ってしまった虚偽自白や、そもそも「実在しなかった」事件をでっちあげる虚偽被害供述は、冤罪防止のために、これを何としても見抜かなければならない。

本章では、主として被疑者の自白や被害者の被害供述などを念頭に、それが供述者の実体験に基づくものであるか否かを判別するための供述分析の手法について論じる。まずは、いくつかの代表的な供述分析の手法を概観しておく。

一　代表的な供述分析の手法

ウンドィッチらの「基準に基づく分析」

ウンドィッチ(一九七三)やトランケル(一九七六)らは、真実の供述が持つ特徴をいくつか示し、これらを基準として供述の信用性を評価しようとした。その基準としては、別途確認された事実と矛盾しないこと、具体性・迫真性・内的一貫性を持つことなど、裁判官もしばしば用いる判断基準に加えて、その供述の中心的な内容と関係のない細部（供述者の情緒的体験など）に触れられていること、想像では語り得ない特殊な細部（唯一無二性）を含んでいること、供述者がでっちあげる能力を持たないような描写を含んでいることなどの諸基準が挙げられている。

例えば、性的知識を持たない少女が、「ボイラー室で男のあれをこすらされた、あれの下に新聞紙を持っていろと言われ、持っていると白いものが出てきた、男はそれを新聞紙に出して、ボイラーで燃やした」などと供述したとする。この場合、性器に刺激を与えると射精に至ることなど知るはずもない少女が、自らの能力を超えてこのような供述を行っている点、しかも新聞紙を性器の下にあてがわされ、男がボイラーでそれを燃やしたという唯一無二的な細部を含んでいる点において、この供述の信用性は高いと評価される。こうした細部に注目した諸基準は、具体性や迫真性などの主観的判断の交じりやすい基準に比べ、より一般的な説得力を持つものであり、ある程度有効である。

ただし、森（二〇一一）が行った実験では、話を最初にでっちあげたときには出来事の骨格しか語れなかった被験者が、それを繰り返し語ることを求められると、次第にその骨格に豊かな細部を肉付けする傾向が見られた。また、ロフタスや厳島の指摘する通り、この基準を知っている者が意図的に「特殊な細部」を捏造することがないとは言えない、これら諸基準にどの程度の信頼性・妥当性があるのかを確かめた研究がほとんど見られない（厳島二〇一二）といった問題もある。さらに、例えば何をもって唯一無二的であると判断するかも、人によって異なってくる可能性がある。したがって、これらの諸基準のみをもって結論を下すことには慎重であるべきだろう。

文体分析

供述の内容より、むしろその形式に注目しようとする文体分析的なアプローチがある。

例えば、グッドジョンソン（一九九四）はある罪に問われた知的障害の男性の鑑定において、犯行を裏づける彼の言葉を仲間が書き取ったとされる手紙を分析した。文章の長さと使用された語の音節数によって文章の複雑さを評定する公式を用いて検討したところ、この男性の知的能力に比して手紙の文章が明らかに複雑であることが分かった。つまり、その手紙はその男性の言葉を正確に書き取ったものではなかったのである。

一方、このように既知の評価枠組みに従って文体を分析する手法の他に、より質的な側面にも注目しつつ、供述者の発話形式の特徴を明らかにしようとするものもある。大橋ら(二〇〇二)は、実体験に基づくことが明らかになっている「体験記憶供述」に見られるその人らしい語り方(スキーマ)が、犯行を自白したとされる「犯行供述」にも見られるかどうかを検討するというアプローチを開発している。これが成功した代表的な事件が、後に冤罪が確定した足利事件である。

幼女を殺害した罪に問われたS氏は、例えば体験記憶供述については「ええとですね、その巡査の人が「Sさんですか。」と言いましたので、「はい、そうです」と言いました。そうしましたら、「中をちょっと見せてもらえないかな」と言われました」(大橋ら二〇〇二、五三頁)のように、動作主を交互に転換させながら(巡査→自分→巡査)語る傾向があった。ところが、これが犯行供述になると、「それで、やはり自転車を河川敷でですか、止めまして、止めたところから下へ降りていきました」「やはり自分が抱きついた…ですか、それで騒がれたんで、それでとっさに手が首にいっちゃったんです」(大橋ら二〇〇二、五四頁)のように、ひたすら自己を動作主とする語り方に傾いていた。大橋らは、体験記憶供述と犯行供述の文体(語り方)の違いこそ、S氏の犯行供述が実体験に基づいたものではないことの証左であると考えたのである。

こうした語り方の違いは、供述者の意図を超えたものであることが多く、それゆえ故意にこれを操作することは難しいと考えられる。実体験に基づく語りと嘘をつくときの語りは、その文体において違いがあるだろうという仮説が受け入れられさえすれば、非常に説得力のある手法であると言えるだろう。

対立仮説検討型供述分析（浜田式供述分析）うまくいけば非常に有効なスキーマ分析であるが、すべての事例においてこうした語り方の差異が発見されるわけではない。また、本来は供述者と取調官のやりとりの中で生まれてくる供述を、あたかも供述者が一人称の独白調で語ったかのようにまとめた供述調書が多い日本では、供述者の生の語りが得られにくいという問題もある。

こうした我が国特有の事情に合わせ、浜田寿美男（一九八六、二〇〇一）は多数の供述調書の変遷を丁寧に追いかけ、その変遷の流れが実体験を持つ者の供述として自然かどうかを吟味するという独自の手法を編み出した。この手法は、未だ可視化が不十分な我が国の司法制度の中で、今のところ最も汎用性が高く（一定程度の分量の供述調書、公判調書等があれば可能である）、また説得力にも富むものであると考えられる。そこで次節以下では、この手法についてさらに詳しく説明していくことにする。

二　対立仮説検討型供述分析の実際

対立仮説を検討する必要性

浜田式供述分析の最大の特徴は、「供述者は実体験を持つ」という仮説Aと「実体験を持たない」という仮説Bを立てて、二つの対立仮説のうちどちらがより良くその供述を説明するかを検討していく点にある。なぜこのような手続きをとるのだろうか。

一般に刑事裁判では、被告人の有罪立証を目指す検察側とその防御を目指す弁護側とのあいだで、「合理的な疑いを差し挟む余地のない程度の立証」が行われたか否かが争われる。こうした枠組みに孕まれている危険性については、一般にあまり認知されていない。その危険性とは、刑事裁判で争われているのは、ひとえに「被告人が有罪である」という仮説の妥当性のみであって、そこでは実質上ただ一つの仮説のみしか検討されていないということである。

例えば、雷は雷神が太鼓を叩くことによって引き起こされる、それを鎮めるためには雷神が祀られている神社に向かって手を合わせなければならない、という伝説を信じている人々がいるとする。彼らは言う、「雷が鳴ったら我々はみんな雷神に手を合わせる。すると一〇回のうち九回は確かに鳴りやむのだ」と(雷は通常、しばらくすれば鳴りやむから、このような信仰は成立し得る)。一〇回のうち九回という蓋然性の高さがこの説の正しさを裏付けているではないか、なかなか鳴りやまない一回はきっと雷神の機嫌でも悪いのだろう、それはこの説を覆すほどの「合理的な疑い」とは言えない、というのである。

こうした論理が誤りであることは明白であろう。この点は過去の判例(最高裁第三小法廷平成二二年四月二七日藤田裁判官補足意見)も、「一定の原因事実を想定すれば様々の事実が矛盾無く説明できるという理由のみによりその原因事実が存在したと断定することが、極めて危険」であり、そのことが示すのは「その原因事実の存在が仮説として成立し得るというだけのことに過ぎない」と指摘している。「「仮説」を「真実」というためには、本来、それ以外の説明はできないことが明らかにされなければならない」のである。論理的誤謬を犯さないためには、「雷の犯人は雷神か」という有罪仮説を検討すると同時に、「雷は空中で起こる放電等の自然現象によるものではないか」という別の仮説(雷神は無実だという仮説)についても検討し、どちらの仮説がより高い説明力を持つかを吟味しなければならない。

ところが、現行の裁判所はしばしば「雷の犯人は雷神か」という有罪仮説のみの検討によって判断を下しやすい。これは刑事裁判の仕組みそのものから生じてしまう傾向であると言える。有罪仮説の単なる否定形である無罪仮説と、その対立仮説である無実仮説とは、似て非なるものである(つまり、被告人の有罪性を吟味する視点と、無実可能性を吟味する視点は、全く違った風景を立ち上がらせる)のだが、その無実仮説を吟味することの必要性が必ずしも十分認知されではいないのである。よほど自覚的に頭を切り替え、有罪仮説と無実仮説双方を公平に検討しないと、この落とし穴に嵌まり込みやすくなる。

供述者が実体験を持つという仮説Aと、それを持たないという仮説Bの二つの対立仮説を立てて検討する必要性がここにある。

対立仮説検討の具体例①——袴田事件から

対立仮説の検討をどのように行っていくのか、実際の事例に基づいて説明する。まず取り上げるのは、袴田事件である(浜田二〇〇六)。

袴田事件は一九六六年六月三〇日未明、静岡県清水市(現静岡市)の民家で起こった一家四人殺人放火事件である。味噌会社の専務Hさん方から出火し、焼け跡からHさん、妻、二女、長男の死体が発見された。Hさんの自宅から三〇メートルほどの工場に住み込みで働いていた袴田巌さんが疑われ、八月一八日に逮捕された。

物的証拠としては、袴田さんの部屋から押収されたパジャマに袴田さんの血液型(B型)とは異なる微量の血痕(A型、AB型)が付いていたことくらいであったが、警察は一日平均一二時間、ときに一六時間を超える厳しい取調べを行い、九月六日、袴田さんはついに自白に落ちた。その後一カ月余りにわたって四五通の自白調書が取られたが、袴田さんは裁判で自白を撤回し、否認に転じた。

ところが、裁判開始から九カ月後の一九六七年八月三一日、工場の味噌醸造用タンクから犯行時に着ていたとされる五点の衣類(ズボン、スポーツシャツ、ステテコ、半袖シャツ、ブリーフ)が発見される。このいずれにもかなりの血液が付着しており、血液型はA型、B型、AB型の三種があった。

第一審の静岡地裁は、袴田さんの自白について、警察の取調べは過度に厳しく、任意性を欠いているといった理由

表1　供述変遷表の一例

	調書1（○月○日）	逮捕（○月○日）	調書2（○月○日）	調書3（○月○日）	物証A（○月○日）	調書4（○月○日）	…
要素A	A		A′	A′		A″	
要素B	B			B′		B″	
要素C			C	C′			
⋮							

で、四五通のうち四四通を証拠から排除した。しかし、残り一通の検察官調書だけはその任意性、信用性を認め、袴田さんの無罪主張を退け、死刑判決を下した。その後死刑が確定するが、二〇一四年三月に静岡地裁が再審開始を決定し、死刑および拘置の執行停止を言い渡した。

分析の手続き

対立仮説検討型の供述分析では、まず供述に含まれる各要素が供述を重ねるたびにどのように変遷していっているのかを、**表1**のように整理してみる。ここでは縦軸に要素を、横軸には調書を時系列に沿って並べてある。調書によってはその要素に言及されていないときもあるので、その場合は空欄にしておいて構わない。また、逮捕・起訴や捜査機関が重要な証拠を得た日付なども書きこんでおくと、後で変遷の理由が見えやすくなる。

さて、袴田さんの自白調書の心理鑑定を依頼された浜田がまず注目したのが、一九六六年九月六日から一〇月一三日にわたって録取された四五通の自白調書における犯行筋書きの大きな変遷であった。浜田によれば、大きく四つの犯行筋書きがあるという（Ⅳは厳密には袴田さん自身の供述ではないが、浜田鑑定は第一審判決の妥当性も同時に検討するため、あえてこれを袴田さんによる真実の告白と同等のものとみなしている）。

Ⅰ　第Ⅰ期自白（九月六日）

表2　着衣と着替えをめぐる供述変遷

	Ⅰ期	Ⅱ期	Ⅲ期	裁判開始9カ月後5点の衣類の発見	確定判決（Ⅳ期）
着衣	パジャマを着て上に雨合羽	パジャマを着て上に雨合羽	パジャマを着て上に雨合羽		5点の衣類を着て上に雨合羽
着替え	工場に戻らず着替えなし	工場に戻り油を持ち込む着替えなし	工場に戻り油を持ち込む着替えなし		4人殺害後，工場に戻り，5点の衣類をパジャマに着替え，油を持ち込む

Ⅱ　第Ⅱ期自白（九月七日）

Ⅲ　第Ⅲ期自白（九月八日以降）→修正前検察冒頭陳述

Ⅳ　検察側の修正冒頭陳述＋第一審判決での再修正

ⅠからⅣに至るまでに犯行の筋書きが大きく変遷していくのだが、これについて、次の二つの仮説のうちどちらがより説得力を持つのかを検討していくわけである。

仮説A：この変遷は、真犯人が罪を逃れるため、あるいは少しでも刑を軽くするために数々の嘘をついた結果、生じたものである（有罪仮説）。

仮説B：この変遷は、犯行の実体験を持たない者が厳しい取調べに屈し、捜査機関の用意した犯行筋書きに乗っかっていったために生じたものである（無実仮説）。

着衣と着替えをめぐる変遷

ここでは数多くの変遷のうち、着衣と着替えをめぐる変遷について見てみる（**表2**）。

裁判所によって「事実」と認定された犯行時の服装は、五点の衣類の上から雨合羽を着るという恰好であった。ところが、自白段階では袴田さんは一貫してパジャマを着て、その上から雨合羽を着ていたと供述している。

【仮説Aに立った場合】

袴田さんが真犯人だという仮説Aに立とうとすると、一体なんでこんな嘘をついたのかという疑問が生じる。この点について、確定判決は次のように説明する。

右供述の当時(九月九日)、未だ五点の衣類が発見されず、パジャマだけであったため、まず検察官が、被告人は犯行(殺傷)の際にパジャマを着用していたものだという推測のもとに、被告人に対してパジャマの血液等の説明を求めたため被告人は、五点の着衣が未だ発見されていないのを幸いに、検察官の推測に便乗したような形で、右のような供述をするに至ったものと認められる。

五点の衣類を着て犯行に及び、その衣類を味噌タンクの中に隠した真犯人が、検察が「犯行当時に着ていたのはパジャマだろう」と誤った推測を働かせているのを「これ幸い」と、嘘の話をでっちあげたというのである。この部分だけを読むと、なるほど、捜査のかく乱を狙ってその程度のことはするかもしれないという気がする。

ところが実際は、目だった血痕のなかったパジャマから、袴田さんの血液型とは異なるA型のルミノール反応が検出され、その理由を警察官から追及された際に、袴田さんはついに自白に落ちているのである。そのことは裁判での警察官証言からも明らかになっている。真犯人にとって「最も危険な証拠」である五点の衣類ではなく、ほとんど血痕がついていないことが明らかなパジャマ(事件当夜、袴田さんはパジャマを着て消火活動に当たり、その直後にパジャマを押収されていた)から出た微量の血液反応について追及された場面で、「捜査のかく乱」を狙って自白するものだろうか。犯行の隠蔽を狙うなら、「そんな血のことは知らない」で否認を押し通す方がよほど自然である。

また、犯行時に着ていた五点の衣類から、消火活動時に着ていたパジャマへと着替えた時点も問題である。確定判決は、犯行の流れを次のように描く。

〈殺傷〉　四人殺傷後、金袋を三つ奪い、逃走中に二つを落とし、残り一つを工場に持ち帰った。
〈着替え〉　工場内で五点の衣類を脱いでパジャマに着替えた。
〈放火〉　工場内から油を持ち出し、再び裏口から専務宅に入り、四人の体にそれぞれ油をふりかけて、マッチで点火して火を放った。その際に持っていた金袋から金だけを取り出して、中に入っていた領収書や小切手は袋とともに捨てた。

しかし、この流れは明らかに不自然である。工場から油を持ち出すために使用したとされる八リットルのポリ樽は取っ手がついておらず、両手で抱える他ない代物であった。一度自室にまで金袋を持ち帰り、パジャマに着替える際にはそれをどこかに置いたであろう犯人が、大きなポリ樽を抱えるのに邪魔にしかならないだろう金袋を、なぜわざわざ摑み直し、放火現場まで持っていかねばならなかったのかが全く分からない。

【仮説Bに立った場合】

では、右のような分からなさについて、「無実の人が捜査機関の用意した犯行筋書きに乗っかっていった」という仮説Bに立つと、これをうまく説明できるだろうか。

まず、なぜ自白段階で犯行時にはパジャマを着ていたと述べたのかについて、説明は容易である。この自白調書が取られた当時は、まだ五点の衣類が味噌タンクから発見されておらず、捜査機関は袴田さんが消火活動時に着ていたパジャマで犯行を行ったものと信じていたからである。目立った血痕はなかったが、鑑識にかけると袴田さんのものとは異なる微量のA型血液反応が出た。袴田さんが犯人だと決めつけていた警察は、そのA型の血液について袴田さんを執拗に追及する。どうしてそんな血液がついていたのか、袴田さんもうまく説明ができなかったようである。

そして、九月六日になると、八月一八日の逮捕から二〇日近くにもなる過酷な取調べに、袴田さんの心が折れる。

肉体的にも精神的にも疲弊しきっていた袴田さんは「うちのことはよろしくお願いします」と言って、ぽろぽろと涙を流しながらついに自白に落ちた。自然、その自白は捜査機関の想定に沿うようにパジャマで犯行に及んだという筋書きになったわけだが、実際は袴田さんが自白に落ちたのは、パジャマという証拠を突きつけられたことと無関係に、長期間にわたる取調べについに耐え切れなくなったからである。

ところが、約一年後の公判中に、味噌タンクの中から大量の血液が付着した五点の衣類が発見される。状況的に、犯行はこの五点の衣類を着て行ったのでなければならなくなった。その結果、確定判決が「事実」として認定したような不自然な流れが生み出されていったのである。より詳しく言えば、次のような事情があった。

①現場の裏口近くには三つのうち二つの金袋が残されており、残る一つの金袋と中に入っていた金および領収書類は見つかっていなかった。これを説明するためには、犯人が逃走中に二つを落とし、残りの一つは金だけを抜き取り、現場の火事とともに燃やしてしまったと考えると都合が良かった。

②鑑定によって五点の衣類に混合油の付着はなく、パジャマにしか付着していないことが分かった。つまり、ポリ樽を持ち出す際の服装はパジャマでなければならなかった。

この二つの条件を満たすためには、四人を殺害後に一旦パジャマへと着替えに戻り、ポリ樽と金袋を持ってもう一度現場に行って放火しなければならない。つまり、残された物証との整合性を考えたときに唯一つじつまの合うストーリーが、右の流れであった。しかし、この流れは、ポリ樽を抱えていくのにどうしてわざわざ金袋を持って行かねばならなかったのか、なぜ火をつける直前に現金を取り出そうとしたのかといった点において、実に不可解である。検察と裁判官の論理的つじつま合わせの結果、人間の自然な心理の流れ、体験の流れからするとほとんど荒唐無稽としか言えないような犯行の筋書きが生み出されたのである。

このように仮説Bに立つと、捜査機関がその都度把握していた情報や各種の物証にぴったり沿うように袴田さんの自白（犯行の筋書き）が組み立てられていることが見えてくる。（「絶対にそのようなことはない」とまでは言い切れないのかもしれないが）いくつもの不可解さが残ることは否めない仮説Aに比して、仮説Bは犯行時の着衣と着替えをめぐる供述変遷を矛盾なく、非常にうまく説明できるということである。客観的に見て、この供述変遷については仮説Bを採用する方がより危険性が低いと言える。

分析のためのいくつかの観点

一例として着衣と着替えをめぐる変遷について検討したが、こうした分析を袴田さんの供述のあらゆる要素について行っていった結果、浜田はすべての要素・変遷について仮説Bの方がより説明力を持つことを明らかにしたのである。

ところで、こうした分析を行っていく際に、いくつか知っておくべき観点がある。例えば、袴田さんが真犯人だとしたら、なぜ当初「パジャマを着て犯行に及んだ」などという嘘の自白をしたのかという問題を検討するのは、「嘘分析」と呼ばれる。罪を免れるためにせよ、刑を軽くするためにせよ、別の知られたくない何かを隠すためにせよ、嘘には何らかの動機があるという立場から、その嘘が出てきた背景を探っていくのである。

また、各種の物証や目撃証人等が得られるたびに、それらとの整合性がとれるように供述が変遷していく、なおかつ、その供述には真犯人にしか知り得ない情報の告白（「秘密の暴露」という）が何もない。こうした場合、取調官からの誘導に供述者が乗っていくというプロセスがあった可能性がある。このような観点から分析を行っていくのが、「誘導可能性分析」である。

さらに、犯人が奪ったとされる三つの現金袋は手提げ用の甚吉袋の中に入っていたのだが、袴田さんは「甚吉袋をあけてみたら、札束があったので取って逃げた」などという供述もしている。真犯人なら当然知っているはずの情報（甚吉袋の中にそのまま札束が入っているわけではない）を知らなかったのである。このような「無知の暴露」は、袴田さんが真犯人ではないことを強く推認させる重要な徴候である。

もう一つ、これも有名な冤罪事件である甲山事件（浜田一九八六）で、事件当夜、犯人とされた保育者が被害児童を連れていくところを見たという重要な目撃証言を行ったMという少年がいた。その少年はその光景を見て怖くなり、トイレに隠れたと供述した。しかし、この供述は、なぜ事件が起こることをまだ知らないMが、馴れ親しんだ保育者が他の子どもを連れて歩いているのを見ただけで恐怖を感じなければならないのか、全く不可解である。「怖くてトイレに隠れた」というのは事件当夜の実体験に基づく供述ではなく、事件後この保育者が逮捕されたことを知ったMが想像で構成した作話だったのである。このように、事後的にしか知り得ない情報に基づいて事件当時の行動が構成される現象を、記憶の「逆行的構成」と呼ぶ。これも、その供述の虚偽性を示す重要な徴候である。

対立仮説検討の具体例②――年少者による虚偽わいせつ告訴事件から

袴田事件では虚偽自白の例を見たが、次に八歳の少女らが行った虚偽わいせつ被害供述を見ておこう。事件の概要は次の通りである。

小学校二年生だったA子は、三学期半ばの二月五日の夜、男性の担任教師I先生からお尻を触られると両親に告げた。驚いた両親が問いただすと、仲良しのB子も触られているというので、両親はB子の母親に電話をかけた。B子の母親はそのことを知らなかったが、電話をしながら横にいたB子に問いただすと、B子は泣き出して「I先生からお尻を触られていること」「威圧的にされていること」を話した。被害を確信したA子の両親は激しく憤り、学校や警察に被害を訴えた。他の教師からの二度にわたる聞き取りや、警察での何度かの事情聴取においても、非常に曖昧ながらA子もB子もお尻を触られたという供述を維持し続けたので、約二〇日後、I先生は強制わいせつの疑いで逮捕、起訴された。弁護団から求められ、筆者は特別弁護人としてこの事件に関わることになった。

まず、A子とB子の供述変遷を表にしてみると、実に多くの変遷や食い違いがあることが分かった。その一部を表3に示す。

例えば、触られた時期と頻度について、A子が当初「三学期から触られ始め、回数は五回より多く一〇回よりは少なかった」といった供述をしたのに対して、B子は「一学期から始まり、二学期は多くなり、三学期は毎日になった」と述べた。ところが、興味深いことに、二月一四日、一五日、一八日に行われた教師による聞き取り調査では、二人とも口をそろえて「二学期くらいから」に変遷している。

また、触られ方についても、当初はA子が「ドリルの丸付けをしながら、もう片方の手をズボンの中に入れてさすってくる」と言っていたのに対して、B子は「ズボンの上からお尻をもみもみする。教室で先生のところに行ってノートに丸付けをしてもらうときや、けん玉検定をしてもらうときにされる」という供述をしていた。しかし、これが二月一五日のY先生からの聞き取り時になると、B子も「ズボンの中に手を入れてスリスリしてくる」というように、A子供述にすり寄っていく。ちなみに、教室で先生のところに並んでノートに丸付けしてもらうときやけん玉検定のときには、他の子どもたちもすぐそばにいた。他の子たちは、I先生がA子やB子のお尻を触る場面を見たことはなく、B子供述は現実問題としてかなり信用性に乏しいものであった(そのためB子の件では立件されていない)。

当初はA子とかなり違う被害状況を語っていたB子供述が、二月半ばくらいにA子の供述にすり寄っていくのはなぜか。Y先生の聴取は一四日がA子、一五日がB子と分けて行われた。また、Y先生は子どもたちの心の準備のために、朝から「今日お話をしようね」と声をかけていた。合間の時間を使って二人は相談し、A子がB子に対して話の

B子の供述変遷

2月14・15日 Y先生聴取 （A子，B子）	2月18日 Z先生聴取 （A子，B子）	3月5日調書 （A子）	3月19日調書 （B子）
2学期から．ほぼ毎日触られる．1日に何回も．	2学期の9月から．1日2回くらい．毎日される．	2学期から．3学期に入ってからは10回はいっていないけど，5回はあった．	
2学期か3学期から．回数はたくさん．	2学期くらいから．		1学期はたまに．2学期の方が多い．3学期はほぼ毎日．
①横にいたら太ももの上に乗せられて．②教室の中を歩いていたらつかまえられて，抱っこして椅子に座って．	こちょこちょされたり，お尻を触られたり．両手をズボンの中に入れてさすられた．	こちょこちょと，お尻を触られる．宿題でまだできていない問題があったので昼休みに出しに行った．丸付けしながら触ってきた．	
ズボンの上からお尻をもみもみされる．ズボンの中に手を入れてスリスリしてくる．ノートを出しに行ったとき太ももの上に座らされ，片手で丸付け，片手で触る．	横に立ったときにもみもみされる．		膝の上に自分から乗っていっているとき，ドリルを見せに行って立っているとき，ズボンの中から左尻をもみもみする．スリスリはない．

つじつまを合わせるために、自分と同様の被害状況を語るよう依頼したのではないか。

ところが、あいにくB子は勉強が苦手で、知的レベルがそれほど高い子ではなかった。二月半ばに一旦A子に近い供述をするようになったものの、一カ月後の三月一九日には、再び「触られ始めたのは一学期から」「ドリルを見せに行って立っているとき、お尻をもみもみされた」という当初のイメージに近い供述に戻ってしまった……。

これは先に述べた誘導可能性分析の亜種である。ここから浮かび上がるのはA子とB子が示し合わせ、I先生からお尻を触られたという事件をでっちあげた可能性である。実は、A子が被害を訴えた当日の朝およびその前日に、周りの子どもたちも脅えるくらいI先生がB子を厳しく叱るということがあった。一方、A子は元々勉強ができたこともあり、I先生から可愛がられ、A子自身もI先生に懐いていた。そんなA子にとって、仲良しのB子を激しく叱るI先生の姿に心を痛め、少し

表3　A子と

供述要素	供述者	2月5日 両親への告白時	2月7日調書 (A子，B子)	2月13日調書 (A子)
触られ始めた時期と頻度	A子	3学期になってから．10回もないけど5回より多い．	3学期になってから．5回より多くて10回より少ない．	3学期に入って2回くらいあった．
	B子		1学期から．1学期はたまに．2学期はよくするように．3学期は毎日．	
触られ方	A子	ズボンの中に片手を入れてさすってくる．	ドリルを持っていったら，先生が私を抱っこして膝の上に乗せ，片手でドリルの丸付けをしながら，もう一個の手でズボンの中に手を入れて，手の平でさすってくる．	教室のときと一緒．
	B子		お尻をもみもみする．ズボンの上から触る．中に手を入れてくることはたまにある．教室で先生のところにノートを見せに行って丸付けをしてもらうときとか，けん玉検定をしてもらうとき．立ったまま触られる．	

こらしめてやろうと思うことはなかったか。

A子供述に限ってみても、変遷が非常に多かった。例えば、最後にお尻を触られたのはいつかと問われ、二月七日の調書では「先週の木曜日の昼休み」(木曜日は一月三一日)と答えていたのに、二月一三日の調書では「二月一日」となった。「A子はお尻を触られた実体験を持つ」という仮説Aに立つと、これは単なる勘違いだということになるだろう。

しかし、実際はこのような勘違いが起こるとは考えにくかった。というのも、この週はインフルエンザで学級閉鎖となり、登校日は一月二八日の月曜日と二月一日の金曜日しかなかったからである。また、I先生自身がインフルエンザのため一月二五日以来休んでいたので、二月一日にA子と会ったのは実に一週間ぶりのことだったのである。それにもかかわらず、「先生が久しぶりに来た日」とか「金曜日」という想起の仕方ではなく、「木曜日」という不合理な供述になっていることは、取調官からの問いかけにA子がとっさに適当な答えをした可能性を疑わせた。実際、公判ではさらに、A子の母親がA子にその日は休みだったじゃないと指摘したので、A子は次に「二月四日」と答えたこと（二月四日は両親に被害を打ち明けた前日）、しかし「それじゃ近すぎる」と母親に言われ、最終的に「二月一日」に落ち着いたことが明らかになった。A子の日時特定は実体験に基づいて記憶をたどったものではなく、行き当たりばったりの出まかせだったのである。

また、二月一日の昼休みに宿題のドリルを見せに行ったときに触れられたというのが、A子の当初の供述であったが、連絡帳によると、その日にドリルの宿題は出ていなかった。A子は公判では「二月一日の昼休みに丸付けをしてもらいに行ったのは、宿題で出ていたからではなく、まだやっていない頁があったから、そこをやって持って行った」「そのことは、初めて警察署に行った二月七日の後に、ドリルを見て確認したら宿題のところはすでにやってあったから、二月一日に持って行ったのは宿題のところではないと分かった」と供述を変遷させた。だが、この説明は不合理である。というのも、二月一日までに「宿題のところ」も「やっていなかった頁」もすべて先生に丸付けをしてもらっていたとしたら、二月七日以降になって「二月一日に持って行ったのが、「宿題のところ」ではなく、「やっていない頁」であったこと」を判別することはできないからである。

この奇妙な供述が出てきたのは、「まだやっていないところがあった」という想像上の映像（「まだ丸付けされていない頁」として、やっていないところは確かに浮き立って見えるだろう）と、その頁が丸付けされるとすでに丸付けされている他の頁との区別がもはやつかなくなるはずだという予測を、A子がうまく統合できなかったためだと思われる。想像で作話したある状況が、一定の期間を経た後にどうなっているかということを予測しながら、時間の流れに沿った自然な話を展開するのは、かなり難しいということである。先に述べた逆行的構成と併せ、こうした現象を「想像内時間錯誤」とでも呼んで分析の際に念頭に置いておくと、今後有効かもしれない。

Ｉ先生には一審で無罪が言い渡され、控訴棄却により確定した。

おわりに

以上、対立仮説検討型供述分析の概略を示した。スキーマ分析の立場に立つ論者(大橋ら二〇〇二)は、こうした浜田式の供述分析は「合理的人間像」に基づいていると批判する。真犯人ならばこんな嘘はつかないはずだ、実体験を持つならこんな勘違いをしないはずだ、といった理屈は、確かに「いや場合によっては、そういうこともあるかもしれない」といった反論を許す。しかし、対立仮説検討型供述分析の特徴は、一つだけでなく、いくつもの要素について対立仮説の検討を繰り返す点にある。一つの要素だけ見れば「いや場合によっては……」があり得るとしても、いくつもの要素に対して一方の仮説の蓋然性が常に高いことが判明するとき、また無知の暴露や逆行的構成(想像内時間錯誤)などの有無を言わさぬ虚偽の徴候が見出されるとき、まさに供述全体から、仮説Ａと仮説Ｂのどちらを採用せねばならないかが見えてくる。そもそもスキーマ分析とて、嘘をつくときには語り口が変わるだろうという「合理的人間像」から自由ではないし、「こと犯行時には精神状態が変わっているかもしれない」といった反論を許さないとも限らない(脇中二〇〇七)。

「一〇〇パーセント真偽を判別できる」ような分析手法は今のところない。本章で述べた各分析手法は、その優劣を決定しようとするよりも、個々のケースに応じて相互補完的に組み合わせていくのが、最も生産的であろう。

参考文献

巌島行雄(二〇一二)「エリザベスＦ・ロフタス教授インタビュー」『法と心理』第一二巻、第一号

ウンドィッチ、U編著（一九七三）『証言の心理』植村秀三訳、東京大学出版会
大橋靖史・森直久・高木光太郎・松島恵介（二〇〇二）『心理学者、裁判と出会う――供述心理学のフィールド』北大路書房
グッドジョンソン、ギスリー（一九九四）『取調べ・自白・証言の心理学』庭山英雄・渡部保夫・浜田寿美男・村岡啓一・高野隆訳、酒井書店
トランケル、A（一九七六）『証言のなかの真実――事実認定の理論』植村秀三訳、金剛出版
浜田寿美男（一九八六）『証言台の子どもたち 「甲山事件」園児供述の構造』日本評論社
浜田寿美男（二〇〇一）「目撃証言の真偽判断とその方法」渡部保夫監修・一瀬敬一郎・厳島行雄・仲真紀子・浜田寿美男編著『目撃証言の研究――法と心理学の架け橋をもとめて』北大路書房
浜田寿美男（二〇〇六）『自白が無実を証明する――袴田事件、その自白の心理学的供述分析』北大路書房
森直久（二〇一一）『想起による体験への接近――社会文化的アプローチから生態学的想起論へ（博士論文）』京都大学大学院人間・環境学研究科所蔵
脇中洋（二〇〇七）「供述や証言の真偽判断における2つの心理学的手法の検討」『法と心理』第六巻、第一号

10　供述の信用性判断と供述者の心理特性

村山満明

はじめに

本章では、供述の信用性を判断する際の心理学的問題について論じる。これまでわが国では、供述の信用性について心理学的に検討するという場合、供述分析のように主として供述内容の分析をもとにしてその信用性が検討されることが多かったように思われる。それに対して、本章では供述者の心理特性を中心として供述の信用性の問題について考えていく。ただし、改めて言うまでもなく、供述者の心理特性の検討と供述内容の分析とは、供述の信用性の検討に際してどちらも欠くことができないものである。

また、後に冤罪であるとして裁判で争われることになるような虚偽自白は、供述者である被疑者の一方的な偽りの供述によって生まれるものではなく、警察での取調べの圧力と被疑者との間の相互作用によって生まれるものであるということも、常に念頭に置いておく必要がある。供述がなされる状況を無視して、供述者の心理特性だけをもとに供述の信用性について判断することはできない。例えば、供述者に知的障害が認められるという場合でも、それでただちに供述の信用性を欠くということになるわけではない。供述の信用性の判断に際しては、供述者の心理特性が、供述者が置かれた取調べ状況においてどのようにはたらいたと考えられるかまで検討される必要がある。

本章では主に被疑者・被告人の自白について扱う。目撃者や被害者の供述については取り上げないが、偽りの記憶の問題については若干言及しておきたい。

一　広島港フェリー甲板長事件

最初に、筆者も関与した冤罪事件（村山二〇〇八）について紹介するところから始めたい。被告人は警察の取調べで自白をしていたが、一審二審ともその自白の信用性を否定して、無罪が確定しているものである。

事件の概要

この事件は、フェリーの甲板長をしていたXさんが、一九九三年一二月二〇日未明より失踪し、翌年一月四日に広島湾の通称一万トンバースにおいて溺死体で見つかったというものである。失踪前、Xさんは家庭の事情により、フェリー内の売店の店員をしていた同僚のAさん方に宿泊していた。また、捜査により、Xさんの預金から、失踪直後の一二月二〇日に三五〇〇〇円、二七日には三二万一〇〇〇円が引き出されていることが分かった。一月五日に警察はAさんを任意同行して事情聴取した。Aさんは聴取開始から約四〇分後に、XさんがAさん方に置いていた通帳と印鑑を用いて二回にわたって預金を引き出したことを認めた。そして、それからさらに約六〇分後にはAさんを殺害したことも認めた。Aさんの自白によれば、酒に酔って帰ってきたXさんを、Aさんが広島港（宇品）の桟橋――溺死体の発見場所からはかなり離れている――に停泊中であったXさん所属のフェリーへと誘って連れ出し、Xさんが防舷台――桟橋に設けられている高さ一メートルほどのコンクリート製の台――からフェリーに乗り移ろうとしたところを、Aさんが海に突き落としたものとされた。

ところで、Ａさんの供述は、Ｘさん殺害についてその認否が複雑に変転していた。Ａさんは、警察官には最初に自白してから一貫して殺害を認めていた。それに対して、検察官には弁解録取より否認しており、大半の調書では否認していた。そのため、同じ日の取調べにおいて、警察官に対しては自白しながら検察官については否認しているという例も認められた。Ａさんの自白のこうした変遷については、一審判決でもその不合理性が指摘されていたが、どうしてそのように変転しているのかは解明できないとしていた。

控訴審の段階で、弁護人からＡさんのこうした供述の変遷についての心理学的鑑定の依頼があり、筆者もそれにかかわることになった。鑑定に際しては、Ａさんの供述調書、公判調書をはじめとして、事件に関する一件資料を参照したほかに、一審で無罪となり釈放されていたＡさんとも面接をして、各種の心理検査なども実施した。

心理検査の結果

Ａさんに対しては、ＷＡＩＳ-Ｒ知能検査、田中ビネー知能検査、ベンダー・ゲシュタルト・テスト、Ｐ-Ｆスタディ、絵画統覚検査(ＴＡＴ)、Ｙ-Ｇ性格検査、グッドジョンソン被暗示性尺度 Gudjonsson Suggestibility Scale(ＧＳＳ)、グッドジョンソン迎合性尺度 Gudjonsson Compliance Scale(ＧＣＳ)の各種心理検査を実施した。

Ａさんの結果は次の通りであった。まず知的能力に関する検査では、ＷＡＩＳ-Ｒ知能検査で、言語性ＩＱが76、動作性ＩＱが51、全検査ＩＱが62であり、軽度の知的障害の域にあたるとともに、言語性ＩＱに比べて動作性ＩＱがかなり劣っていることが特徴であった。いろいろな言葉は知っているが、正しい知識の習得はできていないところがあった。一方、具体的な状況での判断力はかなりあるので、日常生活ではやっていけるところもあると考えられた。しかし、論理的に推論していくといった力は弱く、抽象化したり上位概念で理解したりすることは難しく、部分を認識してそれを全体へと構成していくことは特に苦手であると考えられた。田中ビネー知能検査でも、精神年齢が一一歳〇カ月、ＩＱは62という結果であった。また、ベンダー・ゲシュタルト・テストの結果も、知的障害や器質障害を有する可能性を示すものであった。

次に性格的な側面についての検査であるが、P-Fスタディでは、自罰傾向が強く、何かにつけて後悔と罪の意識を抱きやすい傾向がある一方で、言い逃れや言い訳をし、本質的には自己の失敗をなかなか認めようとしない傾向も認められた。ＴＡＴでは、一枚の絵をもとに時間の流れのある物語を構成する力や、絵の中の人物の気持ちになって語る力が弱く、抽象的な絵については物語を作ることができなかった。その一方で、反応は早く、言葉でどんどん反応を返してくるところがあった。その話の内容からは、一般的で常識的な感情の認知はできるが、その理解は表面的であり、困難に遭った場合は逃避的反応を取りやすいと考えられた。Y-G性格検査では、判定としてはA′型(平均型の準型)で、基本的に平凡な性格であると考えられた。ただし、のんきさ、すなわち「気軽な、のんきな、活発、衝動的な性質」の得点が二〇点と著しく高く、活発な性質も認められた。

ＧＳＳでは、誘導１の得点が〇点、変遷①の得点が一〇点(変遷②も同じ)で、被暗示性①が一〇点(被暗示性②も同じ)であった。Ａさんは誘導１の得点は低いが、変遷①の得点がきわめて高く、全体として被暗示性得点も高くなっていた。すなわち、Ａさんは何も圧力のないところでは誘導されにくいが、圧力を掛けられるときわめて誘導されやすいと考えられた。ＧＣＳでは、Ａさんの得点は一八点で、迎合性が非常に高いと考えられた。なお、ＧＳＳとＧＣＳについては、後に詳しく説明する。

以上、心理検査の結果について紹介してきたが、知能検査の結果によればＡさんは軽度の知的障害を有していると考えられた。ところで、Ａさんに対しては起訴前に簡易精神鑑定が行われていたが、そのときには知的障害は認められていなかった。簡易精神鑑定の際には知能検査は行われておらず、鑑定医がとらえた印象だけによって判断されていたものと考えられるが、このことは、そうした印象だけでは知的障害の有無を正しく判断することが難しいことを示している。Aさんの場合、動作性IQに比して言語性IQが高く、よく話す傾向も認められるために、言語的な能力、ひいては知的な能力が実際よりも高いと見誤られて、知的障害の存在が見落とされた可能性がある。

自白の理解

さて、Aさんは無実であったにもかかわらず、なぜ取調べにおいて自白をしたのであろうか。それについては、次のようなことが考えられる。

知的障害は虚偽自白に陥る一つの要因になることが認められており、Aさんの場合にもそれが当てはまる。また、被暗示性や迎合性の高さも虚偽自白に結びつきやすいことが認められている。さらに、被疑者に何らかの罪意識があることも虚偽自白に陥る要因になりやすいので、AさんがXさんの預金を無断で引き出していたことも、その要因になった可能性がある。このように複数の要因が重なっていたことが、Aさんの早期の自白につながったのではないかと考えられる。

しかし、こうした説明だけでは、Aさんが虚偽自白をすることになったいきさつが十分に解明されたとは言い難い面もある。最初に述べたように、知的障害を有するからと言って、虚偽の供述をするとは限らないからである。Aさんについては、取調べの録音録画といったものは残されていなかったので、取調べの実際のやりとりの記録から、Aさんが自白に陥った状況というものを見直すことはできなかった。しかしながら、検察官調書の一つにはAさんが自白に転じる場面が記録されていた。

問　君は一月五日にXさんを殺したことを認めた理由として刑事さんに「目撃者がたくさんいるから逃げられないで」と言われたからだということもあげていたが、間違いないか。

答　はい。間違いありません。

問　他方で、君は上申書に犯行の場所として宇品の桟橋だとした理由について、「宇品の桟橋付近は夜中に人通りがなく目撃者等いない場所であることを知っていたので、この桟橋を犯行場所にした」と答えているが、それも間違いないか。

答　はい、間違いありません。宇品の桟橋付近は夜中になると人通りもなく、目撃者もいないことを知っていたので、そこを犯行場所にしました。

問　一方では目撃者がいると言われて、犯行を認めて、他方では、目撃者がいないことを理由に桟橋を犯行場所としたというのは矛盾しているように思えるがどうか。

答　私は宇品の桟橋が夜人通りのないところなので、宇品の桟橋でBさんを海に突き落としても人目につかず目撃者もいないと思って、宇品の桟橋でBさんを海に突き落としました。（以下略）

この記録からは、供述内容に矛盾があるのではないかと指摘されたところから、Aさんが自白に転じていることが分かる。また、別の検察官調書では、預金の引き出しがXさんにばれたらどうするつもりだったのかと追及されて、Aさんは謝って許してもらうつもりだったなどと答えたものの、検察官はそれでは納得せず、そこからAさんは迎合的な供述に陥り、さらに答えに窮して自白に転じていた。これらの例からは、矛盾があるのではないかなどと追及されて、説明に行き詰まったところから自白に転じているのがAさんの自白の一つの特徴であることが認められる。

ところで、右の例で検察官が「矛盾しているように思える」といって追及している場面は、よく考えれば矛盾でも何でもない。Aさんが宇品桟橋付近は夜中になれば人通りもなく目撃者もいないだろうと考え、そこを犯行場所として選んだものの、実際にはAさんの予想に反して目撃者がいたとしても何らおかしくはないからである。しかし、A

さんはそうした可能性は考えずに、検察官が言う「矛盾している」という言葉に捕らえられて、その追及から逃れるすべを思いつかないままに、自白に陥ってしまったものと考えられる。また、Aさんとしては謝って許してもらうつもりだったなどと答えたが、検察官はそれに納得しなかったことから、答えに窮して自白に転じたというのもそれに似ている。そうした取調べの状況とAさんの知的能力の問題や被暗示性や迎合性の高さが重なったときに、Aさんは虚偽の自白に陥ったものと考えられるのである。それから、先の場面でAさんが刑事から「目撃者がたくさんいるから逃げられないで」と言われたことについては、実際にはその裏付けはなく、取調べにおける奸計であったと考えられる点にも注意しておく必要があろう。

Aさんの認否の一見複雑な変転については、警察官に対しては、取調べの圧力ならびにその後は予期不安——再び否認に転じたときに取調べで受けることになると予想される圧力に対する恐怖——によって一貫して自白していたこと、検察官に対しては否認できたが、右に述べたようないきさつから検察官に対しても時に自白せざるを得なかったこと、そうした過程として理解できるものと考えられた。

二　グッドジョンソンの被暗示性についての研究

欧米における研究状況

ここまでは、筆者がかかわりをもった一つの事件を通して、自白の信用性にかかわる問題について紹介してきたが、ここからは外国の研究について目を向けていきたい。欧米における虚偽自白に関する著名な研究者としては、グッドジョンソン、オフシェ、カシンなどがいる(例えば、グッドジョンソン一九九四：Gudjonsson 2003：Ofshe & Leo 1997：Kassin, Drizin, Grisso, Gudjonsson, Leo, & Redlich 2010)。それらの研究者の尽力もあって、英国などでは、取調べにおいて虚偽自白を防ぐ手立てのうえで、あるいは虚偽自白の可能性がある自白についてはそれを証拠から排除するという点で、わが国に先んじているように思われる。また、虚偽自白が生まれる要因(被疑者側の要因や取調べ手法の要因)やその心理過程については、事例や理論的な研究を通してかなり詳細な解明がなされてきている。それらの内容にはわが国の事例とも重なると考えられるところが多い。

ところで、虚偽自白の疑いがある事件について、裁判において心理学者がその専門性を発揮できるようになった理由の一つに、グッドジョンソンによる被暗示性尺度(GSS)と迎合性尺度(GCS)の開発がある。知的障害や年齢が虚偽自白の一つのリスクとなることは、従来からある程度認められてはいた。年齢について言えば、若年者は社会的な経験の乏しさから、突然取調べの場面に置かれたときに、その状況の理解力や対処能力が年長者よりも限定されている可能性が高いと言えよう。しかし、同じ年齢の人であっても、その心理特性には当然個人差があり、年齢がそのまま虚偽自白に結びつくものとは言い難い。また、知的障害者や子どもには被暗示性が高い傾向が認められて、被暗示性は虚偽供述に結びつきやすいと考えられている。しかしながら、被暗示性とは何かといった場合に、それは必ずしも明確ではなく、またそれを心理学的に測定する方法もなかった。

そうした状況にあって、一九八〇年代に、従来心理学で被暗示性と言われていた概念を尋問過程における被暗示性と迎合性の二つに分けて捉えたうえで、それぞれの特性を測定する心理学的方法を考え出したのがグッドジョンソンであった。そして、GSSとGCSが実用化されてからは、それらを用いて虚偽自白者の心理特性について数多くの研究が積み重ねられていった。それについては、英国などにおいては、心理学者が実際の被疑者や刑務所に服役中の人に対して、それらの心理検査を実施することが可能であったということも大きく与っている。そしてさらに、こうした研究の成果が実際の裁判でも認められるようになってきて、心理学者が行った被疑者についての調査結果に基づいて、裁判所が虚偽の自白であるリスクを認め、自白を証拠から排除して、無罪を言い渡すということも見られるようになってきている。

被暗示性と迎合性

グッドジョンソン（Gudjonsson 2003）によれば、尋問過程における被暗示性とは、「緊密な社会的相互作用の中で、人が尋問の過程で伝えられ、その後の行動に影響を受けるようなメッセージを受け入れる程度」のことを言う。この定義によれば、被暗示性とは、社会的相互作用の中で生じるものであり、それは尋問の過程において成立するものである。また、そのメッセージには暗示的な性質があり、被尋問者はそれを納得できるもの、信用できるものとして受け入れ、その結果として行動上の反応を示すことである。それに対して、迎合性とは、「何らかの利益を得るために、相手からなされた主張や要請、指示に合わせていこうという傾向」のことを言う。「その人は、自分が相手から影響を受けていることには十分気付いているが、肯定的あるいは迎合的な反応はそうした提案を個人的に受け入れているというわけではない。言い換えると、そうした提案や要請に賛成していない場合でも、人が迎合的に反応するということはありうる。」被暗示性が、与えられた情報や要請を自分の中に受容してしまう側面があるのに対し、迎合性は相手の主張等を自分の中で受容しているとは限らないという点で、両者は理論的に区別される。

グッドジョンソン被暗示性尺度（ＧＳＳ）

グッドジョンソンは、そのような考え方に基づき、尋問過程における被暗示性を測定する方法として、グッドジョンソン被暗示性尺度（ＧＳＳ）を考案している（Gudjonsson 1984）。ＧＳＳで被暗示性を測定する方法は次のようなものである。

①短い物語を読んで聞かせる。
②物語について覚えている限り再生してもらう。
③約五〇分の間をおいて、再度物語についてできる限り再生してもらう。
④物語についての二〇項目の質問に答えてもらう。二〇項目のうち一五項目は、実際には提示された物語の中では言及されていなかった事柄について、言及されていたかのように問う形の間違った誘導（以下、誤導という）の含まれている質問である。例えば、物語中には言及が全く無かったにもかかわらず、「夫は銀行の重役でしたか？」というように問う質問や、同じく言及がなかったにもかかわらず、「飼っていたのは犬でしたか、猫でしたか？」というように問う質問である。
⑤実際の結果にかかわらず先の質問に対する答えにはかなり間違いがあったので、今度は正しく答えるようにと圧力をかけて、再度先と同じ二〇項目の質問に答えてもらう。

以上の手順で検査を実施した結果、次の得点が得られる。

誘導1：右の④で行った物語についての一回目の質問で、誤導に引っかかって、質問に対して「はい」とか「いいえ」、あるいは「犬」とか「猫」というように特定の内容を含む答えを返した数。
誘導2：右の⑤で行った物語についての二回目の質問で、同じく誤導に引っかかって答えを返した数。
変遷：物語についての一回目の質問と二回目の質問で、はい↓いいえ、犬↓猫のように答えを変えた数。
被暗示性（合計点）：誘導1と変遷を合計した値。

グッドジョンソンの言う被暗示性には、間違った誘導的質問によって誘導されてしまうという側面と、否定的なフィードバックを与えられたときに答えを変えてしまうという二つの側面が含まれることが分かる。

なお、グッドジョンソンはGSSについて、物語文ならびに質問内容が異なるバージョンも作成しており(Gudjonsson 1987)、二つのバージョンはGSS1、GSS2と呼ばれている。わが国では、筆者がGSS2を翻案した日本語版のGSS2-jを作成している(村山二〇〇二)。GSS2-jでは、答えが変遷していると判断する基準に二つの基準を設けており、そのため変遷①と変遷②、またそれに対応して被暗示性①と被暗示性②の得点が算出されるようになっている。GSS2-jについては、大学生に対して集団実施した比較データはあるものの、個別に実施したデータの集積がないなど、心理検査としてはまだ確立されたものになっていない。そのため、参考として用いることはできても、実用的に使用するには課題を残している。

グッドジョンソン迎合性尺度(GCS)

グッドジョンソンは迎合性を測定するための尺度であるグッドジョンソン迎合性尺度(GCS)も作成している(Gudjonsson 1989)。GCSは「圧力をかけられると、容易に折れてしまう」「権威ある人の感情を害さないように、大変気をつかう」など、「はい」「いいえ」で答える二〇項目の質問からなる尺度である。GCSについては、圧力に対処することの難しさと、人が喜ぶことや人が期待することを進んでしようとすることの二つの因子が含まれている。得点は二〇項目のうち「はい」と答えた項目(ただし逆転項目については「いいえ」)の数を合計することによって求められる。GCSについても、筆者が日本語版GCS-jを作成している(村山二〇〇二)。GCS-jを用いて大学生を対象にして得られたデータでは、わが国では男性よりも女性のほうが迎合性が高いことが認められている。ただし、GCS-jについても、GCSの原版に認められているような統計的性質の再現ができておらず、また尺度の信頼性も十分に高い

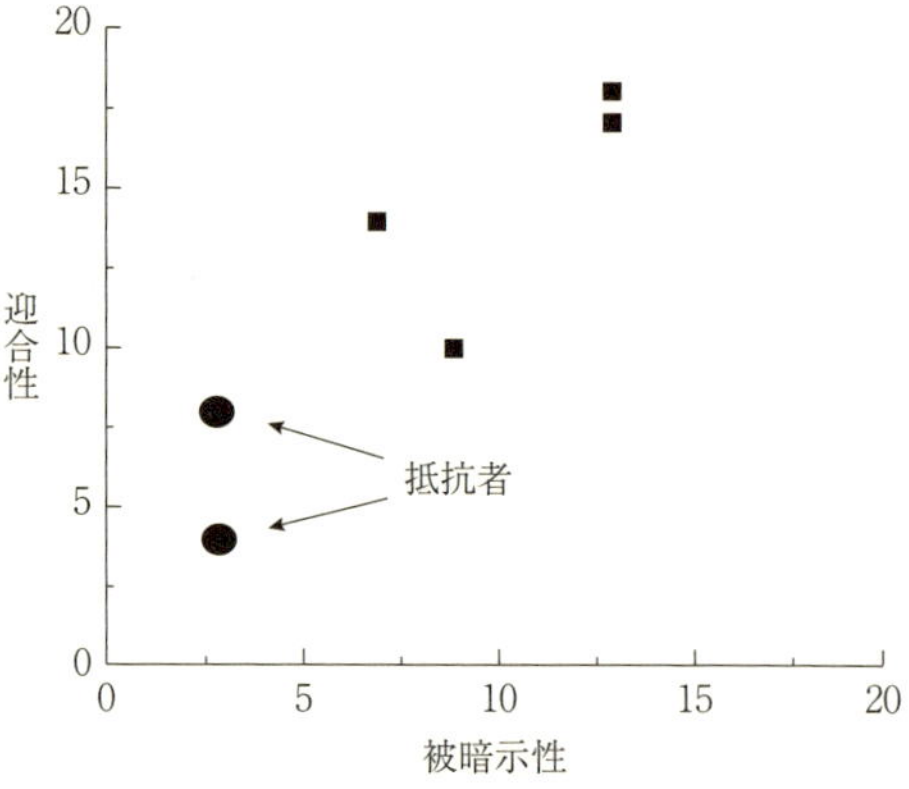

図１　バーミンガム６人組の被暗示性と迎合性の得点分布(グッドジョンソン 1994)

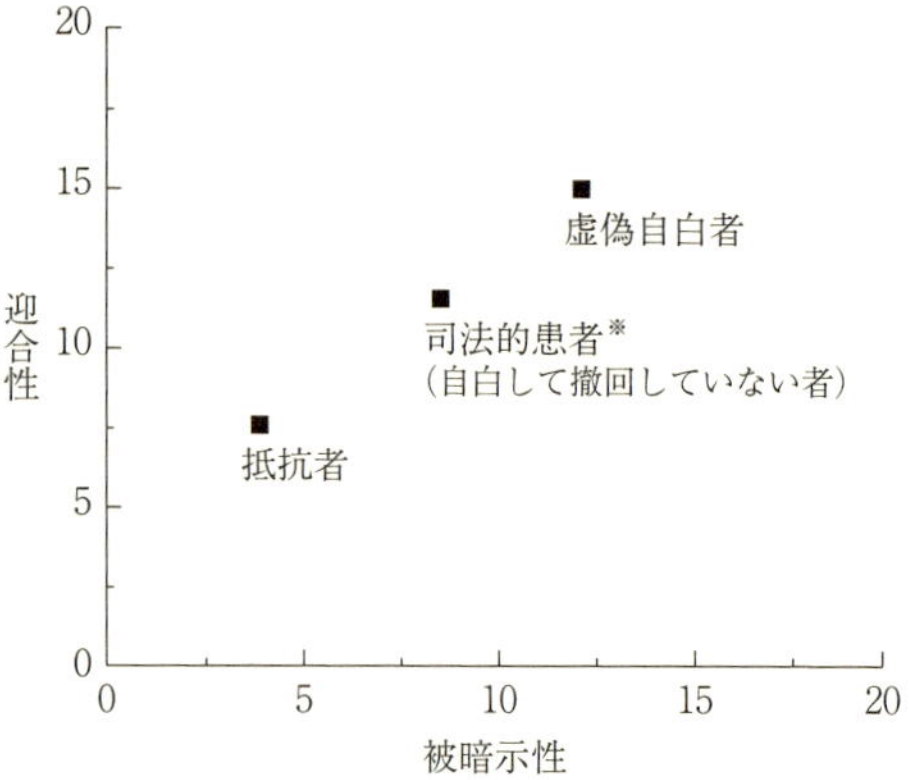

図２　抵抗者・司法的患者・虚偽自白者の被暗示性と迎合性の平均値(Gudjonsson 1991a)
※原語は Forensic Patient，医療的な対処を必要とする被告人や囚人

と言えないなど、尺度としては課題を残している。

ＧＳＳおよびＧＣＳの得点と虚偽自白の関係

ＧＳＳやＧＣＳで測定される被暗示性や迎合性が虚偽自白と関係が深いことを示すデータを紹介しておきたい。

一つは、バーミンガム六人組事件と言われる事件に関するものである(グッドジョンソン一九九四)。この事件は、一九七四年一一月二一日、バーミンガムの二軒のパブがＩＲＡによって爆破されて、二一人が死亡したテロ事件である。この事件では六人が逮捕され、そのうち四人は自白し、二人は自白をしなかったが、一九七五年に六人全員が有罪判決を受けた。しかしその後、逮捕の理由となった六人のうち二人からニトログリセリンが発見されたという鑑定証拠には疑問があること、警察での留置の間に不当な処置がされていたことなどが明らかにされ、曲折はあったものの、一九九一年に有罪判決が破棄されている。グッドジョンソンは、一九八七年にまだ服役中であった六人に対してGSSとGCSを実施した。その結果は**図1**に示した通りである。六人については被暗示性と迎合性の得点に大きな違いがあり、自白しなかった二人は、両基準でもっとも低い得点であった。

また、グッドジョンソン(Gudjonsson 1991a)は、自白をしたが後に撤回している者(虚偽自白者)七六名、警察で自白をして撤回していない者三八名、全く自白していないが他の証拠によって有罪となった者(抵抗者)一五名について、GSSとGCSを実施してその結果を比較している(**図2**)。それによれば、虚偽自白者は抵抗者に比べて、被暗示性、迎合性ともかなり高いことが分かる。なお、被暗示性と知能との間にはマイナス〇・五程度の中等度の相関があることが明らかになっているが、グッドジョンソンは虚偽自白者群と抵抗者群で年齢、性別、知能、記憶能力を統制した場合でも、両群の間には被暗示性や迎合性に大きな差があることを見出している(Gudjonsson 1991b)。これらの結果は、被疑者の被暗示性や迎合性が、虚偽自白のリスクを判断するうえで高い予測因子となることを示している。わが国では被暗示性や迎合性を測定するための信頼性のある尺度がまだできあがっていないが、今後の研究や弁護の実務等においても使用できるように、まずはそれらの尺度の作成が急がれるところである。

三　虚偽自白のリスクとなる心理要因

心理学的脆弱性

グッドジョンソンは、ある状況に置かれた場合に、証人が不正確、あるいは信用性がなく、間違いにつながるような情報を提供することになりやすい心理学的な特性あるいは精神状態を心理学的脆弱性 psychological vulnerability

と呼んでいる(Gudjonsson 2006)。これまでに述べてきた知的障害――英国などでは学習障害learning disabilityと呼ばれているが、わが国で言う学習障害learning disorderとは異なるので注意――や被暗示性、迎合性は心理学的脆弱性にあたると言えるが、他にはどのような特性がそれに関係するであろうか。グッドジョンソンは、心理学的脆弱性を大きく次の四つに分類している(Gudjonsson 2006)。

精神障害：精神病(統合失調症やうつ病)、知的障害、パーソナリティ障害など
異常な精神状態：不安、気分の不安定、恐怖症、死別、酩酊、薬物やアルコールからの離脱など
知的な問題：境界線級の知能など
パーソナリティ：被暗示性、迎合性、黙従など

以下では、グッドジョンソン(Gudjonsson 2006)にしたがって、それぞれの特徴について概観しておきたい。

精神障害

ここには診断基準に当てはまる精神病や知的障害(IQでは69以下)が含まれている。統合失調症などの精神病では、現実検討力が障害されるために、現実と空想の区別ができなくなり、極端な例では、自分が犯していない犯罪を犯していると信じ込む場合がある。また、重度のうつ病では、強い罪悪感から、自分が犯罪に関係していると思い込むようなこともあるとされる。これは、そのように自己懲罰的に振る舞うことによって罪悪感そのものは軽減されることによると考えられる。

知的障害についてはすでに述べてきたが、知的障害がある場合に虚偽の自白のリスクが高まるのは次のような理由

による と考えられる。取調べの際に自らの体験について言葉で適切に説明をすることが難しいこと、それゆえに相手からの疑いを招きやすいこと。体験したことについてその記憶を明瞭に思いだすことが難しいこと。取調べで質問されたことがよく理解できず、そのために適切な答えを返せないこと。自分の答えによって招来されるかもしれない事態について十分に考えられないこと。それから、権威者から反論されたりした場合に容易に萎縮してしまうことなどである。また、知的障害者の場合、取調べ場面において自らが有する法的権利などについてよく理解できず、それを行使しにくいこともリスクを高めることになる。さらに、知的障害がある場合、被暗示性、迎合性、黙従などの傾向も高くなりやすい。ただし、先に挙げた広島港フェリー甲板長事件のAさんのように、軽度の知的障害者のGSSの結果において、誘導1の得点、すなわち誤導質問に引っかかる割合は必ずしも高くないことには留意しておくとよいかもしれない。物語内容の記憶は決して悪くないのである。それに対して変遷の得点は高い、すなわち圧力をかけられたときには容易に答えを変更しやすい。これには、知的障害者の生活スタイル、すなわち実際の生活において自らの意見を貫いて生活することは難しく、周囲から言われることに合わせて生きているということも関係しているかもしれない。

また最近では、ＡＤＨＤ(注意欠如・多動性障害)も虚偽自白のリスクファクターになり得ることが論じられている(Gudjonsson, Sigurdsson, Bragason, Newton, & Einarsson 2008)。

パーソナリティ障害については、作話傾向――記憶のギャップを想像で埋める傾向――が高い場合があり、そうした特性が虚偽自白に結びつくことがある。

異常な精神状態

不安や恐怖症については、それによって取調べあるいは取調室という環境の耐えがたさが増幅され、そこから早く逃れたい気持ちを強めるために、虚偽自白を引き出す可能性がある。ただし、実際に閉所恐怖やパニック発作を訴えることは多くはないとされる。

異常な精神状態として実際に問題となりやすいのは、死別などによる精神的なショックであろう。事件で誰かが死亡したときに、その近親者が犯人として疑われることがある。その場合、被疑者は身近な者を亡くしたショックやその人を助けられなかった罪悪感を抱いているところに、さらに犯人ではないかと疑われることになる。例えば、東住吉事件――一九九五年に、大阪市東住吉区で保険金目当てに放火して娘を殺したとされた事件で、母親と内縁の夫が逮捕され、共に無期懲役が確定して服役していたが、二〇一六年に再審で無罪となった――の青木恵子さんの場合、火事で娘さんを亡くして憔悴し、さらに助けられなかった罪悪感にも苛まれていたところで、警察で取調べを受けている。逮捕当日の朝には青木さんは「娘を失い、死にたい」と思っている状態だった。そこで警察に逮捕され、「向こう(内縁の夫)は認めた」「息子は養子に行く」と告げられて絶望し、「早く娘のところに行きたい」と思い屈したということである(朝日新聞二〇一六)。死別に伴い異常な精神状態にあったところに、さらに息子とも引き離されると言われて絶望が高まったことが、虚偽自白に結びついたものと考えられる。薬物やアルコールによる酩酊あるいはそれからの離脱時には被暗示性を高めることがあるので、取調べに際しては注意が必要とされる。

知的な問題ならびにパーソナリティ

知的な問題については、知的障害で述べたところと重なるので改めて述べないが、ここで重要なことは、知的障害と診断されるレベルにはない場合でも注意が必要であるということである。被暗示性や迎合性といったパーソナリティ特性についてもそのことは言える。高い被暗示性や迎合性を有する人が、知的障害やパーソナリティ障害などの診断基準に常に当てはまるわけではない。グッドジョンソンによれば、英国ではそのように何らかの診断に当てはまらない場合でも、心理学的に顕著な特徴を有することが明らかになれば、裁判などで考慮されるようになってきているという。

四　その他のいくつかの問題

若年者

若年であることが虚偽自白と結びつきやすいことは、知的障害の場合のそれと似ている。それについては繰り返すことはしないが、最近グッドジョンソンらはアイスランドなどで多数の青年を対象に尋問を受けた経験や虚偽自白をした経験について調査をした結果について報告している(Gudjonsson 2010)ので、それについて少し紹介しておきたい。いくつかの調査研究があり、数値は研究によって若干異なるが、その中の一つ(Gudjonsson, Sigurdsson, Sigfusdottir, & Asgeirsdottir 2008)を紹介すれば次の通りである。調査は青年に対する国の調査の一部として行われたもので、一五―二四歳(平均一七・六歳)の一万三六三人のカレッジの学生を対象としていた。尋問を受けた経験があるのは一九・八%で、そのうち虚偽自白をしたと答えたのは八・八%(全体の一・七%)であった。そして、そのうちの三七・七%がそのために間違って有罪の判決を受けていた。また、虚偽自白をした主要な理由は、仲間を守るためと警察の圧力から逃れるためであった。そして、いじめの被害者の場合に虚偽自白が多くなる傾向が認められた。

この報告からは虚偽自白というものが実際に少なくはないことが分かる。その理由として仲間を守るためということが挙げられているのはこの年代の特徴かもしれない。しかし、いじめの被害者であることと虚偽自白に関係が認められていることからすると、それは本当の自発的な意志であるというよりも、その関係からやむを得ずというところも少なくないのではないかと推測される。

強制──自己同化型虚偽自白の場合のリスク要因

虚偽自白は、任意(自発)型、強制–迎合型、強制–自己同化型の三つに分類して考えられることが多いが、ここまで述べてきたのは、主として強制–迎合型の虚偽自白に関するものであった。すなわち、自白者は自分が無実であると知りながら、ある状況に置かれて、他には逃れるすべがないと考えて自白したものであった。それに対して、強制–自己同化型虚偽自白は、一時的であれ、自分が実際にその犯罪に関与したと思い込むという面を有する。この場合も、そこに至るまでには取調べにおいてさまざまな方略を用いての圧力が加えられることには変わりないが、さらに自らの記憶に対する不信を植え付けられて、自らがやったのではないかと思い込むに至る。ここではその方略についてまで立ち入ることはできないが、オフシェは、強制–自己同化型の虚偽自白に陥りやすい人の性格特徴として、権威ある人に対する好意的な信頼ならびに警察を手助けしたいという思い、自己に対する自信の欠如、被暗示性の三つを挙げている(Ofshe 1989)。また、グッドジョンソンは、高度な被暗示性とストーリーの末梢部分の作話傾向という特徴を挙げている(Gudjonsson, Sigurdsson, Sigurdardottir, Steinthorsson, & Sigurdardottir 2014)。強制–自己同化型の虚偽自白が生まれるとすれば、その取調べ状況が何よりも大きく作用していることは言うまでもないが、被疑者のそうした特徴も一つの要因として関係している可能性がある。

偽りの記憶について

偽りの記憶とは、実際には体験していないにもかかわらず、体験したと思い込んでそれを語ることである。近年、欧米で偽りの記憶が注目されたのは、青年期以降になった女性が、セラピーを受ける中で、子ども時代に父親等から性的虐待を受けた体験の記憶を思い出し、父親らを告発するという事例が相継いで、大きな社会問題になったことによる。これは回復された記憶とも言われ、それが本当に体験した記憶の再生なのか偽りの記憶なのかが問題となった。そして、偽りの記憶が作られうるかについて、心理学者を巻き込んで一時期大きな論争になった。今日では、偽りの記憶が作られうることについては、心理学的なコンセンサスがほぼ出来上がっている（越智二〇一四）。グッドジョンソンは、英国において子ども時代の性的虐待の記憶が告発に発展した例について調査しているが、それが実際に裁判になった例は限られており、さらに有罪判決が下されたのは、むしろ回復された記憶が含まれていなかった事例であったとしている（Gudjonsson 1997）。

グッドジョンソンは、強制‐自己同化型の虚偽自白と回復された偽りの記憶との類似性と相違について論じている。両者に共通しているのは、閉ざされた関係の中で、前者は警察の、後者はセラピストの説を受け入れるように、長時間にわたって圧力をかけられ続けることによって、信念や記憶や行動が影響を受け、偽りの言明がなされることにある（Gudjonsson et al. 2014）。その一方で、回復された偽りの記憶はそれが強制されたものとは限らず、記憶を回復したとするクライエントの側にもそれを生み出す動機があるという点では、両者は異なると言える。また、回復された偽りの記憶では、クライエントは高学歴で、知的機能や記憶力も高く、被暗示性は低いという点でも、典型的な強制‐自己同化型の虚偽自白者とは異なっている。

わが国では、欧米のようには回復された記憶の問題が大きな社会問題になることはなかった。しかし、筆者がかかわったある強制わいせつ事件はその疑いがある事件であった（村山二〇一一）。この事件では、被害者の治療を行った医師が、証言法という被害時の記憶を回復するためのセラピーを行っていた。しかし、被害者の供述には変遷が多く、その供述を裏付ける物証もなく、一時期は「レイプは嘘だった」と述べていたことも認められた。それにもかかわらず、裁判では被害者証言をもとに被告人は有罪判決を受けていた。虚偽自白ではないが、こうした証言の信用性についても、最新の心理学的知見を踏まえて、それが虚偽の可能性がないか慎重に判断されるべきだろう。

おわりに

以上、供述の信用性判断と供述者の心理特性の問題についてまとめてきた。最初に述べたように、供述者の心理特性のみから虚偽自白が生まれるわけではなく、それは取調べ状況との相互作用の中から生まれるものである。また、グッドジョンソンも述べているが、供述者は被暗示性が高いといった結果のみから、その供述には信用性がないなどと言うこともナンセンスである。その取調べ状況の中で供述者の心理特性がどのように作用しうるかを明らかにすることによって、そのリスクを評価すべきであろう。また、今後わが国でも取調べの可視化が進むと、取調べ状況が被疑者にどのような作用を及ぼしたかがかなり明らかになる可能性がある。しかしながら、録画録音された取調べ状況の表面的な印象だけで、その供述の信用性を判断することには慎重でなければならない。たとえ被疑者が自発的、具体的、迫真的に供述している場合でも、その供述には信用性がない場合もあり得るからである（村山・那須・芥川・和田森・浜田二〇一五）。録画録音される以前に、虚偽自白の内容の骨子がすでにできあがっており、虚偽自白に陥った被疑者がその犯人を演じるということもあり得ることである。

最初に述べたように、わが国では供述内容をもとにして供述の信用性判断がなされることが多い。これは司法的に言えば、供述の任意性が否定されることは裁判ではなかなかないということでもある。英国では、自白について争いがある事件の場合、供述者の心理特性も含めてそのリスクを評価して、それによってその自白を証拠から排除するということも行われている。わが国でもこうした研究が進み、また法曹と心理学者とが協働して、取調べ状況や供述者の心理特性を評価して、リスクの高い自白の場合にはその任意性を認めないといった判断も下されるようになることを期待したい。

参考文献

朝日新聞（二〇一六）「検察、無罪論告・謝罪なし——再審結審　東住吉火災　無罪へ」『朝日新聞』二〇一六年五月三日大阪本社朝刊

越智啓太（二〇一四）『つくられる偽りの記憶——あなたの思い出は本物か?』化学同人

グッドジョンソン、ギスリー（一九九四）『取調べ・自白・証言の心理学』庭山英雄・渡部保夫・浜田寿美男・村岡啓一・高野隆訳　酒井書店

村山満明（二〇〇二）「Gudjonsson 被暗示性尺度の翻案（GSS2j）の採点手順と統計データならびに Gudjonsson 迎合性尺度の翻案（GCSj）の統計的データ」『県立広島女子大学子ども文化研究センター紀要』七巻

村山満明（二〇〇八）「広島港フェリー甲板長事件心理学鑑定書——被告人の心理学的能力および性格特徴ならびに一連の供述の理解について」『法と心理』七巻一号

村山満明（二〇一一）「強姦致傷被告事件における外傷性記憶に関する意見と被害者供述の分析」『法と心理』一一巻一号

村山満明・那須寛・芥川宏・和田森智・浜田寿美男（二〇一五）「虚偽自白事件の裁判員裁判における法曹と心理学者の協働——自白場面の取調べの録画・録音が証拠となった裁判において」『法と心理』一五巻一号

Gudjonsson, Gisli H. (1984) "A New Scale of Interrogative Suggestibility" *Personality and Individual Differences*, Vol. 5, No. 3.

Gudjonsson, Gisli H. (1987) "A Parallel Form of the Gudjonsson Suggestibility Scale" *British Journal of Clinical Psychology*, Vol. 26, No. 3.

Gudjonsson, Gisli H. (1989) "Compliance in an Interrogative Situation: A New Scale" *Personality and Individual Differences*, Vol. 10, No. 5.

Gudjonsson, Gisli H. (1991a) "The Effects of Intelligence and Memory on Group Differences in Suggestibility and Compliance" *Personality and Individual Differences*, Vol. 12, No. 5.

Gudjonsson, Gisli H. (1991b) "Suggestibility and Compliance among Alleged False Confessors and Resisters in Criminal Trials" *Medicine, Science and the Law*, Vol. 31, No. 2.

Gudjonsson, Gisli H. (1997) "Members of the British False Memory Society: The Legal Consequences of the Accusations for the

Families" *The Journal of Forensic Psychiatry*, Vol. 8, No. 2.

Gudjonsson, Gisli H.(2003) *The Psychology of Interrogations and Confessions: A Handbook*, Wiley.

Gudjonsson, Gisli H.(2006) "The Psychological Vulnerabilities of Witnesses and the Risk of False Accusations and False Confessions" in Heaton-Armstrong, Anthony, Shepherd, Eric, Gudjonsson, Gisli H., & Wolchover, David(eds.) *Witness Testimony: Psychological, Investigative and Evidential Perspectives*, Oxford University Press.

Gudjonsson, Gisli H.(2010) "The Psychology of False Confessions: A Review of the Current Evidence" in Lassiter, G. Daniel, & Meissner, Christian A.(eds.) *Police Interrogations and False Confessions*, American Psychological Association.

Gudjonsson, Gisli H., Sigurdsson, Jon F., Bragason, O. O., Newton, A. K., & Einarsson, E.(2008) "Interrogative Suggestibility, Compliance and False Confessions among Prisoners and Their Relationship with Attention Deficit Hyperactivity Disorder (ADHD) Symptoms" *Psychological Medicine*, Vol. 38, No. 7.

Gudjonsson, Gisli H., Sigurdsson Jon F., Sigfusdottir, Inga D., & Asgeirsdottir, Bryndis B.(2008) "False Confessions and Individual Differences: The Importance of Victimization among Youth" *Personality and Individual Differences*, Vol. 45, No. 8.

Gudjonsson, Gisli H., Sigurdsson, Jon F., Sigurdardottir, Arndis S., Steinthorsson, Haraldur, & Sigurdardottir, Valgerdur M.(2014) "The Role of Memory Distrust in Cases of Internalised False Confession" *Applied Cognitive Psychology*, Vol. 28.

Kassin, Saul M., Drizin, Steven A., Grisso, Thomas, Gudjonsson, Gisli H., Leo, Richard A., & Redlich, Allison D.(2010) "Police-Induced Confessions: Risk Factors and Recommendations" *Law and Human Behavior*, Vol. 34, No. 1.

Ofshe, Richard J.(1989) "Coerced Confessions: The Logic of Seemingly Irrational Action" *Cultic Studies Journal*, Vol. 6, No. 1.

Ofshe, Richard J. & Leo, Richard A.(1997) "The Decision to Confess Falsely: Rational Choice and Irrational Action" *Denver University Law Review*, Vol. 74.

11　コミュニケーション分析——やり取りに現われる体験性／非体験性

大橋靖史

体験供述とは、供述者が自身の体験について尋問者に語る行為を指す。自白の場合であれば、被疑者／被告人が自身の犯行体験について、目撃供述であれば、目撃者が自身の目撃体験について尋問者に語る行為を指す。体験供述をこのように体験や行為の問題として捉える視点は自明なことのように思われる。しかしながら、自白や目撃証言の信用性を判断する際に、この自身が体験した出来事を他者に語ることが供述であるという事実が、軽視もしくは無視されてきた。供述内容の真／偽を問う前に、そもそもその供述が「供述者が自身の体験について尋問者に語る行為」となっているか否かについて吟味する必要がある。本章では、こうした行為の特徴を他者とのコミュニケーションという視点から分析する心理学的な手法について紹介する。

一　入れ子構造をなす二種類のコミュニケーション

体験供述には多くの場合、次の二種類のコミュニケーションが関わっている。一つ目は、取調室や法廷において行われる、供述者と尋問者とのやり取り、すなわち、尋問時のコミュニケーションである。二つ目は、被疑者／被告人や目撃者が犯行時もしくは犯行目撃時における自身と他者やモノとのやり取り、すなわち、体験時のコミュニケーシ

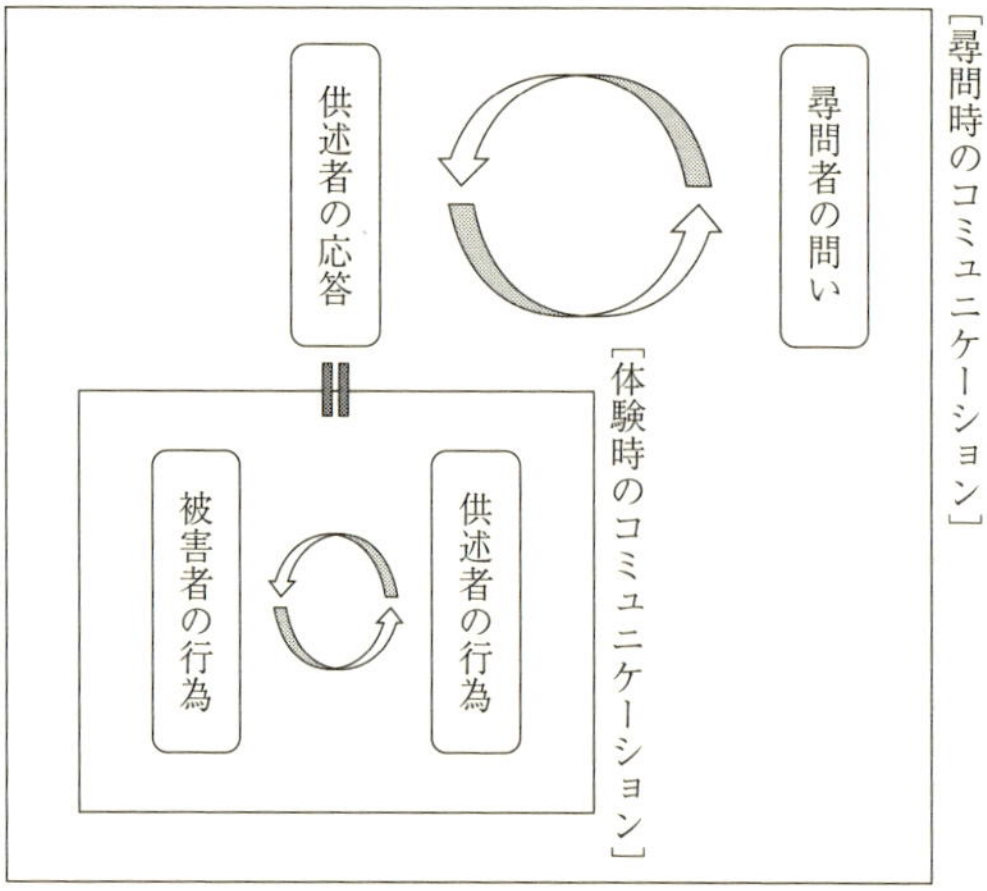

図1 入れ子構造をなす2種類のコミュニケーション

ヨンである。これら二種類のコミュニケーションは図1に示すような入れ子構造をなしている。例えば、殺人事件の取調べでは、尋問者の問いと供述者の応答というやり取りのなかで、供述者は、自身が被害者と接触し殺害するにいたった体験時の行為について、すなわち、その際の自身と被害者とのやり取りについて尋問者に語ることが要請されている。

やり取りが記録された供述調書や公判廷速記録を例に、これら二種類のコミュニケーションについて検討してみよう。

［抜粋1］

問 その他にどうした。

答 お尻の穴に、箸を持つ方のお母ちゃん指を二つ曲るところまで入れた。

［抜粋1］は、一九七九年九月に千葉県野田市で小学一年生の女の子が殺された、いわゆる野田事件の被疑者が警察の取調べにおいて取調官に対し供述した犯行行為を調書に記したものである。「その他にどうした」と女の子に対しどのような行為を行ったか取調官が被疑者に尋ねており、その問いに対し被疑者は自身の犯行行為について語っている。この抜粋における尋問時のコミュニケーションは、問いを行う取調官とその問いに対し答える被疑者とのやり取りである。このコミュニケーションの特徴は、答えを限定しない取調官による「その他にどうした」という開かれた

質問に対し、被疑者が自身の体験について自発的に情報を提供している点にある。一方、体験時のコミュニケーションは、被疑者が被害女児のお尻の穴に指を入れたというやり取りがそれにあたる。

次にもう一つのやり取りを挙げる。

［抜粋2］

尋問者　そのパチンコが終ってからどういう行動に移りましたか。

被告人　それから、駐車場のそばに両替所がありまして、そこで両替いたしまして、それで帰るときですね、両替所の近くでしゃがんでたっていいますか、それで声をかけまして。

［抜粋2］は、一九九〇年五月に当時四歳になる女の子が父親と一緒にパチンコ店に来ていたが行方不明になり、翌日付近の河川敷において遺体となって発見された、いわゆる足利事件の被告人供述である。この場面は、被告人が女の子をパチンコ店の駐車場から連れ出す場面である。両替所の近くにしゃがんでいた被害女児に対し被告人が声をかけるという被害者と被告人のやり取りが記されている。この抜粋における尋問時のコミュニケーションは、尋問者の「終ってからどういう行動に移りましたか」という、［抜粋1］と同様の開かれた質問に対し、被告人が自身の体験について自発的に情報を提供するやり取りが該当する。一方、体験時のコミュニケーションは、「両替所の近くでしゃがんで」いた被害女児に対し被告人が声をかけたというやり取りが、それにあたる。

ここに挙げた二つのやり取りはいずれも、尋問者が開かれた問いを行い、それに対し供述者は自ら情報を付加する応答を行っており、一見したところでは適切な尋問のように見える。しかしながら、次節以降、コミュニケーションの観点からこれらの抜粋に分析と考察を加えていくと、抜粋のやり取りは、供述者の体験を明らかにしていくやり取りになっていない、あるいは、供述者の体験に基づかないやり取りであることが分かる。
次節では、二種類のコミュニケーションのうち、尋問時における尋問者と供述者のやり取りの問題について、コミュニケーション不全という観点から検討する。そして三節では、体験時における供述者と被害者のやり取りの問題について、同じくコミュニケーション不全という観点から、体験供述の問題について検討する。

二　尋問時にみられるコミュニケーション不全

供述においては、供述者が自身の体験について自ら語ることが大切である。そのため、尋問者による供述の誘導には十分注意する必要がある。その点からみると、先ほど挙げた［抜粋1］には一見すると問題がないように見えるが、実は、記されたやり取りは録取者によって供述調書上に記されたやり取りであり、録取者による編集が加えられていた。幸いなことに、野田事件では実際のやり取りがテープ録音されており、裁判所に証拠として提出されたことから、生のやり取りを分析することが可能になった。次に挙げる［抜粋3］が［抜粋1］の実際のやり取りである（なお、抜粋中の□は、録音テープの状態が悪く、聞き取りができなかった箇所を示している）。

［抜粋3］
尋問者　三六、その他にどうしたか。
被疑者　（間）
尋問者　答、うーんと、お尻の穴に、どの指入れたか？
被疑者　は？

尋問者　お尻の穴にどの指入れたんだ？　これじゃねえの？　これ？
被疑者　電気入れたの？
尋問者　電気入れたのはこれだよ。□□□お尻の穴に入れた指、
被疑者　ああこれだよ。
尋問者　これ？
被疑者　はい。
尋問者　箸を持つ方の、これは何、何指って言うの？
被疑者　お母ちゃん指。
尋問者　お母ちゃん指か。箸の持つ方の、お母さん指を、どの辺まで入れたの？
被疑者　（動作で示した？）
尋問者　お母ちゃん指を、□□□、□□□□、□□□□、二つ曲がるところまで、まで入れた。

冒頭の「三六」は問いの番号を示している。これ以前に既に取調べは繰り返し行われており、この取調べはほぼ完成した最終的なものである。尋問者は、あらかじめ問いと答えのメモを作成しており、そのメモにしたがって一問一答形式で取調べを行っていたことがうかがえる。

このやり取りを見ると、はじめは「その他にどうしたか」と尋問者は開かれた問いを行っているが、被疑者がその問いに対し沈黙してしまったため、「お尻の穴に、どの指入れたか」とお尻の穴に指を入れたという情報を尋問者は被疑者に対し与えてしまっている。これに対し、被疑者は「は？」と尋問者による問いを理解していないと思われる応答を行ったため、尋問者は「これじゃねえの」と、おそらくは特定の指を示し、指に関する情報を被疑者に対し提

供している。しかしながら、被疑者が「電気入れたの？」と指の挿入とは異なる話を始めたため、尋問者は「お尻の穴に入れた指」の話題に戻している。これに対し、被疑者は「ああこれだよ」とおそらくある指を示したと思われるが、指の名前については言及していない。そこで、尋問者は「箸を持つ方の、これは何、何指って言うの？」とおそらく具体的に指を示しながら発話を促している。これに対する被疑者の「お母ちゃん指」という発話は、尋問者が示す指に対する反応である。音声テープのためはっきりした動作は分からないが、その後、指を入れる動作ないしはそれに相当する非言語表出を被疑者が行っていると思われるが、それを「二つ曲がるところまで入れた」と言語化したのは尋問者である。

先ほどの［抜粋1］に示した供述調書上の質問―応答では、「お尻の穴に」「箸を持つ方のお母ちゃん指を」「二つ曲がるところまで入れた」という情報はいずれも、応答を行った被疑者自身によって語られたことになっていた。これに対し、実際のやり取りでは、これらの情報は全て尋問者から与えられていた。更に、録音テープ反訳の質問―応答では、お尻の穴に指を入れたことと直接関係しない、「電気」を入れた穴について被疑者が言及しているが、［抜粋1］に示した供述調書ではこの部分は省かれている。

このように見ていくと、［抜粋1］に含まれていた情報は実際には全て尋問者の側から提供されており、情報の出所は尋問者の問いにあったことが分かる。また、尋問時に生じたやり取りの混乱は、［抜粋1］では省かれていた。

犯行体験を語れない

野田事件の被疑者は、知能指数が30～40台であり、中程度の知的障害を抱えていた。知的能力から考え、実際に自身が体験した出来事についてはある程度語ることができるが、体験していない出来事を想像して語ることは不得意であると考えられる。

先ほどの［抜粋3］におけるやり取りに示されているように、尋問者は犯行行為について尋ねているが、被疑者は答えられなかったり、問われていることとは異なる話を行ったりと、自身の犯行行為の想起へと向かっていかないコミュニケーションとなっていることが見てとれた。すなわち、本章冒頭に挙げた「体験供述とは、供述者が自身の体験について尋問者に語る行為を指す」という意味において、このやり取りは、「体験供述」となっていない可能性が示唆された。そこで、証拠として採用された全ての録音テープを分析対象として、取調室における被疑者と尋問者とのコミュニケーションの特徴を明らかにすることにした。具体的には、録音テープを反訳した全データを、質問と応答の形式により分類し、更に「犯行に直接関連する場面」と「犯行に直接関連しない場面」に分けたりしながら、尋問時におけるやり取りの特徴について詳細な分析を行った。

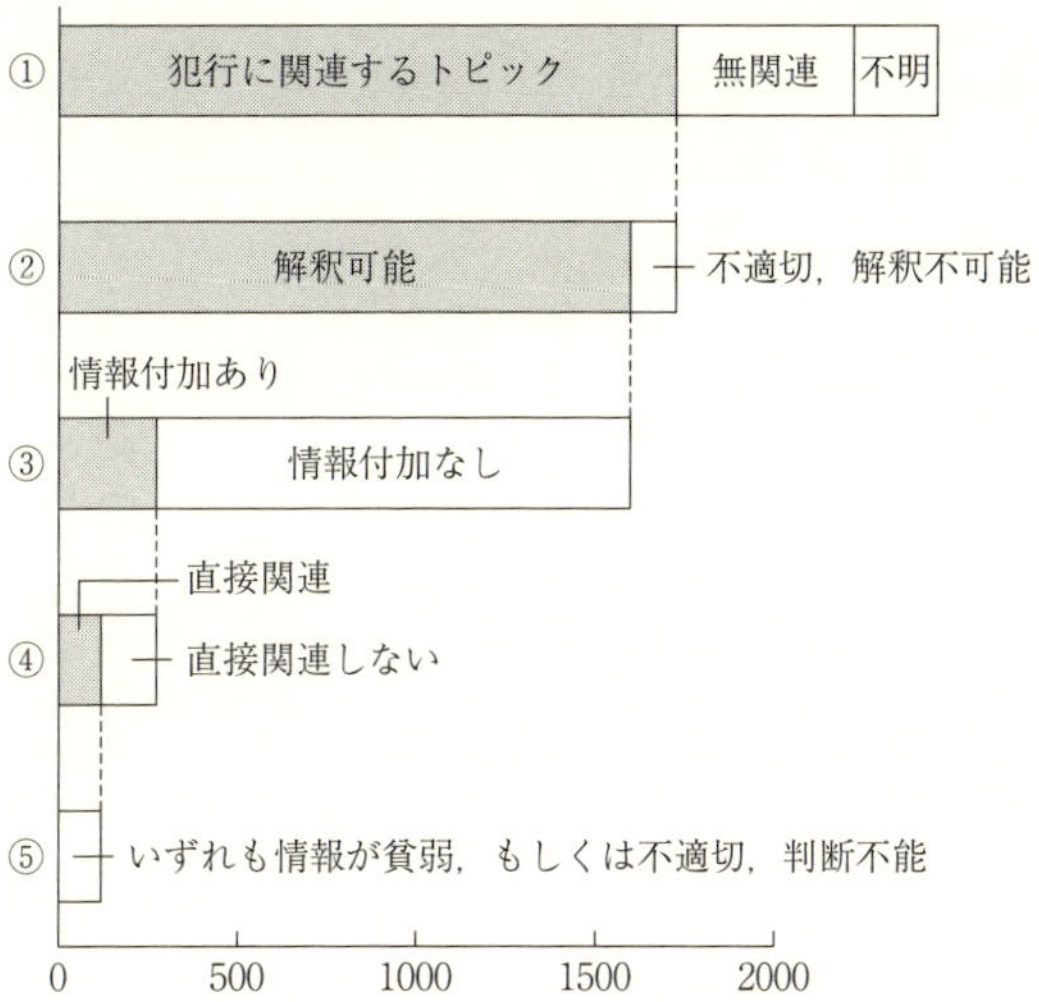

図2　供述者による適切な情報付加の有無

その結果、**図2**に示すように、自身の犯行行為の体験について尋問者に語っているやり取りを段階的に絞り込んでいった。まず、①録音テープ反訳データをトピックに分けたところ、全トピック数は二、六二八カ所であり、犯行に関連するトピックが一、八九二カ所（七二・〇％）、事件に関連しない無関連トピックが四九八カ所（一八・九％）、事件に関連するか否かが不明なトピックが二三八カ所（九・一％）あった。犯行に関連するトピックに含まれる体験が問題となることから、次に②において、それらを、被疑者が質問に対し何らかの応答を行い、その応答内容が解釈可能なもの一、七六四カ所（九三・二％）と質問に対する応答としては不適切もしくはテープの劣化により聞き取ることが困難であり解釈不可能なもの一二八カ所（六・八％）に分類した。このうち、解釈可能のものを、③では、被疑者による「情報付加あり」／「情報付加なし」という尋問構造により分類した。被疑者自身が情報を付加していることが体験供述では必要となるが、そうした「情報付加あり」構造が成立しているやり取りが二七八カ所（一五・八％）、一方、「情報付加なし」構造のやり取りは一、四八六カ所（八四・二％）であった。さらに、④において、「情報付加あり」構造を有しているやり取り二七八カ所を、「犯行に直接関連する場面」（一三一カ所）と「犯行に直接関連しない場面」（一四七カ所）とに分けた。このうち、前者の「犯行に直接関連する場面」が体験供述となっているか否かが問題となる。そこで、⑤では、それらを、「開かれた質問構造の成立」九五カ所、「閉じた質問に対する情報付加」三五カ所、「その他」一カ所という三つの下位カテゴリーに分類し、一三一カ所一つ一つのやり取りについて、被疑者によって自発的な情報付加がなされているか否かを詳細に検討した。そうしたところ、これら一三一カ所におけるやり取りは全て、犯行について付加された情報が貧弱もしくは不適切である、あるいは、付加された情報が適切か否かを判断することができないやり取りであった。

以上の分析から、分析対象とした録音テープにおいては、「犯行に直接関連する場面」に関する被疑者と尋問者とのやり取りには「適切である」と積極的に判断することができるやり取りは一カ所も見出されなかった。［抜粋3］に例示したように、テープ録音された実際の被疑者と尋問者のやり取りにおいては、尋問者は被疑者から犯行に関する自身の体験情報を得ることができていなかったのである。また、図2の③に示された一見したところ情報が付加されたように見えるやり取りであっても、それら個々の犯行に直接関連するやり取りを詳細に検討してみると、被疑者は実際には情報を付加していなかったことが明らかとなった。

こうした尋問時のコミュニケーションの分析から、尋問の場が、供述者が自身の体験について語る場となっていたか否かが明らかにされた。野田事件の取調べでは、犯行体験について被疑者自らが語ることを要請される場面において、被疑者の応答が自身の体験を語る方向へと向かっていなかった。したがって、これを犯行「体験供述」と呼ぶことは適切ではないと言えよう。

犯行体験を語らない

野田事件の録音テープ反訳データの分析では、供述者が犯行に関わる自身の体験について「語れていない」ことが明らかになったが、尋問時のコミュニケーションに関する分析では、意図的に「語らない」ことを明らかにすることもできる。次に挙げる〔抜粋4〕は、暴力団の抗争事件に関連して組長が配下の組員に、対立する組関係者の殺害を依頼したか否かが争われた、いわゆるキャッツアイ事件における、組員の公判廷における証言である（大橋・森・高木・松島、二〇〇二）。

〔抜粋4〕
尋問者　名前覚えてないですか。
証　人　ちょっと覚えてないですね。
尋問者　「イエロー・キャップ」S東店。
証　人　ああ、そういう名前やったかも知れません。

ここでは、あるファミリーレストランにおいて、被告人（組長）が配下の者である証人（組員）に対し犯行の直接指示を行ったとされる場面に関する尋問の一部である。ここで証人は、尋問者の「〔ファミリーレストランの〕名前覚えてないですか」という問いに、「ちょっと覚えてないですね」と記憶のなさを示す応答を行っていた。これに対し、尋問者は、過去に作成した供述調書に基づく問い、すなわち、「「イエロー・キャップ」S東店」という閉じられた問いを行っていた。すると、証人はその問いに対し、「ああ、そういう名前やったかも知れません」と答えていた。このコミュニケーションでは、証人は「「イエロー・キャップ」S東店」という店名に関する情報を自分自身で提供することなく、やり取りの中で店名について曖昧な肯定を行っていた。証人は自ら情報を出すことなく、むしろ、尋問者から情報を引き出すことによってこのやり取りを進展させていた。こうしたやり取りが繰り返されれば、証人は自身の体験について語ることなく、尋問者がどのような情報を持っているか探りながらコミュニケーションを行っていくこととなる。そう考えると、ここでも尋問時のコミュニケーションは、供述者が自らの体験を語る方向へと向かわないことになり、「体験供述」と呼ぶことが適切ではないことになる。

以上、尋問時における供述者と尋問者のコミュニケーション特徴の分析について手短かに紹介してきた。こうした分析を通し、供述者が自身の体験について語らないといった、尋問時におけるコミュニケーション不全の有無を明らかにすることが可能になる。

三　体験時にみられるコミュニケーション不全

前節において検討した尋問時のコミュニケーションという観点から見れば、一節に挙げた［抜粋2］は被告人が自身の体験について語っており、特に問題は見られないはずである。それでは、［抜粋2］のやり取りにはどのような問題が潜んでいるのだろうか。

足利事件では、S氏が逮捕・起訴され、DNA鑑定と自白が決め手となり、実刑が確定し、千葉刑務所において服役していた。しかしながら、S氏は、獄中からも無実を訴え、再度DNA鑑定を実施したところ、被害者の衣服に残されていた精液のDNA型とS氏のDNA型が異なることが明らかとなったため、再審無罪となった。ここでは、S氏の無実を検察側も認め、二〇〇九年六月四日に逮捕から一七年ぶりに刑務所から釈放された翌週、テレビ朝日の『サンデープロジェクト』にS氏が出演し、被害者であるマミちゃんをパチンコ店駐車場脇の両替所辺りから連れだし、殺害するに至った場面について語っている発話を書き起こした。

［抜粋5］

「両替を済ませてから、マミちゃんが下にいるっていうことを、しゃがんでいたんです、両替所の前に。マミちゃんのあの、座っている姿を見まして、それで、マミちゃんに声をかけまして、それから、あの自転車に乗るかいと、誘って、それから、マミちゃんを後ろに乗せて、んで、あの両替所からあの自転車で土手の方面へ誘っていったんですよ、マミちゃんを乗せて、それで、土手の方へ行きまして、そして、土手へ乗せたら、あぁ土手までおいて、土手まで行きました。そして、土手から自転車で下っていったんですよ、下ってからそれから野球場の後ろですね、あのネットがあるんですけれども、そこを通りまして、ずーっと行きまして、それで河川敷ですか、河川敷まで行きまして、で、自転車を河川敷の上に置きまして、それで、マミちゃんを下ろして、それであのーなんというんですか、それから、マミちゃんのあ、首ですか締め……」

ここまでS氏が語ったところで、司会の田原総一朗氏は、S氏が自白のようなことを目の前で語り出したことに驚き、止めに入った。パッと見たところでは、［抜粋2］と同様、ここでもS氏は自白をしているかのように見える。どうしてこの語りが「体験供述」ではないと言えるのか。

この問題を考えるために、同じ番組内でS氏が田原氏から「どうして自白しちゃうんですか」と問われ、その問いに答えている箇所を引用する。

［抜粋6］

「やはりですね。朝、警察へ連れて行かれまして、着きました。それで、お前は子どもを殺したなと言うんですよ、しつこく。私はやってませんと何度も言ったんですよ。ところが、まったく聞き入れてくれませんでした。（中略）おまえはやったんだ、殺したんだ、何度もしつこく言うんですよ。それでも私はやっていない、いや、お前はやったんだよ、早くしゃべって」

この場面は、S氏が任意同行で警察に連れて行かれ取調べを受け始めた場面である。こうした取調べが実際にあったことは明らかであり、その意味では、これは実際にS氏が体験した出来事についての供述と言える。

そして、［抜粋5］と［抜粋6］を繰り返し読まれると、その共通点と相違点に気づかれることと思われる。両抜粋の共通点としては、S氏は時系列に沿って出来事を語るという特徴が見られた。また、そのときの心情や行為の理由に関する語りはあまりなく、大半が行為に関する語りであるという特徴がある。こうした特徴はテレビ番組における発言に限らず、公判廷における尋問においても同様の語り方の特徴が見られた。一方、相違点としては以下の特徴を見出すことができる。［抜粋5］では「マミちゃん」という名前は出てくるものの被害者であるマミちゃんの行為についてほとんど語られず、S氏自身の行為のみが時系列的に語られていた。それに対し、［抜粋6］では警察官の行為とS氏の行為のやり取りとして出来事が語られていた。公判廷供述においても同様の特徴が見られた。私たちは、原審の控訴審段階で既に、S氏のこうした供述特徴に気づき、その後に出版した本の中でその特徴を次のように述べている（大橋・森・高木・松島、二〇〇二）。

「体験記憶供述においては、S氏は、他の動作主に言及しながら行為連鎖的に過去を語っていたのに対し、犯行行為供述では、ひとりS氏のみが行為する形で語られていた。つまりS氏による体験記憶供述と犯行行為供述は、その語りの基本的な構造化の方法は一貫していながら、犯行行為供述における他の動作主の不在という点においては異なっていたのである。」(なお、ここで言う「動作主」とは、人/モノにかかわらず行為の主体に該当するものを指す。)

すなわち、S氏の犯行行為供述においては、能動的な行為主体としての「マミちゃんの不在」が認められ、この特徴から、犯行行為供述が実際の体験に基づかない供述であることが示唆されると、私たちは考えた。これは、本章冒頭に示した図1における体験時のコミュニケーションが不全であったことを意味する。解釈的に言えば、S氏は、供述者である自身の行為はある程度創作することができたが、被害者であるマミちゃんの行為を想像・創作し、供述者と被害者のやり取りとして語ることはできなかったのである。

犯行体験供述における他者との相互行為の欠落

S氏の語りの特徴について分析する際には、体験時のコミュニケーションに主に目をむけてきた。しかしながら、供述の体験性/非体験性について考える際には、前節で扱った尋問時のコミュニケーションの問題も併せて考えていくことが大切である。次に挙げるやり取りは、一九七九年一〇月、鹿児島県大崎町で、行方不明となっていた一人の中年男性(X)が自宅併設の牛小屋堆肥置き場から遺体となって発見された、いわゆる大崎事件の公判廷における被告人供述である。なお、この事件は殺人と死体遺棄事件とされるが、殺人については被害者の長兄(Z)・次兄(K)・長兄の妻(A)が、死体遺棄については三名に加え次兄の息子(Y)が加わった四名が犯行を行ったとされた。Z、K、Yは既に亡くなってしまったが、長兄の妻Aは無実を訴え続け、再審請求を行っている。

[抜粋7]は、真夜中に長兄Zが次兄Kと落ち合い、Xを一緒に殺しに行く場面である。

［抜粋7］

尋問者　うちを出る前にK、あるいはAをまじえてでもいいですが、今からどうしようという話合いはしたんですか。Xさんの所に何しに行くつもりだったの。

長兄Z　……。

尋問者　最初から殺しに行くつもりだったの。

長兄Z　それがKがあにょあにょと呼んだから何事かと言って、ただKがXを殺しけいこやと言ったからそれならよかついでやだと、私も焼酎を飲んで意気が強かったものだから。

尋問者　どんなふうにして殺すかという話合いなんかはしたんですか。

長兄Z　いいや。

尋問者　ただ、Kが来て行こうと言ったから、それならよかついでやということであなたはついていったわけ？

長兄Z　はい。

尋問者　あなたとしてはどんなふうにして殺そうと思っていたの。

長兄Z　……。

尋問者　別に語り合いも何もしていないの。

長兄Z　いいえ。そんなことは全然していません。

この場面は、殺人を共謀する場面であり、ZとKの間でXを殺しに行く理由や殺害方法について相談することが必要不可欠であった。しかしながら、それにもかかわらず、公判廷において、Zは、「Xさんの所に何しに行くつもりだったの」「あなたとしてはどんなふうにして殺そうと思っていたの」といった尋問者の問いに沈黙していた。自身の犯行を認めている者であれば、尋問者からの要請にしたがい、これらの問いに答えなければならないが、Zはそれができていない。すなわち、尋問時のコミュニケーションに不全が見られた。

更に、［抜粋7］と同じ場面について、供述調書によれば、取調べ時では次のように供述していた。

［抜粋8］

「私がズボンを着終った頃、外から「兄《あに》よ兄よ」と呼びましたので、何《な》んごっじゃろかいと思って炊事場の出入口から外に出ましたら、水道のあるそばにKが、作業服に雨靴を履いて立っておりました。私がKに「わやないごて来たとよ」と聞いたら、Kは「Xをうっ殺しけ来た」と言いますので「それよかついでだが」と言いました。私がKに「よかついでだが」と言ったのは、Aと二人でXをうっ殺しに行こうと支度《したく》をしている時Kも「Xをうっ殺しけ来た」と言って来たのでそう思いました。」

ここにおいても、次兄Kによる「Xをうっ殺しけ来た」という言葉に対して、長兄Zは「よかついでだが」とのみ答えたことになっている。体験時のコミュニケーションとしては、唐突であり、供述者（Z）と共犯者（K）のコミュニケーションとしては不全なやり取りと言えよう。他者とのやり取りに関して十分語ることができないため、奇妙な符合や言語的なやり取りをせずとも相手の考えていることが分かってしまう、まるでテレパシーのような供述が調書に記されることになる。

このように、尋問時のコミュニケーションと体験時のコミュニケーションの問題は、相互に関連し合いながら、その特徴を明らかにすることができる。そして、その特徴から、尋問時や体験時のコミュニケーションに不全が見られる場合には、体験供述と見なすことが難しい、あるいは、体験供述としての品質が劣っていると評価することができる。特に、体験時のコミュニケーションに明確なコミュニケーション不全が見出される場合には、そうした不全は、自身の体験に基づかない供述であることを示唆する特徴を有していること、すなわち、非体験性徴候と見なすことができる。

四　コミュニケーション分析とスキーマ・アプローチ

本章では、コミュニケーションと体験性／非体験性というキーワードを用い、特徴的なやり取りの具体的な分析について述べてきたが、最後にこうしたコミュニケーション分析の今後の可能性と学問的な背景について述べておくこととする。

コミュニケーション分析の可能性

自白や目撃供述といった供述者の体験供述を分析する技法として、コミュニケーション分析には以下に挙げる三つの可能性が考えられる。

まず、近年の司法制度改革の中で、取調べ場面の録画といった可視化が今後進んでいくことが考えられるが、そうした録音・録画データを分析する手法としてコミュニケーション分析は有効である。これまでは、繰り返し取調べが行われ、それらが録取者によって編集された供述調書という形で記録されていたため、供述における供述者と尋問者のコミュニケーションや供述者の語りの中に現われる犯行時あるいは目撃時の自身と他者とのコミュニケーションの特徴が見出しにくいケースが多かったが、録音・録画データが分析可能になれば、本章において示したような分析が可能になるケースが増えていくことが期待できる。特に、これまでの裁判においては供述の信用性を判断する場合に、語られた内容やストーリーの真偽に目が向けられることが多かったが、生のやり取りが分析可能になることで、語られた内容だけでなく、語りややり取りの形式に目を向けることが可能になる。そして、やり取りの形式を分析することにより、体験性／非体験性の問題に焦点を当てることができるようになる。

そして、二点目としては、こうした体験性／非体験性という観点から供述特徴を明らかにすることで、これまで供述の信用性判断において中心的な判断基準であった、供述内容の真／偽という二分法から脱却できることが期待される。冤罪が疑われる事件においては、供述されたストーリーをどのように解釈するか、その解釈の仕方で、真とも偽とも判断することが可能なケースがしばしば見られた。例えば、供述内容に変遷がみられた場合、それを大きな変遷と見なすか、それとも、些細な変遷と見なすかによって、真偽判断は真っ向から対立することがある。それに対し、コミュニケーション分析は、語られた供述内容の真偽ではなく、体験供述としての品質を明らかにし、証拠として用いることが適切か否かを判断する、いわば「供述の品質鑑定」とでも言うべきものである。したがって、コミュニケーション分析は、あくまで供述の質保証を行う心理学の専門家による鑑定であり、供述内容の真偽は、品質が保証された供述証拠をもとに、司法の場において判断されるべきものであると考える。

最後に、本章に挙げた抜粋を見て分かるように、供述の特徴は個々の供述者によって異なっている。そうした意味では分析方法を一般化したりマニュアル化したりすることが困難である。そのため、科学的な分析手法と言えないのではないかという意見が出ることが考えられる。しかしながら、そもそも供述というものはそうした個別性をもつものである。コミュニケーション分析では一つ一つの供述を丹念に分析していくことにより、その供述者が尋問者との間で行うコミュニケーションの中に繰り返し現われてくる供述特徴を明らかにする。また、本章では十分触れることができなかったが、犯行場面や目撃場面のやり取りだけでなく、実際に体験したことが明らかな場面において繰り返し現われるやり取りの特徴についても分析し、両者のやり取りの特徴を比較検討することで、体験性や非体験性の徴候を見出すやり方を採っている。このことにより、一事例の中から、その供述者に繰り返し現われる特徴的なコミュニケーションのあり方、すなわち、個性的なコミュニケーションの特徴の中に、体験性／非体験性徴候を見出すことが可能になる。

スキーマ・アプローチ

ここまで、実際の分析例をもとにコミュニケーション分析について紹介してきた。分析例を読むと、分析手法は、試行錯誤による方法もしくは直感的な方法に見えたかもしれないが、学問的な裏付けがある分析手法である。そこで、最後にコミュニケーション分析の学問的背景について触れることとする。

本章において紹介してきたコミュニケーション分析のアプローチ方法を、私たちは、心理学の観点から「スキーマ・アプローチ」と名づけた(大橋・森・高木・松島、二〇〇二)。スキーマという概念は、『想起の心理学』で著名なF・C・バートレットが提唱した考え方に基づいている。スキーマは、情報処理的な考え方に基づく認知心理学では、頭の中にある知識の枠組みとして捉えられているが、本来バートレットが提唱した想起におけるスキーマという概念は、内的な認知過程よりも、むしろ社会的なやり取りの中に現われる動的な想起の体制化を意味していたのではないかと、私たちは考えた(なお、バートレットの想起論を再評価し、想起行為の他者との対話性といった社会構成的な側面に焦点を当てたのは、イギリスのディスコース心理学者であるミドルトンとエドワーズ(Middleton & Edwards, 1990)である)。

スキーマ・アプローチを支えているもう一つの考え方は、生態学的心理学を提唱した心理学者のJ・J・ギブソンによる知覚の捉え方である(Gibson, 1979)。彼は、知覚という現象を、有機体が行為を行うために有効な情報を環境からピックアップし、ピックアップした情報をもとに環境に働きかける現象と捉え、他者やモノを含めた環境との出会いが知覚を生みだすと考えた。この考えに従えば、想起される体験とは、体験時における他者やモノとの接触、冒頭の図1で言えば、自身と他者（被害者）とのやり取りであり、その軌跡が取調べや公判廷の場において想起されることになる。

そして、そうしたやり取りの特徴を分析する技法としては、先ほど挙げたディスコース心理学が用いる、会話分析やディスコース分析の技法が参考になった。

そう考えるならば、体験供述のコミュニケーション分析とは、供述者が特定の相互行為的な文脈の中に定位しながら、自身の体験を説明する際に生じてくる動的な個別性（その人らしさ）とその持続的な特徴に着目するアプローチ方法と言うことができる。本章ではさまざまな供述者の供述について検討してきたが、それぞれの供述者はその人独特の語り方がある。そして、その人の供述の特徴を他者とのやり取りの中で明らかにしていくことにより、自身の体験に基づく想起である可能性が高いのか、それとも体験に基づかない想起である可能性が高いのかを明らかにしていくのである。

引用文献

Gibson, J. J.（1979）. *The ecological approach to visual perception*. Boston: Houghton Mifflin Company.
Middleton, D. & Edwards, D.（Eds.）（1990）. *Collective remembering*. London: Sage.
大橋靖史・森直久・高木光太郎・松島恵介（二〇〇二）『心理学者、裁判と出会う——供述心理学のフィールド』北大路書房

12 供述の危険性をどのように伝えるか
——裁判員裁判における専門家証人——

厳島行雄

序

刑事事件の解決に目撃者が大きな役割を担うということがある。目撃者が犯人を見ていて、後にその人物が警察に求められて写真帳からある人物を犯人として識別する。目撃者の犯人に関する特徴の供述や識別が正しければ何も問題は起こらない。犯人は逮捕され、裁判にかけられ、事件は解決するであろう。しかしながら過去の多くの事件で、目撃者の供述や識別が誤ったために、少なからぬ冤罪が発生してきたことも事実である（渡部、一九九二）。それは無実の人間の自由や命を奪い、真犯人は街を歩き次なる犯罪を行うという、二重の悲劇を生み出す（Loftus & Ketcham, 1992）。私たちは誰でもそのような社会に住みたいとは思わないだろう。

では目撃者の供述や識別はなぜ誤るのか。この問題を解明しない限り、目撃者の供述や識別による冤罪発生は抑止できない。そこでまず、本章では、①、目撃者の誤りによる誤判がどの程度あり得るのかに関する研究を紹介する。次に、②、目撃者の供述や識別が誤る原因を解明してきた目撃供述の心理学について主に解説し、③、現実の事件における目撃供述・識別の誤りについて、厳島が鑑定した事件について紹介し、専門家証言の必要性について考える。

最後に、④、目撃供述・識別によって裁判が誤らないような方法について考察する。

一　目撃供述・識別による誤判

どのような制度であれ、それが人間の手によるものであれば、完全ということはない。司法制度も例外ではない。裁判はそのような司法制度のもとで行われる、いわば〝犯罪証明の場〟である。このような裁判で一体どれほどの誤りがあるのかを正確に知ることはほとんど不可能に近い。それは諸外国でも同様である。ただそのような中でも、過去の誤判を収集してその原因を探るという研究がなされてきた。たとえば、米国ではラトナー(Rattner, 1988)が、一九〇〇年代前半を中心に誤判事例を収集して、その原因を示している。Rattner(1988)はその研究で三〇〇を超える事例を収集したが、資料の散逸などで分析ができない事例を除き、最終的に二〇五件を分析対象とした。**表1**に使用された資料の出所を示した。

表1　分析対象としたケースの出所

ソース	頻度	%
Radin	60	29.3
Borchard	54	26.3
Frank	29	14.1
Gardner	13	6.3
Block	1	0.5
Loftus	2	1.0
Ehrman	5	2.4
Newspaper and Law Reports	41	20.0
	N＝205	100.0

収集された資料では犯罪の種類、収監された年数なども分析対象になっているが、ここではなぜ誤判が起きたのかに関心があるので、その原因の分析結果を示す(**表2**)。表2で明らかなのは、分析された二〇五件の事件で誤りの主要な原因が目撃者による識別の誤りにあるという事実である。二〇五件中一〇〇件(四八・四%)で目撃者の識別が誤ったために裁判が誤ったのである。二番目に多い証人の偽証が二一件(一〇・二%)であるから、目撃者の誤りが裁判の誤る主要な原因であることがわかる。

表 2　誤った告発に寄与した誤りのタイプ

誤りのタイプ	頻度	%（相対）	%（修正※）
目撃者の誤識別	100	48.4	52.3
証人の偽証	21	10.2	11.0
刑事裁判当局者による怠慢	19	9.3	9.9
純粋な誤り	16	7.8	8.4
強制された自白	16	7.8	8.4
でっちあげ	8	3.9	4.2
刑事裁判当局者による偽証	5	2.4	2.6
過去の犯罪歴による警察官識別	3	1.5	1.6
裁判科学による誤り	3	1.5	1.6
他の誤り（データ欠落）	14	6.8	----
	N＝205	100.0	100.0

※修正データとは他の誤り 14 件を引いた 191 件を分母とした場合の % のことである．

以上のデータは比較的古い出所からのものであった。このような誤判が発生することに対する反省から、司法制度は何らかの改革を行い、その後はこのような誤判が減少したというようなことが起こっているのであろうか。残念ながら、そのような傾向は認められないというのが結論である。その事実をイノセンス・プロジェクトのデータから見ていくことにしよう。イノセンス・プロジェクトとは米国の全国規模の非営利の訴訟組織で、冤罪を主張する服役囚のDNA分析によって、冤罪証明の活動を行っている。正式には一九九二年に設立された。この組織はインターネット上でその活動を報告しており、現在までにDNA分析によって雪冤された囚人の数、誤判原因、ケースなどが紹介されている（http://www.innocenceproject.org）。

このイノセンス・プロジェクトによって釈放された無実の人物の数は二〇一七年二月一五日の時点で三四九人に上る。そして一四九人の真犯人が新たに逮捕されている。もしこのようなプロジェクトがなかったら、無実でありながら多くの人が獄に繋がれ、自由を奪われ、真犯人は街を闊歩して新たなる犯罪を企てたかもしれない。そういう意味で、誤った裁判は二重の悲劇を生み出す。このような悲劇を誰が望むであろうか。誤った裁判は避けなくてはならないのである。イノセンス・プロジェクトが明らかにした最大の誤判原因は、やはり、目撃者の識別だったのである。目撃者の識別の誤りが全体の七〇％以上に及んでいるのである。

では、以上のような誤判の事実から、実際にどれほどの誤りがあると推定されるのであろうか。残念ながらその真の値を知ることは極めて困難である。その理由は、たとえ冤罪が主張されたとしても、証拠のDNAを検出する材料が存在しなければ、無実を証明することができないからである。Gross, Jacoby, Matheson, Montgomery, & Patel (2005)によれば、DNAの鑑定によって釈放された冤罪者の四分の三が性的暴行事件であった。グロス(Gross)らは、米国で収監されている犯罪者のうち、性犯罪者の割合はほぼ一〇％程度と推定し、さらにそれらのうちの三分の一が被害者にとって未知の人物による犯罪だと仮定すると、推定される検出されない誤りは数千件に及ぶのではないかと結論づけている。それらの事件に目撃者の識別が関与しているとすれば、目撃者の識別による誤りの数も相当数に及ぶはずである。

以上の推定はもちろん、どの程度正確であるのか知るよしもない。ただ、誤った識別に寄与する要因を明らかにする試みで、ロンドン市での現実の事件での六四〇回の識別を扱った研究(Valentine, Pickering, & Darling, 2003)では、特徴的に誤りと結びつく要因を特定できなかったものの、誤った識別の割合がほぼ二〇％程度であると推定した。

では、日本における誤判研究はどうなっているのであろうか。残念ながら本邦における誤判研究は個別事例の分析のレベルに留まっているのが現状である。誤判事例の分析では日弁連人権擁護委員会編集の「誤判原因の実証的研究」において一四件の事例分析が報告されているだけである。また渡部(一九九二)は、「無罪の発見：証拠の分析と判断基準」において、誤判原因の分析で個別事件にあたりながら、比較的詳細な判断基準を提示している。しかしながら、渡部の分析は、現在の目撃証言心理学が明らかにしてきたものと比較すると、幾分とも非科学的な分析もあり、今後それらの問題点を明らかにしていくことも必要であろう。

以上に見てきたことは、目撃者の供述や識別の誤りによって誤判が起こることを教えている。では、目撃者の供述や識別はどのように誤るのであろうか。この誤りの原因を解明してきたのがまさに目撃者の心理学である。目撃者の知覚や記憶が誤ることは古くから知られた事実であった。そこで次節では、記憶の誤りに影響する要因について、心理学が明らかにしてきたことを紹介していこう。

二　目撃者の供述や識別はなぜ誤るのか？

(1)　目撃証言の正確さに影響する要因

あまり知られていないことだが、目撃証言の心理学的研究は心理学の創設期にそれほど遅れることなく開始された。しかも開始した研究者たちは心理学の創成期に活躍した錚々たる人たちであった。それらの研究者には知能テストを開発したことで有名なフランスのビネー(Binet)、ドイツのシュテルン(Stern)、ミュンスターバーグ(Munsterberg)、アメリカ合衆国のキャテル(Cattell)などがあげられる。これらの研究者の業績は実際に記憶の誤りの実証的研究をしたり(キャテル)、子どもの被暗示性を研究したり(ビネー)、法的問題解決に心理学が役立つことを指摘したり(ミュンスターバーグ)などであり、一九世紀末から二〇世紀初頭にかけてのものであった。

しかしながら、目撃供述・識別に関わる心理学が系統的に研究されるようになるのは一九七〇年代以降であった。これには心理学の内部事情があるが、いわゆる行動主義心理学が台頭し、メンタリスティックな概念の使用が抑制され、記憶研究が言語学習に置き換えられてしまったという経緯がある。しかし、一九七〇年代以降の認知心理学からの記憶理論の展開や実証的研究の蓄積によって、人間の記憶の機能が明らかにされるようになった。その結果として、記憶の誤りの種類、それがどのような機能の失敗なのかが明らかにされるようになった。さらに、そのような記憶の働きが科学されてくることによって、目撃証言の信用性に関する法的問題解決の糸口が提供されるようになり、さらに実験室実験に対する生態学的妥当性の問題も提起されるようになった。つまり、日常の認知機能の解明の重要性が指摘されるようになったのである。

このような気運の高まりから、目撃供述や識別の心理学が一九七〇年代の先駆的研究者に先導されて、目撃供述の心理学を含む応用認知心理学という極めて重要な展開がなされるようになったのである。この心理学は問題解決型の心理学と呼べるような内容を持ち、現実の生活に関わるような認知的問題を解決するということを目的に発展してきた。

特に目撃供述の心理学は人間の記憶の働きに関する科学的知識を現在までに多く蓄積してきたが、それらの知識が裁判に役立つようにと、それまでの目撃証言の信用性に影響する要因について、専門家の意見を聴取するという動きが出てきたのである。Kassin, Ellthworth, & Smith (1989) の目撃者の供述の信用性に関わる要因についての専門家の意見を求める調査研究である。裁判では一般市民が目撃者の記憶の正確さを評価しなくてはならない。そのような現実に対して、米国では連邦証拠法七〇二条等によって、専門家証言を認めるための条件を提示している。しかし、重要なのは心理学の専門家が明らかにしてきた知識がどれほど一般市民や司法関係者に理解されているのかを知ることである。ただその前に、専門家は一体そのような知識をどのように判断しているのかを明らかにすることが重要な前提になる。Kassin et al. (1989) はまさにその先駆的調査であった。そしてカサン (Kassin) らはそのほぼ一〇年後にも、調査の項目数を増やして再調査を行った。それらの要因を**表3**に示した。この表は Kassin, Tubb, Hosch, & Memon (2001) によって作成されたものであるが、目撃者供述の正確さに関わる重要な要因や、明らかにされた事実が含められていると考えて良い。これらの要因や事実は現在でも多くの目撃供述の心理学者や認知心理学者、社会心理学者、発達心理学者などによって精力的に研究されているものである。

トピック(Kassin et al., 2001 より作成)

17. **出来事の凶暴性**：目撃者は非暴力的出来事よりも，暴力的な出来事を想起するのが困難である(17/63)
18. **異人種バイアス**：目撃者は他人種の成員を識別するよりも自分の人種を識別するのにより正確である(60/63)
19. **確信度の従順性**：目撃者の確信度は識別の正確さとは無関係の諸要因によって影響される(60/62)
20. **アルコールの摂取**：アルコール摂取は目撃者のその後の人物や出来事の再生を損なう(52/63)
21. **マグショットバイアス**：容疑者のマグショットに曝されると後にその容疑者をラインナップから選ぶ確率が高い(62/63)
22. **長期の抑圧**：トラウマ的経験は何年も抑圧され，その後回復することもある(10/62)
23. **誤った児童期の記憶**：児童期の記憶の回復はしばしば誤っており，また何らかの点で歪んでいる(52/62)
24. **弁別性**：正しい記憶と誤った記憶を信頼に足るほど区分することは可能である(7/64)
25. **子どもの目撃の正確さ**：若年の子どもは目撃者としては成人ほど正確ではない(40/64)
26. **子どもの被暗示性**：若年の子どもは成人に比較して，インタビューアーの暗示，仲間の圧力，社会的影響を受けやすい(60/64)
27. **説明に合致したラインナップ**：ラインナップの成員が目撃者による犯罪容疑者の記述に似ていれば似ているほど，容疑者の識別は正確になる傾向がある(33/62)
28. **提示の様式**：目撃者は同時提示のラインナップで提示されているときに，相対判断をすることで誤って識別をしやすい(46/62)
29. **高齢の目撃者**：高齢の目撃者は若い成人よりも正確ではない(32/63)
30. **識別の速さ**：ラインナップを見て，識別が速い目撃者は，その識別が正確な傾向がある(32/63)

注2)括弧内の数字は以上の評価のうち，上の4，5，6の項目(つまり肯定的)に判定した人数を合計したものである(分母は反応者の総数).

(2) 要因の分類法

これらの要因や事実の理解には、これらの機能的な分類を知っておくことが有用である。Wells(1978)による分類法である。この分類法がのちに説明する一般人や司法関係者の知識水準の調査研究にも使用されているので、ここで紹介しておこう。推定変数とシステム変数という分類である。推定変数とは目撃時に関与する要因で、目撃者の記憶形成に作用する変数であるが、その関与の程度は推定する以外にないようなものである。表3の「ストレス」「凶器注目」「知覚時

表3　目撃証言で研究されてきた

1. ストレス：高い水準のストレスは目撃証言の正確さを損なう(40/62)
2. **凶器注目**：凶器が存在すると，目撃者が犯人の顔を正しく識別する能力が損なわれる(56/63)
3. **ショーアップ**：ラインナップによらないショーアップ(単独面通し)は誤識別の危険性を高める(41/63)
4. **ラインナップの公平性**：ラインナップの構成員が容疑者に似ているほど，容疑者の識別が正確である確率は高まる(33/61)
5. **ラインナップの教示**：警察官の教示で目撃者の識別の意志に影響が出る(56/61)
6. **知覚時間**：目撃者が出来事を見る時間が短くなればなるほど，出来事を想起できなくなる(50/60)
7. **忘却曲線**：記憶の忘却は出来事の直後にもっとも大きく，それからは時間の経過とともに徐々に進行する(49/62)
8. **正確さ―確信度**：目撃者が識別に自信を持っていても，自信は目撃者の識別の正確さを予測しない(55/61)
9. **事後情報**：出来事についての目撃証言はしばしば実際に見たことだけではなく，その後に得た情報を反映する(60/62)
10. **色彩知覚**：単色の光のもとで行った色彩の判断は信用できない(19/63)
11. **質問の語法**：出来事についての目撃証言は，証人に与えられる質問の語法によって影響を受ける(63/63)
12. **無意識的転移**：ときに，目撃者は別の機会に会った人物を，容疑者として識別することがある(58/63)
13. **訓練された観察者**：警察官や他の訓練された観察者は，一般の平均的な人よりも目撃が正確であるということはない(16/62)
14. **催眠の正確さ**：催眠は目撃者の報告された記憶を増加させる(0/61)
15. **催眠の被暗示性**：催眠は誘導や誤導質問への被暗示性を高める(53/63)
16. **期待と態度**：目撃者の出来事の知覚や記憶は，目撃者の態度や期待によって影響を受けるかもしれない(63/63)

注1)評定の方法は以下の7段階による．
1. 反対がたぶん正しい，2. 支持しない，3. 不確定である，4. 支持の傾向，5. 一般的に信用できる，6. 非常に信用できる，7. わからない

間」などがそのような変数に分類される。銃で撃ち合うような凶悪な事件を目撃したとして、当然のことながら強い恐怖心を覚えるだろう。恐怖心は強いストレスになり得る。しかし、その関与の度合いを正確に知ることはできず、推定する以外にない。また目撃の時間的長さも、それを測定していれば別だが、普通偶発的に起こる事件や事故の目撃時間を測定するなどということは、考えられない。よってこれも推定するしかない。

推定変数に対してシステム変数というのは、司法制

度（特に警察）がコントロールできる変数のことである。表3で「質問の語法」「ラインナップの教示」「確信度の従順性（malleability）」「マグショットバイアス」「提示の様式」「ショーアップ」「説明に合致したラインナップ」「ラインナップの公平性」の八項目がシステム変数である。

たとえば、「質問の語法」というのは、質問に使用される言葉遣いで報告される内容に差異が出るというものである。Loftus & Palmer（1974）の古典的研究では、同じ交通事故のフィルムを見ているのに、速度を問う質問に「ぶつかった」ということばを使用した場合と「激突した」ということばを使用した場合とで報告される速度が異なること（**実験1**）、さらにそのような質問をして一週間後にフィルムの内容について質問すると、フィルムには割れたガラスが映っていなかったにもかかわらず、激突ということばで質問されたグループは、ぶつかったということばで質問されたグループよりも多く、「割れたガラスを見た」と回答したのである。誘導質問によって記憶まで変容したのである。このような質問の語法は、警察がどのように目撃者に質問するのかをコントロールできるために、システム変数に組み込まれることになる。

三　目撃者の記憶の正確さに影響する要因の知識があるか（心理学の専門家以外の人は）

さて、二節で示した目撃者の記憶に影響する要因について、一般の人々（目撃供述の心理学を専門としていないという意味で）は、果たしてどの程度それらの要因について知識を持ち合わせているだろうか。このような問いかけは、心理学の専門家ではない捜査官、検察官、裁判官や裁判員が目撃者供述や識別の正確さや信用性を判断する場合に極めて重要な意味を持つ。つまり、目撃者の記憶や識別が正しいものなのかどうかを、裁判の判決に関わる者が判断することができるのかどうかという重要なテーマなのである。そのために、二〇〇〇年代に入り、多くの先進国において、Kassin et al.(2001)が専門家に対して行った調査の項目を使用して、さまざまな標本に対して調査が行われてきたのである。もし、裁判に関わる者や裁判員になる可能性のある一般市民が、目撃者の記憶や識別の正確さに関わる要因の知識がないのであれば、それを補う専門家の知識を求めなくてはならないであろうし、素人が合理的に判断して目撃者の記憶の評価を誤らないのであれば、専門家証人を求める必要はないかもしれない。

もちろん現実の個々の事件における目撃者の記憶の正確さの評価には、さらに詳細な吟味が必要になってくるのは間違いない。ただ、詳細に関する知識はともかく、Kassin et al.(2001)が行った程度の内容であっても、そのような知識が果たして一般市民にあるのかどうか、また司法制度に関わる者にあるのかどうかを知っておくことは、裁判の展開上、重要な意味を持つはずである。以下に最近報告された調査の内容を紹介していくことにしよう。

(1)　一般市民を対象としたRead & Desmarais(2009)のカナダ調査研究

この研究はカナダのブリティッシュ・コロンビア州のバンクーバーで行われたものであり、三つの調査から構成されていた。**調査1**ではKassin et al.(2001)の項目から色彩の項目を外した二九項目を使用し、「非常に反対」「幾分とも反対」「非常に賛成」「幾分とも賛成」「わからない」の五つの選択肢から一つを選ぶというものであった。**調査2**は専門用語を避けて言葉遣いを平易にした質問項目での検討が行われ、**調査3**ではさらに言葉遣いを変えて、また目撃以外の項目を加えての検討が行われた。

結果は、どの調査でも一般市民の反応傾向は専門家のそれと類似した傾向を示すものであった。ただ、その傾向も統計的には八つの項目で認められただけであった(以上調査1の結果。該当項目は、「アルコールの摂取」「ショーアップ」「説明に合致したラインナップ」「ラインナップの公平性」「誤った児童期の記憶」「ストレス」「高齢の目撃者」「出来事の凶暴性」)。

当然予想されることではあるが、専門家の判断と一般市民の判断が大きく隔たる項目もあった。たとえば、「正確さ—確信度」「確信度の従順性」「催眠の被暗示性」「異人種バイアス」「忘却曲線」「催眠の正確さ」「識別の速さ」「弁別性」などでは信頼度判断で専門家と一般市民の間に二〇％以上の差異があった。これらの差異はやはり専門的知識の欠如が反映したものであろう。ただ、専門家の間でも判断が一致しない項目もあり、項目によってはその項目に関わる研究領域での結果の一致が得られていないことを反映していることが指摘できよう。

ただ、過去に報告されてきた調査結果と比較して(たとえばDeffenbacher & Loftus, 1982; Kassin & Barndollar, 1992; Benton, Ross, Bradshaw, Thomas, & Bradshaw, 2006など)、Read & Desmarais (2009)の結果は、専門家と一般市民の意見の一致度が高くなっている。この事実について著者らは参加者に求めた反応の形式の違い(Read & Desmarais, 2009では程度の差をつけたものの、賛成か反対かという二つのカテゴリによる判断を求めたものであった)や調査対象となった参加者のサンプル数の違いが考えられるとしている。このような調査研究に伴う方法の違いに注意しなくてはならない。

(2) **Benton, Ross, Bradshaw, Thomas, & Bradshaw (2006)の研究**

これは、目撃者の記憶の正確さに関わる要因の知識について、米国の陪審員(一般市民)、裁判官、警察官の知識と専門家のそれとを比較した調査である。本邦ではなかなか得難い司法関係者のデータが含まれている点が興味深い。調査参加者はテネシー州ハミルトン郡の陪審員一一一名、テネシー州の裁判官の年次会議出席の四二名の裁判官、五二名の警察官であった。使用された調査項目はKassin et al. (2001)のものであった。分析は各項目の説明を支持する程度にもとづいて行われた。

まず陪審員の判断と専門家のそれとの間で一致が認められたのは、三〇項目中四項目のみであり(支持の程度に差が認められないということ)、他の二六項目で反応の一致が認められなかった(支持の程度に差があるということ)。特にシステム変数に分類される「質問の語法」「ラインナップの教示(四一%対九八%)」「確信度の従順性」「マグショットバイアス」「提示の様式(三一%対八一%)」「ショーアップ」「説明に合致したラインナップ」「ラインナップの公平性」の八項目はすべて、専門家の判断とは異なる方向で判断されていた(%を示したものは特に差異が大きいもの)。専門家が圧倒的に支持している事実を陪審員が支持しない傾向にあることがわかる。推定変数についても二二項目のうちの一八項目で両者の間の判断の違いが認められた。

次に裁判官の判断を見ると、三〇項目中一二項目で専門家の判断と一致が認められた。残りの一八項目では判断の傾向が両者で異なるものとなった。特に裁判官が専門家と異なる判断を示した項目は、システム変数では「ラインナップの教示」「マグショットバイアス」「提示の様式(二九%対八一%)」「説明に合致したラインナップ(四三%対七一%)」であった。推定変数では、二二項目中一三項目で反応傾向が異なっていた。それらは「事後情報」「催眠の被暗示性」「アルコールの摂取」「正確さ―確信度」「凶器注目」「忘却曲線」「無意識的転移」「子どもの目撃の正確さ」「色彩知覚」「ストレス」「高齢の目撃者」「催眠の正確さ」「長期の抑圧」であった。

警察官と専門家の比較では、三〇項目中で一二項目の一致が認められ、残りの一八項目では差異が認められた。基本的に、警察官の判断と裁判官の判断の傾向は極めて類似したものであった。システム変数で専門家と警察官の知識の差が出たものは八項目中の六項目で、「質問の語法」「ラインナップの教示」「マグショットバイアス」「提示の様式(三七%対八一%)」「ラインナップの公平性」「確信度の従順性」であった。推定変数に関しては二二の項目中一二項目で差が認められた。それらは「事後情報」「子どもの被暗示性」「催眠の被暗示性」「正確さ―確信度」「凶器注目」「忘却曲線」「知覚時間」「無意識的転移」「子どもの目撃の正確さ」「誤った児童期の記憶」「識別の速さ」「長期の抑圧」であった。

以上の結果は、一般市民である陪審員の目撃に関わる知識が専門家の知識と相当に異なること、また裁判官や警察官のような司法関係者でも、一般市民ほどでないものの、目撃の正確さに関する多くの要因の知識の水準が、異なることを示している。このことはまさに、目撃証言の心理学を専門としない人たちが、目撃者の記憶の評価をすることの危険性を示し、専門家が「証拠理解もしくは問題となっている事実を決定するために陪審を援助する」とする連邦証拠法七〇二条の有効性を示すものである。残念ながらKassin et al.(2001)の使用した項目での日本の調査がなされていない現状があるものの、以上の米国の結果は、目撃者の記憶の正確さについては素人が合理的に推論して判断できるような内容ではないことを教えてくれていると言ってよいであろう。

(3) 上の二研究以外の研究について

以上の二点の研究以外にも、米国に関するものとしては、裁判官のみを対象としたWise & Safer(2004)の調査、検察官と弁護士を対象にしたWise, Pawlenko, Safer, & Meyer(2009)の調査が報告されている。前者の研究では一六〇名の裁判官が調査に参加した。目撃の要因に関するものは一四個の項目でKassin et al.(2001)を参考にしているものの、そのうち二項目は「犯人が帽子を被っているとのちにその人物を再認するのが難しい」と「些細な詳細が想起できることは目撃者の正しい識別の良い予測子になりえる」というものであった。

Kassin et al.(2001)の項目との比較では「正確さ—確信度」「凶器注目」「マグショットバイアス」「提示の様式」「忘却曲線」の五項目で、専門家との判断が異なるという結果であった。ここでも専門家の意見と裁判官のそれとでは、知識の差があることが明らかになった。

後者の研究では、Wise & Safer(2004)の調査とほぼ同じ項目が使用された。検察官七三人、弁護士一一八四人が調査に参加した。この研究でも前のWise & Safer(2004)の調査と同様、陪審員が知っていると検察官や弁護士が信じていることや、目撃要因について陪審員を教育するのに必要だと司法関係者が考えている安全策(予備尋問、反対尋問、専門家証人、最終弁論、陪審員に対する説示）などについても調査している。目撃供述の正確さに影響する要因の項目についての結果は、弁護士よりも検察官で、専門家の判断と隔たりが大きいというものであった。具体的には、弁護士は一三個の質問項目のうちの九つで専門家と類似した判断傾向を示した。しかし、検察官は一三個の項目のすべてで弁護士よりも正答から離れるような判断を示した。検察官の平均正答率が四七％であるのに対して、弁護士のそれは七八％であった。

以上の結果は、司法関係者でもその立場（検察官と弁護士）によって目撃者の記憶に影響する要因の知識に差があるということを示している。目撃供述の心理学の専門家を法廷に求めるということの重要性が示されたと言えよう。

四　現実の事件における目撃証言の信用性に関する鑑定

では、日本においてはどのような鑑定が目撃者の記憶や識別に対してなされてきたのであろうか。この節では厳島が目撃供述の信用性を鑑定して、証言を行った自民党本部放火事件を例に鑑定のあらましを紹介することにしよう（厳島、一九九二、一九九三）。

個別ケースでは目撃に関わる要因は一つではなく、複数の場合が多い。たとえば、自民党本部放火事件の目撃者は夜間（照度の低い）、交差点を左折する車（目撃時間が短い）に乗車する助手席の人物（車内の照度はさらに低い）を目撃した。このようなケースでは、前の節で示した調査の結果が目撃供述の心理学を専門としない一般市民や司法関係者の判断に、どれほど役立つものなのだろうか。たぶん、ある程度の安全策にはなるであろうが、重要なのは目撃に関わる要因のそれぞれのテーマに関する専門家を法廷に呼ぶということであろう。そしてそのテーマに関する専門的知識を提供してもらうということが必要不可欠である。

厳島（一九九二、一九九三）は、自民党本部放火事件に関わる目撃者（Y警察官）の供述と識別に関する心理学鑑定を提出した。その目撃者は、事件現場からの逃走用車両として使用された車の助手席に乗っていた人物（F）を、交差点を左折する車の中に見たというものであった。Yは二週間後には三〇〇枚を超える顔写真（全員が逮捕写真）から、Fという人物を識別した。またYはFの容貌（四角っぽく、角張った顔、薄い唇、肉付きは普通、皮膚の色は普通、髪の毛は長めで耳までかぶさって、ぼさぼさして脂っ気がなかった、前髪は顔に垂れていない感じ、額が広い感じ）や搭乗していた車の特徴（青のトヨタライトエース、助手席に運送会社の名前、電話番号がないのが不思議）について詳細に供述していた。Fは一貫して無実を主張したが逮捕され、被告人として裁判で争っていた。

厳島の鑑定は、Yが目撃した条件を吟味し、Yが目撃した条件に類似した条件で、目撃現場で実験を行うというものであった。目撃者は一般の大学生四三名が参加した。彼らは、事件のことや目撃をすることが目的であるということを伝えられず（これは目撃者Yもそうであったため）、夜間の心理学実験に参加ということだけを伝えられた。この実験で仮定されるのは、次のような論理である。警察官も大学生も記憶能力に大きな違いはない。大学生の中にも記憶力の良いものと悪いものがいるかもしれないので、多くの学生（その中には記憶力の良いものも、悪いものもいる）を集めて、能力を検討すればよい（記憶力が良くても識別できなければ、それはそれでYの証言の反証になるはずである）。そのような集団で多くの者が、自ら目撃した人物や車について詳細な特徴を正しく報告し、また人物を正しく識別できれば、Yの供述や識別は正しい確率が高くなる。しかし、実験参加者の〝目撃者〟がそのような良い記憶成績を残せなければ、Yの目撃も実はその目撃によって残った記憶に基づくというよりも、それ以外のところに記憶の起源がある可能性が指摘できるというものである。

実験の詳細な結果は厳島（一九九二、一九九三）に譲るが、二週間後に集まった目撃者三六名のインタビューと識別はバイアスのかからない、公平な方法で実施された。結果は興味深いものであった。実験車両およびその助手席の搭乗者を目撃してもらったが、そのいずれに対しても詳細を覚えている者が一人もいなかった。いや、詳細どころかそもそも車を覚えていると報告した者が少なく（五名）、また人物を覚えているとした者も少なかった（二名）。この数名は本当に詳細を覚えているのだろうか。そこで人物識別である。顔写真から識別を試みたのは三名のみであった。他の者は記憶がなく識別できないと報告した。識別した三名はいずれも搭乗人物以外の人物を選んだ。厳島は以上の実験の顚末を鑑定書にして、東京地裁で証言を行った。結果は無罪判決であった。

鑑定の実験結果は実験者の予想を超えるものであった。Yのような詳細がまったく報告されないという奇妙さ。誰も正しい識別ができないという結果。Y供述とは一体何であったのか。少なくとも言えることは、目撃時に形成された記憶だけでは、Y供述のような詳細さが報告されることはないということである。つまり、Y供述の記憶の起源は目撃時以外のところにあると考えざるを得ない。このことについてはイノセンス・プロジェクトのデータ二五〇件を分析したGarret（2011）に重要な指摘を見ることができる。彼の分析の中に、警察が目撃者から情報を得るのに、尋問を担当した警察官が無意識のうちに現場の情報を提供しているという事件があることを報告している。もちろんこのような情報提供が意図的に行われているとは考えたくはない。しかしながら、捜査側が犯人について強い仮説を持っている場合、その仮説を支持するような証拠を補強することはよく知られている。

自民党本部放火事件のY供述だけが例外なのだと言って済ます訳にはいかない。類似の目撃者は他の事件（厳島が担当した事件でも、たとえば東電ＯＬ殺人事件、布川事件が詳細すぎる供述をしている目撃者であった。これらは皆犯人とされた人物の無罪が証明された。しかし、無罪となっていない事件でも疑わしい目撃供述や識別は存在する可能性がある）にも存在する。

最後に

諸外国では目撃者供述や識別による誤判を防ぐ方策が採用されてきている。英国では一九八四年にPolice and Criminal Evidence Act（警察と刑事証拠に関する実務規範）が制定され、この法律のコードDが識別の方法を確立した。その後も改定が行われているが、ここに指示された方法によらない識別結果は、裁判所に提出されても証拠排除されるという。さらに英国では警察官に対してインタビュー技法の学習を義務づけ、事件の困難さに応じて、より高度のインタビュー技術を持つ者が担当する方法を導入している。彼らはインタビューにバイアスをかけないように、事件に関しては最低限のことしか伝えられない。これなどはまさに自民党本部放火事件の目撃者のことを考えると、徹底して行われなくてはならない実践であろう。

さらに米国ではイノセンス・プロジェクトの結果を受けて、識別方法（表3で「提示の様式」として紹介した、ラインナップの同時提示をやめて継時提示法で行うというものもその一つ）に関する方法に心理学者の推奨する方法を採用する州が増えている。継時提示では誤って犯人以外の人物を選ぶ確率が低くなることが研究で明らかになったのである。

日本でもイノセンス・プロジェクトと同様の組織作りが進んでいると聞く。目撃者による誤判を防ぐためにも、原因究明の制度化、裁判における専門家証言の採用、捜査段階から目撃者記憶の信用性を評価できる第三者機関の設置、捜査段階における正しい尋問技術による尋問、そのための教育の実施等が必要とされよう。心理学者の側でもさらなる要因の研究や正しい供述の聴取法、識別方法の開発が望まれるし、司法関係者および一般市民への教育活動も必須である。

参考文献

Benton, T. R., Ross, D. F., Bradshaw, E., Thomas, W. N., & Bradshaw, G. S.(2006). Eyewitness memory is still not common sense: Comparing jurors, judges, and law enforcement to eyewitness experts. *Applied Cognitive Psychology*, 20, 115–129.

Deffenbacher, K. A., & Loftus, E. F.(1982). Do jurors share a common understanding concerning eyewitness behavior? *Law and Human Behavior*, 6, 15–30.

Garrett, B. L.(2011). *Convicting the Innocent: Where Criminal Prosecutions Go Wrong*. Harvard University Press.

ギャレット、ブランドン・L（二〇一四）『冤罪を生む構造　アメリカ雪冤事件の実証研究』笹倉香奈ら訳、日本評論社.

Gross, S. R., Jacoby, K., Matheson, D. J., Montgomery, N., & Patel, S.(2005). Exonerations in the United States, 1989 through 2003. *Journal of Criminal Law and Criminology*, 95, 523–560.

厳島行雄（一九九二）「目撃者証言の心理学的考察Ⅰ　自民党本部放火事件におけるY証言の信用性をめぐって——内容分析の試み」『日本大学人文科学研究所研究紀要』四四号、九三—一二七頁

厳島行雄（一九九三）「目撃者証言の心理学的考察Ⅱ　自民党本部放火事件におけるY証言の信用性をめぐって——フィールド実験からのアプローチ」『日本大学人文科学研究所研究紀要』四五号、二五一—二八七頁

Kassin, S. M., & Barndollar, K. A.(1992). The psychology of eyewitness testimony: A comparison of experts and prospective jurors. *Journal of Applied Social Psychology*, 22, 1241–1249.

Kassin, S. M., Ellthworth, P. C., & Smith, V. L.(1989). The 'general acceptance' of psychological research on eyewitness testimony: A survey of the experts. *American Psychologists*, 44, 1089–1098.

Kassin, S. M., Tubb, V. A., Hosch, H. M., & Memon, A.(2001). On the 'general acceptance' of eyewitness testimony research: A new survey of the experts. *American Psychologists*, 56, 405–416.

Loftus, E. F., & Palmer, J. C.(1974). Reconstruction of automobile destruction: An example of the interaction between language and memory. *Journal of Verbal Learning and Verbal Behavior*, 13, 585–589.

Loftus, E. F., & Ketcham, K.(1992). *Witness for the defense: The Accused, the Eyewitness and the Expert Who Puts Memory on Trial*. St. Martin's Griffin.

ロフタス、E&ケッチャム、K（二〇〇〇）『目撃証言』厳島行雄訳、岩波書店

Rattner, A.(1988). Convicted but Innocent: Wrongful Conviction and the Criminal Justice System. *Law and Human Behavior*, 12, 283–293.

Read, J. D., & Desmarais, S. L.(2009). Lay knowledge of eyewitness issues: A Canadian evaluation. *Applied Cognitive Psychology*, 23, 301–326.

Valentine, T., Pickering, A., & Darling, S.(2003). Characteristics of eyewitness identification that predict the outcome of real lineups. *Applied Cognitive Psychology*, 17, 969–993.

渡部保夫（一九九二）『無罪の発見』勁草書房

Wells, G.(1978). Applied eyewitness-testimony research: System variables and estimator variables. *Journal of Personality and Social Psychology*, 36, 1546–1557.

Wise, R. A., & Safer, M. A.(2004). What U.S. judges know and believe about eyewitness testimony. *Applied Cognitive Psychology*, 18, 427–443.

Wise, R. A., Pawlenko, N. B., Safer, M. A., & Meyer, D. (2009). What US prosecutors and defense attorney's know and believe about eyewitness testimony. *Applied Cognitive Psychology*, 23, 1266–1281.

13　コンピュータを用いた供述の可視化とその分析

稲葉光行

はじめに

筆者はもともと情報科学を専門としており、刑事司法については全くの素人であった。このような素人が日本の刑事司法のあり方に疑問を感じ、コンピュータを用いた供述分析という手法で刑事裁判に関わり始めたきっかけは、二〇〇三年の鹿児島県議会議員選挙に関わる公職選挙法違反容疑で住民らが逮捕された事件（志布志事件）の現地調査に、法学者や心理学者の誘いを受けて参加したことであった。

志布志事件では、事実無根の公職選挙法違反に関する捜査の中での長期勾留、さらにそこでの自白の強要・誘導が行われたとされている。その後、公職選挙法違反容疑については起訴された全員が無罪になり、さらに、行き過ぎた取調べに対する一連の損害賠償訴訟においても住民側の勝訴が確定している。このように司法判断としても、結果的には容疑が全くの事実無根であったこと、また自白の強要や異例の長期勾留など、違法な取調べが行われたことを認定している。

筆者が志布志事件の調査に加わったのは、損害賠償訴訟の段階であった。情報技術の専門家として供述調書をコンピュータで分析する作業の過程で、まず不自然に思ったことの一点目は、全く事実無根の容疑に対して、複数の元被疑者が最終的には容疑を認める虚偽自白をしていたことであった。筆者が不自然に感じた二点目は、元被疑者らの供述調書では、否認と自白が繰り返されるという不自然な供述の変遷が見られたにもかかわらず、公判記録を見る限り、元被告人らが自白調書に署名捺印をしたという、取調べ過程全体から見ればごく一部の出来事が、公判では重要な事実の一つとして争われていたことである。

志布志事件の調査におけるこのような経験から、筆者は、たとえ取調べの録音・録画(刑事司法の意味での「可視化」)が実施され、それがすべての刑事事件に適用されたとしても、取調べ過程の自白部分にしか注目しないという、いわば「木を見て森を見ず」というトンネル・ビジョン的な司法判断が継続される限り、志布志事件のような深刻な司法被害、さらにさまざまなえん罪をなくしていくことはできないのではないかという疑問を持つに至った。

このような問題意識から、筆者らは、日本の刑事司法が持つトンネル・ビジョン的な特性に対して、「森と木の両方」をバランスよく見る公正・公平な司法判断を支えるための手法や技術開発に取り組んできた。具体的には、膨大な情報を処理することが得意なコンピュータを用いた「情報可視化(Information Visualization)」の手法を用いて、供述の内容やその変遷をわかりやすく提示する手法や技術の開発に取り組んできた。そしてこれまでに、心理学者や社会学者と協力し、供述の特徴分析や変遷の視覚化を行い、それらを分析した結果を幾つかの刑事事件の意見書として裁判所に提出してきた。

本章ではまず、「森と木の両方」を見る司法判断を支援するため、筆者らがこれまで取り組んできた、コンピュータを用いた情報可視化の技術と手法の概要について述べる。次に、実際の事件の分析にこれらの技術・手法を適用した事例を紹介する。最後に、刑事司法における情報可視化技術の展望について議論する。

一　供述の可視化とは

1　可視化の定義の違い

近年の日本の刑事司法制度改革においては、「取調べの可視化」という用語が用いられ、その適用範囲が議論され、さらに一部の取調べ映像が「可視化」の結果として公判で用いられ始めている。しかし、刑事司法で用いられている「可視化」という言葉は、同じ用語について長年の議論や研究を積み重ねてきた情報科学とは異なる意味で使われているため、混乱を避けるためにここで概念を整理しておきたい。

刑事司法制度改革における「可視化」は、これまで密室で行われてきた取調べを録音・録画し、司法判断の過程で参照できる状態にすることである。情報科学の視点から見れば、ここで使われている「可視化」という用語は、まず取調べにおける会話・内容・概要などを文書として保存することや、映像や音声を記録することであり、情報科学的には「保存・記録」という用語に相当する。また、刑事司法での「可視化」は、保存・記録された文書や映像・音声を司法判断のために法曹三者や裁判員が参照できるようにするという意味を含む場合もある。これは情報科学的には「アクセシビリティ」という概念に相当する。

一方、情報科学における「可視化(visualization)」という用語は、刑事司法で使われているものよりも広く、かつ踏み込んだ概念を示している。情報科学における可視化は一般的に、「外部の視覚表現によって促進され、人々がそこから世界の内部メンタル(精神的)表現を作り上げる認知活動」(Mazza, 2009, 中本浩訳、二〇一一)とされる。つまり情報科学での可視化は、刑事司法で使われているように単に記録を保存しアクセシビリティを提供することにとどまらず、記録されているデータを「視覚表現(visual representation)」に置き換え、その結果をもとに、対象となる現象がどのように作用するかということについてのモデル（メンタル・モデル）を心の中に作り上げることによって、対象となる現象を人間がより深く理解する行為、という意味までを含んでいる。

さらに情報科学では、情報可視化からメンタル・モデルの形成までを支援する指針として、Shneiderman(1996)が提唱した「視覚情報探索の真言（visual information-seeking mantra）」という原則が広く知られている。それは、「まず概観を掴み、拡大と抽出をし、その後必要に応じて詳細を見る（"Overview first, zoom and filter, then details on demand"）」というものである。つまり、情報可視化において重要なことは、まず情報の全体像を俯瞰し、その後詳細部分を確認していくことである。このようなプロセスをたどることで、人間は、与えられたデータや文書について全体像と詳細を把握し、それらに対する適切な理解を得ること、つまり「森と木の両方」を見る判断ができるのである。

つまり、取調べ過程や供述の内容に関して、情報科学の意味での可視化、あるいは人間が深い理解を得た上で適切な司法判断を行う行為が支援されるためには、以下の四つの段階が実現される必要がある。

① 取調べ過程、あるいはそこで行われた供述の「保存・記録」
② それらに対する「アクセシビリティ」の保障
③ 全体と詳細を確認できる「視覚表現」への変換
④ それらを参照することによる供述に対する理解支援

そしてここで示した四つの段階の支援は、情報技術が最も得意とする領域である。そのため刑事司法の業界においても、より踏み込んだ可視化を実現するために、情報技術を活用していくことは有用であろう。

2　供述の可視化に関わる問題点

日本の刑事司法においては、長期の取調べで作成された多数の供述調書や、刑事事件の一部ではあるが長時間にわたる録音・録画データなどが存在する。それらの全体像を把握した上で詳細を分析することは、過大な認知的負荷を伴う作業であり、少数の人間の能力や知識に任せることには無理がある。さらに、被告人の犯行を裏付ける客観的な証拠がない中で被告人が犯行を否認している場合や、被告人が一旦は自白しつつ公判で否認するといったように供述が変遷している場合において、その供述の信用性を判断することは、法律の専門家であっても、ましてや法律の素人である裁判員にとっても非常な困難を伴う。

筆者がいくつかの刑事裁判に鑑定人として関わった経験では、まず弁護人らが手分けして膨大な供述調書や開示された書類・証拠を精査し、取調べ録画記録(数十時間の長さのものもある)がある場合はそれらを視聴する。そしてその結果をもとに、取調べや公判の日程に基づいた供述の変遷を表の形で整理し、その表を眺めながら議論をするという場に何度も遭遇した。複数の被疑者、被告人、目撃者がいる場合は、その証言の全体像を表現するため、一般的なサイズの用紙に一部の情報を印刷し、それらを貼り合わせて巨大なシートを作成し、そこに掲載されている巨大な表を会議机に広げて上から眺めながら議論をすすめることもあった。

弁護団に十分な人的資源があり、時間的にも余裕があるという前提であれば、このようなアナログの視覚化手法によって供述の変遷を理解することは有効である。しかしそこでの課題の一つは、その巨大なシートを作成するまでに、多大な労力と時間がかかるということである。また人間が供述調書から抽出していることから、そのシートに記載されている情報が不正確なものである可能性もある。さらに、シートで全体を俯瞰した上で、特定部分の変化に着目し、それに対応する個々の被疑者、被告人や目撃者の特定の供述を抽出するという作業には膨大な手間がかかる。つまり、少数の人間が文書を読んで理解し、視覚的にわかりやすくまとめるといった作業を行うだけでは、本章で繰り返し述べてきた「森と木の両方」を見ることは容易ではない。

そのような中で、近年ビッグデータ(膨大な文書やデータ)を扱うためのデータマイニングやテキストマイニングと呼ばれるコンピュータ技術が急速に進歩している。取調べの過程で生成される膨大な調書や取調べ録画データに対して「森と木の両方」を見ようとする場合に、テキストマイニングなどの言語処理技術を用いることで、大幅に作業効率を改善できる可能性はある。

このような考え方から、筆者は既にいくつかの刑事事件において、テキストマイニングの手法を用いて供述の可視化や分析に取り組んできた。以下では、まずテキストマイニングの概要を述べ、その後実際の刑事事件での分析事例について述べる。

二　テキストマイニングによる供述の可視化

1　テキストマイニングの概要

テキストマイニングは、コンピュータを利用することで、大量の文字データ(テキストデータ)の中から知識を取り出す手法である(Hearst, 1999)。テキストマイニングは、我々が普段使っている話し言葉や書き言葉(情報科学では「自然言語」と呼ばれている)で記述された文字データの分析を得意とする方法である。

テキストの全体像を確認する作業、つまり「森を見る」作業について、テキストマイニングでは、人間が読み通すことが容易ではない膨大な文字データから重要な情報や知識を「掘り起こす」方法として優れている。テキストマイニングでは、語句の出現頻度の算出やそれらの関係性の抽出をコンピュータが行うため、分析者による間違いや主観が入り込む余地が小さくなり、分析結果に対してより高い信頼性を持たせることが可能となる。そのため、ネット上の膨大な口コミをもとにしたマーケット調査や、長期間にわたる新聞記事の時間的な変遷などを分析する手段として広く普及し始めている。

テキストマイニング用のソフトウェアを用いることで、テキスト全体を俯瞰した後に、特に注目すべきポイントを見つけ出し、その変化に関わる原文(元のテキストデータ)を素早く抽出することもできる。例えば取調べの過程で供述が変遷している日が特定できれば、その日の前後に録取された供述を取り出し、変遷の原因や傾向を迅速に把握することができる。つまりテキストマイニングの手法では、コンピュータによる自然言語解析や統計分析を活用することで、膨大なテキストデータを俯瞰し、またテキストの詳細部分を確認する作業、つまり「森を見て木を見る」作業が大幅に効率化される。

刑事司法における判断のような、人間の生活に大きな影響を与える意思決定にテキストマイニングを用いる場合は、その技術や手法の特性をよく理解しておくことが特に重要である。近年の人工知能(Artificial Intelligence: AI)ブームによって、機械学習やディープラーニングといった用語が頻繁に語られ、難しいクイズに答えるＡＩやガンの治療法を見つけ出すＡＩなどが話題になってきている。そのためテキストマイニングも、人間の関与がなくても自動的に何らかの答えを導き出す技術であるという根本的な誤解をされる場合がある。

テキストマイニングは、言語処理に関して人工知能研究の影響を大きく受けてはいるものの、あくまで人間の判断を助ける視覚化の部分をコンピュータに任せるという技術であり、テキストの中で語られている事象を理解するという作業までコンピュータが行うわけではない。言い換えれば、前述した情報可視化を、テキストマイニングと人間の共同作業によって達成することを目指すのがテキストマイニングである。機械学習やディープラーニングは一種のブラックボックス的な部分があり、すべての判断の根拠を示すことが困難であるが、テキストマイニングは、元データ、視覚化の結果、およびそれに基づく判断の根拠を、論理的な形ですべて開示することが可能な技術である。

一般的なテキストマイニングの主なプロセスは以下の通りである。

① 対象となるテキストデータ中の文章を単語毎に区切る「分かち書き（形態素解析）」

➤ 例えば、文書中に含まれている「お金を貰《もら》った」という文章が、「お金＝名詞、を＝助詞、貰う＝動詞、た＝助動詞」といった形で、品詞毎に分割・識別される。

② 単語の間の修飾関係などを分析する「係り受け（構文解析）」

➤ 例えば、「お金―貰う」のような、目的語―動詞といった文法的な関係を持つ単語の組み合わせ（係り受け）が取り出される。

③ それらの結果をもとに、単語や表現の出現頻度をグラフなどで表す「視覚化」

➤ 例えば、「お金―貰う」という係り受けが、いつ、どのぐらいの頻度で出現しているかを折れ線グラフで表す。

④ それらの結果から詳細に分析すべき箇所を特定し、具体的な文章を読む「原文参照」

➤ 例えば、文書中で「お金―貰う」という係り受けが含まれる文章のみを表示する。

多くの刑事裁判において膨大な供述調書や裁判資料が作成されている現在、文書の証拠の全体像を俯瞰し、主な争点や供述の変遷を見つけ出し、さらにその変遷の詳細を具体的な原文をもとに確認する方法として、テキストマイニングは有効である。特に供述調書の分析にコンピュータを用いた場合、解釈の対象となる語句やそれらの関係性の抽出はコンピュータが行うため、分析者による解釈の割合を抑え、主観性が入り込む余地を縮減することができる（稲葉、二〇一一）。

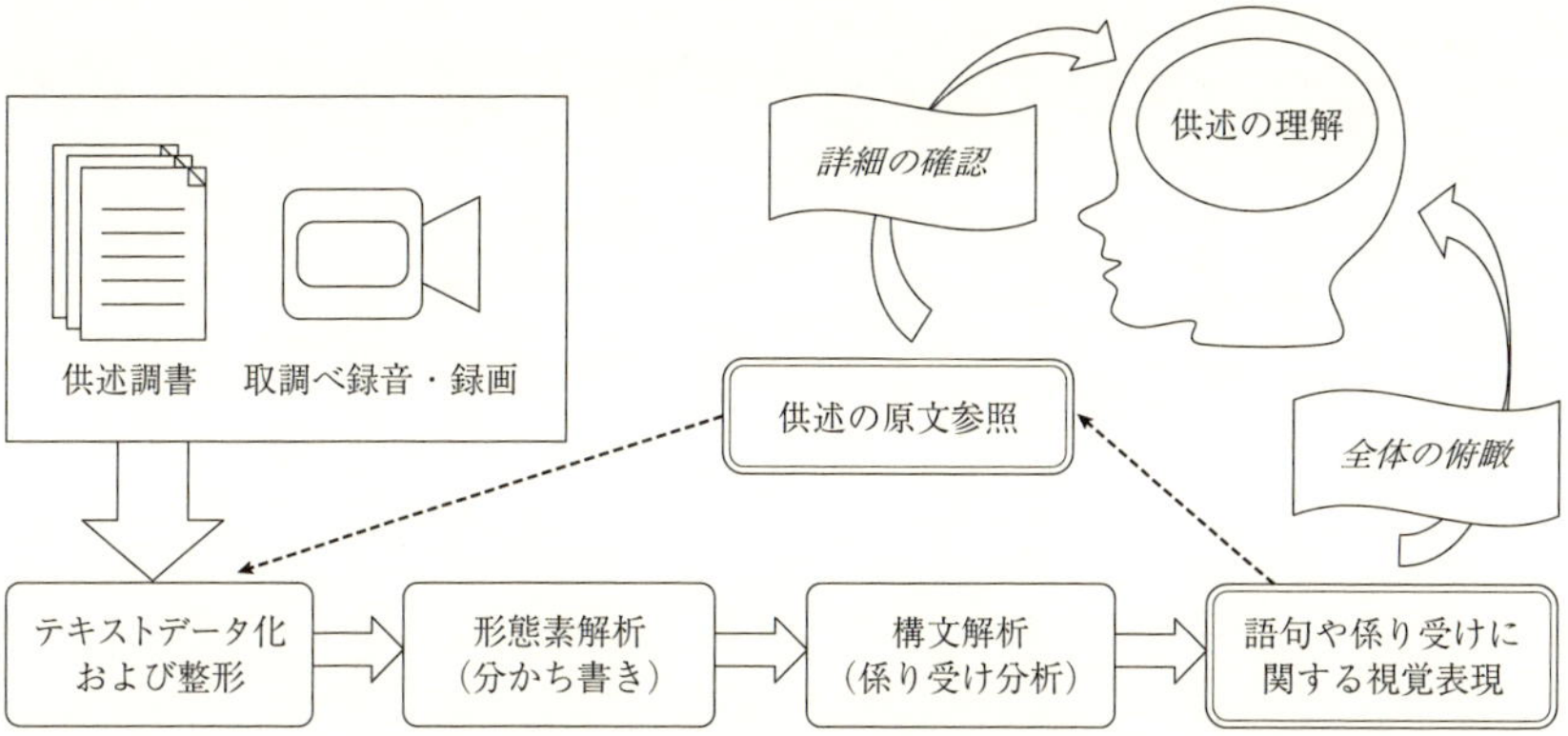

図1　テキストマイニングによる供述の可視化プロセス

2　テキストマイニング手法による供述調書の分析

日本の刑事事件では、長期の勾留と取調べの過程で、多くの供述調書および公判調書が作成されている。それらに含まれる文章をすべて分析者自身が読破し、信頼性が担保された形で要点を抽出することは困難である。テキストマイニングの手法を用いることで、膨大な調書を俯瞰（論点や特徴を客観的でかつ高い信頼性を持った形で提示）し、その結果から特に注目すべき箇所の詳細を確認することができる。

図1は、テキストマイニングによる供述の可視化プロセスを示している。テキストマイニングでは、まず供述調書や取調べ録音・録画の中に含まれる言葉を取り出す。そしてそれらを、コンピュータで読み込み可能なテキストデータに変換・整形する。次にそれらのテキストデータを、品詞毎に区切り、原形や過去形などを識別する形態素解析（分かち書き）を行う。その後、「お金―貰う」といった単語間の構文的な関係を取り出す構文解析（係り受け分析）を行う。そして、単語や係り受けの出現頻度や、同じ文中にどのような語句が一緒に出現しているのかといった統計情報を視覚表現に変換する。これらの視覚表現をもとに、解釈者が、供述における主な話題・変遷、あるいはそれらが生み出された状況や文脈についてメンタル・モデルを形成する。例えば、取調べにおいて被疑者が容疑について自白し

ていたのか否認していたのか、また自白と否認の変遷はあったのか、変遷があったとすれば、その理由はどのような文脈で語られていたのか、といったことを、視覚表現と具体的な原文の参照によって理解する。

筆者らのグループは、これまでにさまざまな刑事事件において調書分析を依頼され、いくつかの事件では公判のための意見書を提出してきた。これまでの経験から、テキストマイニングを用いた供述分析を行うことで、以下の三点に関する理解をある程度得ることが可能であり、またそのような理解を得た根拠を客観的な形で提示することができる可能性が見えてきている。

① 取調べにおける主な争点・話題は何か。
② 供述の変遷はあるか。あるいはいつどのように変遷しているか。
③ 取調べの状況はどのようなものであったのか。

以下では、これらの三つの視点から、前述した鹿児島・志布志事件における損害賠償訴訟のために、元被告人A氏の取調べに関わる供述調書を筆者が視覚化・分析した事例について述べる。

3　テキストマイニングによる供述の可視化の例

鹿児島・志布志事件の損害賠償請求に関わって、筆者は心理学者と共に、訴訟団から供述調書の分析を依頼された。筆者は情報科学の立場から、テキストマイニングツールを用いて、供述調書に含まれる語句を抽出し、出現頻度や変遷を分析した。その後単語や文章をグラフにし、前述した①～③の視点からの分析を行った。この分析には、マーケティングだけでなく、一般的なテキスト分析で用いられることが多い商用テキストマイニングツールの一つである

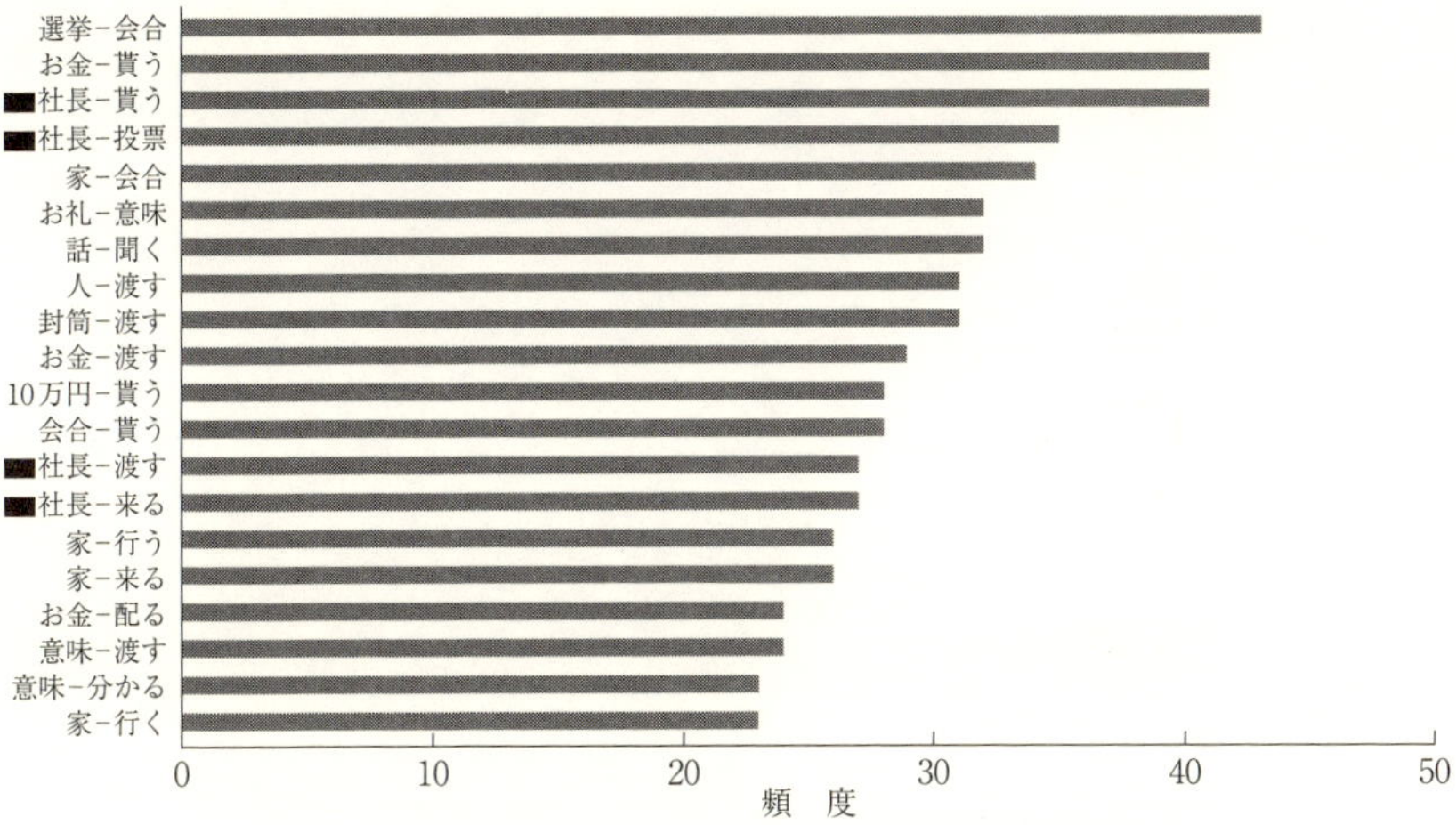

図２　係り受け頻度分析　※図中の固有名詞は黒塗りにした．

Text Mining Studio（株式会社ＮＴＴデータ数理システム）を用いた。

紙面の都合から、ここでは元被告人Ａ氏の供述調書分析の結果のみを紹介する。分析を依頼された供述調書は、元被告人Ａ氏のみについて、員面調書および検面調書を合わせて一五六通、取調べ調書の日付は任意段階も含めて約四カ月にわたっていた。

(1)　供述における論点の可視化

図２は、元被告人Ａ氏の供述調書（約四カ月分）に対して、テキストマイニングツールで係り受け分析を行った結果である。ここでは、「選挙―会合」、「お金―貰う」といった係り受けが最も高頻度で出現していた。一般に、高い頻度で出現している語句や係り受けはその文書において重要性が高いものと見なすことができる。従ってこの取調べの主な争点が、選挙に関する会合があったかどうか、またそこで出席者がお金を貰ったかどうか、であったことがわかる。

(2)　供述の変遷の可視化

テキストマイニングによる供述分析の利点の一つは、取調べ日毎に供述がどのように変遷したのかを迅速に視覚化できることである。例えば**図３**は、調書に記載された取調べ日毎に、「お金―貰う」という肯定表現（本事件では、選挙に関わってお金を貰ったと

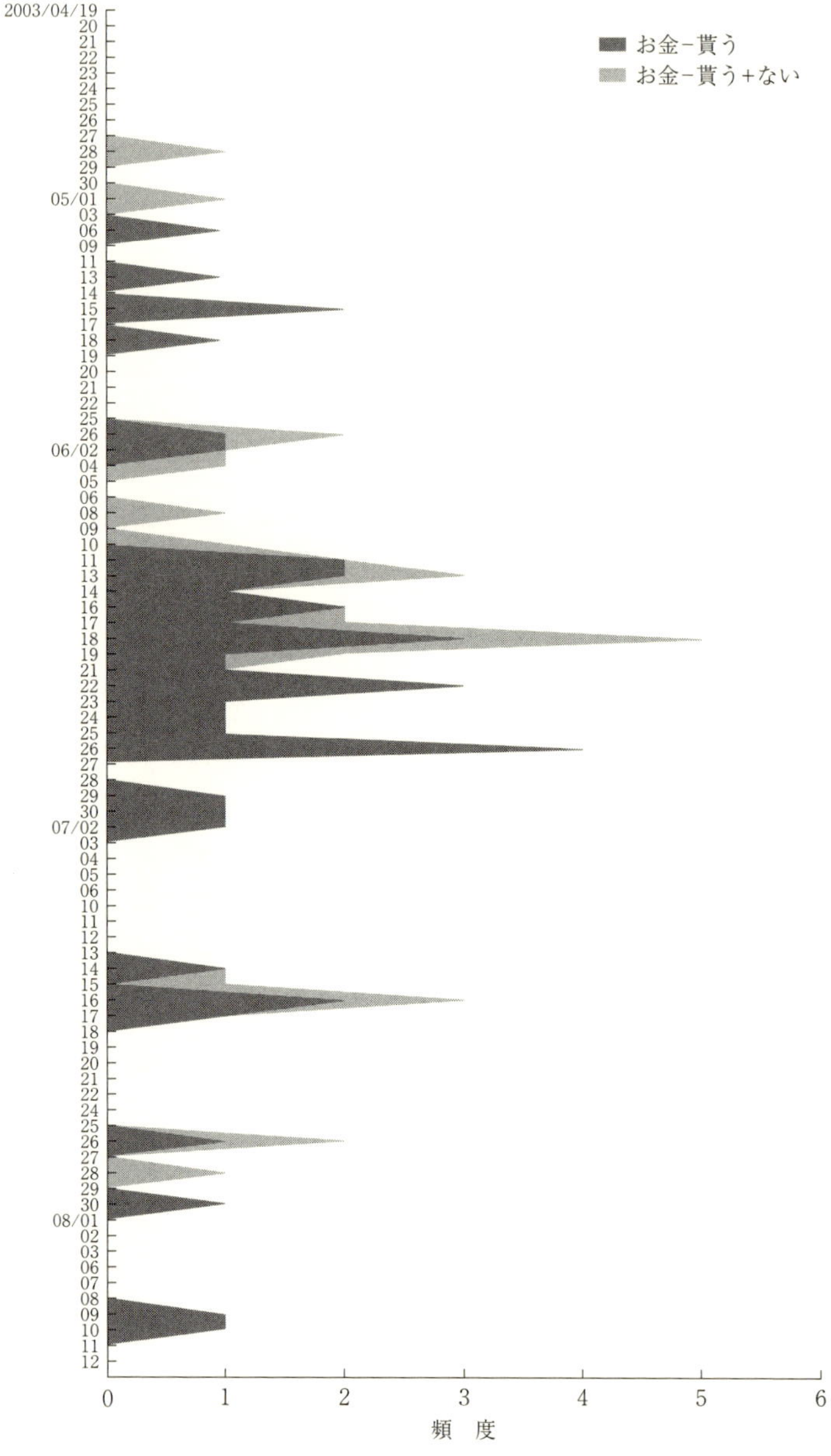

図3 取調べ日毎の供述の変遷

いう自白）と、「お金―貰う＋ない」という否定表現（本事件では、お金を貰っていないという否認）がどのように変化したかをグラフで表したものである。この図によれば、「お金―貰う」と「お金―貰う＋ない」が、取調べ日毎（縦軸）に頻繁に切り替わっていることがわかる。つまり取調べ期間の間に供述が何度も変遷しており、不自然な自白が行われている可能性が示唆されている。

筆者らはさらにこのような分析結果を検証するため、元被告人A氏の公判調書も入手し、法廷でのやりとりをテキストマイニングツールを用いて分析した。そこでは、A氏が一貫して否認をしており、また自白した理由について「言わされた」と述べていた。しかし検察側からの尋問では、取調べの最終段階の自白調書を根拠に、「元被告人A氏が自白をし署名・捺印をした」という点について何度も確認が行われていた。起訴した側にとって元被告人から自白調書が取られたことは重要ではあるだろう。しかし図3のグラフに表されている通り、取調べ期間を通じて否認と自白が目まぐるしく変遷し、さらに同じ日に否認と自白が同時に現れている部分もある。常識的に考えれば、実際に犯行をした人が、自分に不利にならないように一旦否認をし、最終的に自白するというパタンはありうるであろう。しかし、自白と否認が取調べ期間全体にわたって目まぐるしく変わるという変遷のパタンは常識では理解し難い。あくまで仮定の話ではあるが、筆者としてはもし図3のようなグラフをもっと早い段階（起訴前、あるいは一審段階）で提示できていれば、そして元被告人A氏の供述が不自然な変遷を辿っているという全体像を示すことができていれば、少なくとも取調べや裁判があれだけの長期にわたることを多少なりとも避けることができたのではないかと考えている。

(3)　取調べ状況の可視化

筆者はさらに、図3のような不自然な変遷の原因を探るために、供述調書に含まれる心情的な語句を抽出し、元被告人の心理状態や取調べ状況を理解する作業に取り組んだ。具体的には、テキストマイニングツールが備えている「評判分析」という機能を用いて、供述調書に現れる「好意的な表現」と「否定的な表現」を抽出する作業を行った。

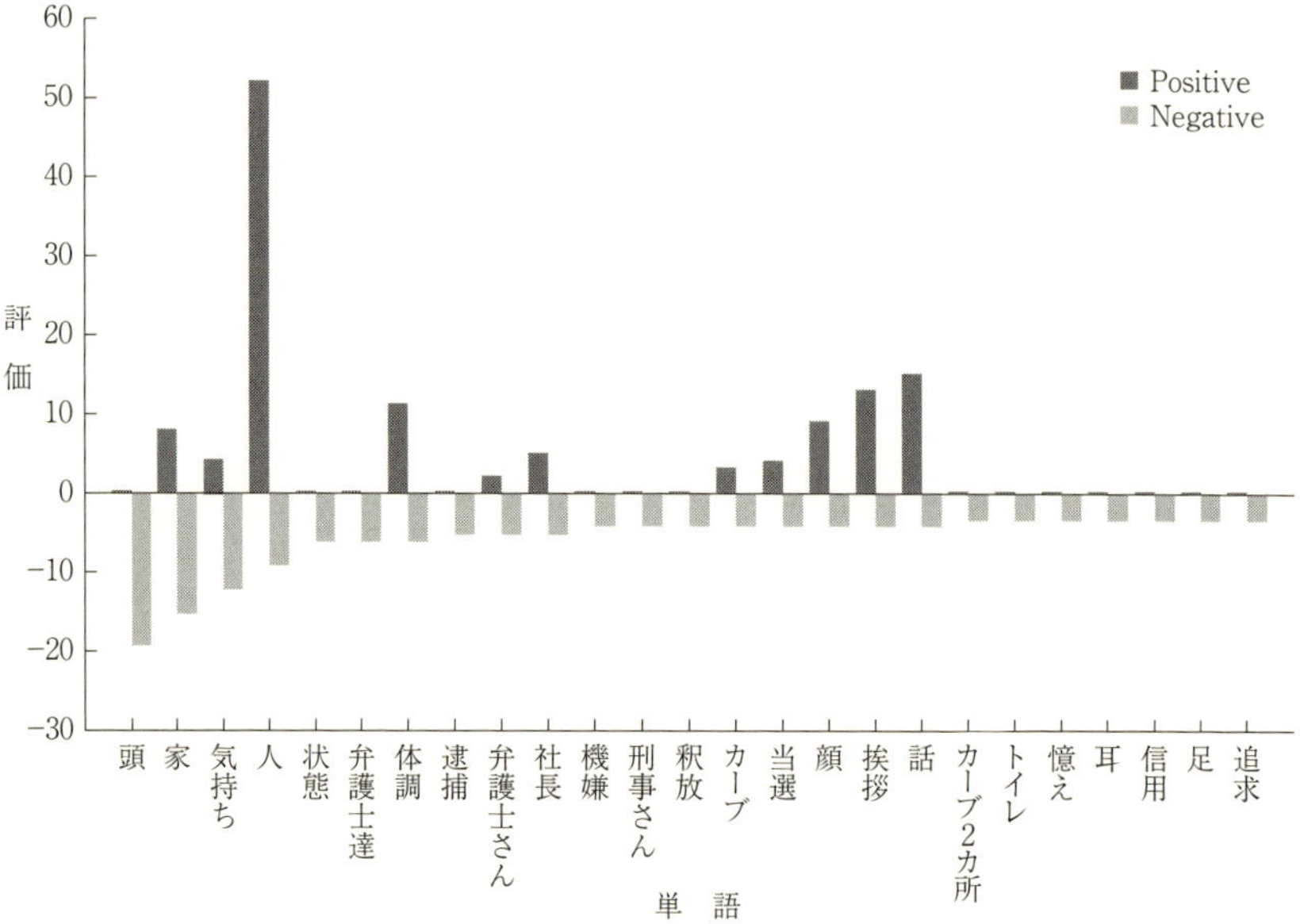

図4　供述調書に対する評判分析の結果

この分析の結果は**図4**の通りである。

図4から、供述調書の中では、「頭」という単語が、何らかの否定的(negative)な語句と一緒に出現している頻度が高いことが明らかになった。さらにこの「頭」という単語を含む係り受けを抽出したものが**図5**である。ここでは、「頭—痛い」、「頭—下げる」、「頭—整理」、「頭—混乱」、「頭—ひねる」という係り受け表現が、比較的高い頻度で出現していることがわかる。

(4)　原文参照による詳細確認

次に筆者は、「頭—痛い」、「頭—混乱」といった係り受けを含む原文を調書から抽出した。その結果、元被告人A氏は、取調官から「犯行を認めろ」と言われた後、弁護人からは「認めるな」と言われ、「どっちに従えば良いのかわからず、頭が混乱しました」と述べていることが調書に記されていた。また調書には、「取調官から繰り返し認めろと迫られ、頭が痛くなりました」といった趣旨の発言も記録されていた。調書には、「頭」という語句に関わって、元被告人A氏の長期にわたる混乱や苦悩が相当な回数で記されており、A氏が、長期間にわたって「ダブルバインド状態」(二つの矛盾するゴールを突きつけられ、解決できないでいる状態)に置かれていたことが推測された。筆者は、このようなダブルバインド状態が、図3に示されているような自白と否認が頻繁に切り替わる結果を引き起こしたという仮説を立てた。

(5) 元被告人本人への確認

さらに筆者は、テキストマイニングから得られた「ダブルバインド状態での供述変遷」という仮説の妥当性を確認するため、A氏本人にインタビューを行った。そこでA氏は、取調官から、全く覚えのない会合や金銭の授受について繰り返し認めろと言われたこと、そのことについていくら否定しても全く聞いてくれなかったこと、一方弁護人からは否認すべきだと言われ、否認しても取調官からは自白を執拗に迫られ、精神的に追い詰められていったことなどを語った。また、その結果として自白と否認が繰り返し出現したことについても、概ねその通りであったという回答が得られた。これらの経緯から、筆者は、テキストマイニングツールによって、不自然な供述の変遷や、その変遷を生み出した取調べ状況の異常さを「可視化」できる可能性を強く感じた。

いずれにしても、元被告人をこのようなダブルバイ

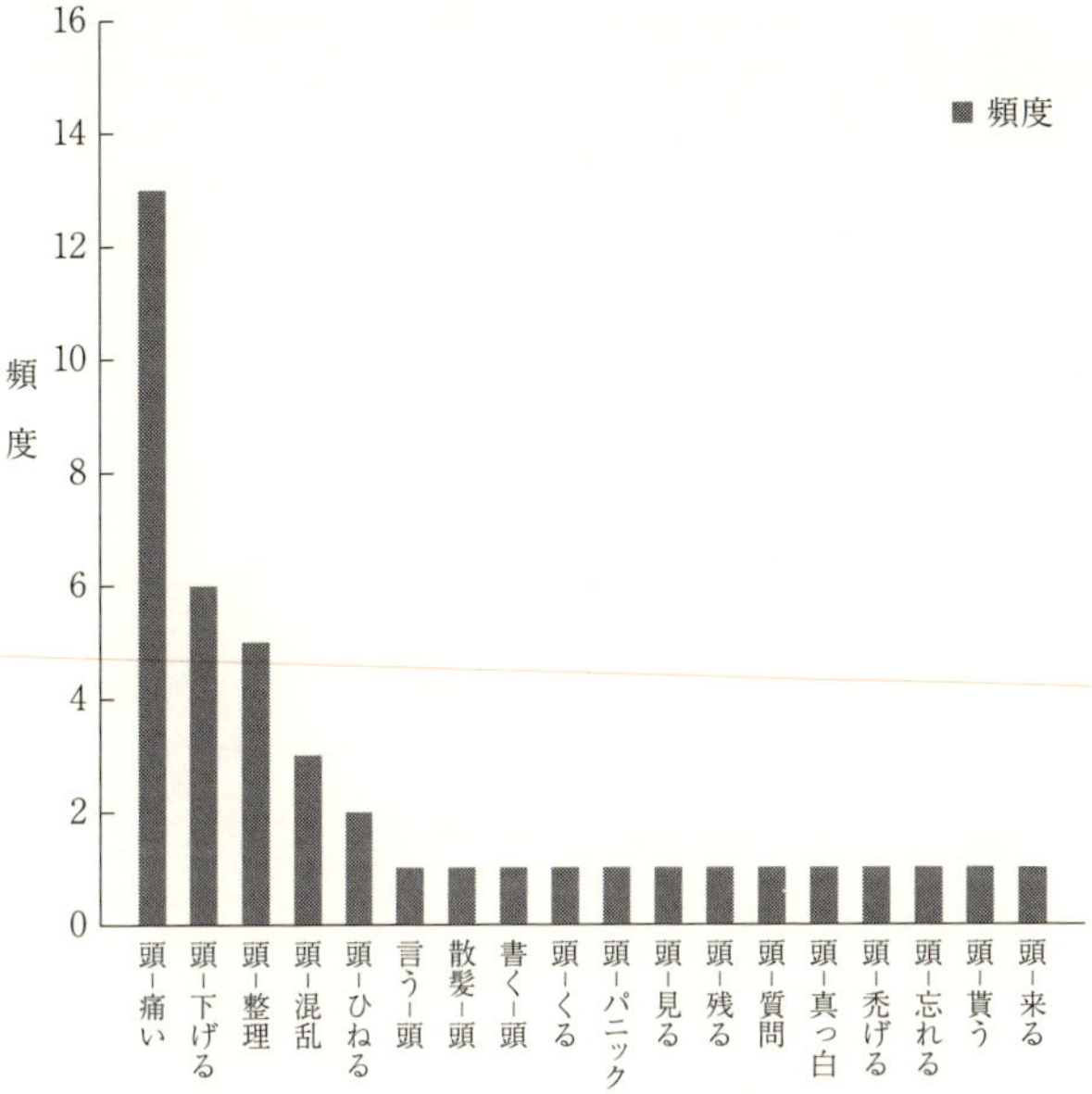

図5　供述調書に対する注目語分析の結果(注目語表現:「頭」)

ンド状態に陥らせ、さらに虚偽の自白を含む供述調書を読み聞かせ、署名・捺印までさせたという行為は、任意性に基づく公正な取調べの手続きの規範を大きく逸脱していたと言うべきであろう。筆者は、志布志事件の損害賠償訴訟における意見書の一部において、テキストマイニングを用いた分析結果をもとに、本章で述べた意見を裁判所に提出した。

三　供述の三次元視覚表現による可視化

1　質的アプローチによる供述の三次元視覚表現と可視化

これまでは主に、テキストマイニングによる二次元での視覚表現を用いる分析手法について述べてきた。さらに、供述を三次元の視覚表現として表すことで、供述に含まれる複雑なストーリーを分析する手法や技術の確立に対する取り組みも行われている。

山田らは、刑事事件に関わる供述調書を、供述心理学および質的心理学などの質的アプローチによって三次元視覚表現に変換し、可視化を支援する手法の開発に取り組んできた(山田・斎藤・浜田・指宿、二〇一一、山田・サトウ、二〇一二)。この手法では、①現事件の時間の流れ、②供述の時間の流れ、③事件の争点、といった三つの次元に基づき供述を分析・整理し、その結果を、立方体の形で視覚化するツール KACHINA Cube(斎藤・稲葉、二〇〇八)を用いて可視化する作業が行われる。山田らは、これらの手法とツールを統合した名称として、「ＫＴＨキューブシステム」という用語を用いている。ＫＴＨは、以下の三つのツールおよび手法のイニシャルを組み合わせたものである。

K：立方体による視覚化ツール「KACHINA Cube」(斎藤・稲葉、二〇〇八)

T：質的心理学における複線的な時間の流れを記述する手法「TEM」(サトウ、二〇〇九)

H：浜田寿美男氏によって開発された浜田(Hamada)式供述分析手法(浜田、二〇〇一、二〇〇五)

さらに山田らは、KTHキューブシステムを用いて、供述の時間的な変化・変遷や複数の対立主張を三次元的に視覚化し、裁判員の理解を促進する研究に取り組んできた。数週間、時には数カ月にわたって続けられる取調べの過程では、被疑者の供述が二転三転したり、事件によっては、複数の被疑者が矛盾する供述を行う場合もある。さらに裁判では、自白供述だけでなく、検察側の論証を支える証拠や、それと対立する弁護側のさまざまな証拠も提示される。KTHキューブシステムによって、こうした複雑な証拠・証言を直感的に理解し、より公正・公平な司法判断を支えることがこの研究のゴールである。

図6は、ある強盗殺人事件を参考に、山田らが実験用に作成した供述データをKTHキューブシステムによって視覚化した例である。山田らはまず、浜田式供述分析の手法を用いて、供述における変遷を把

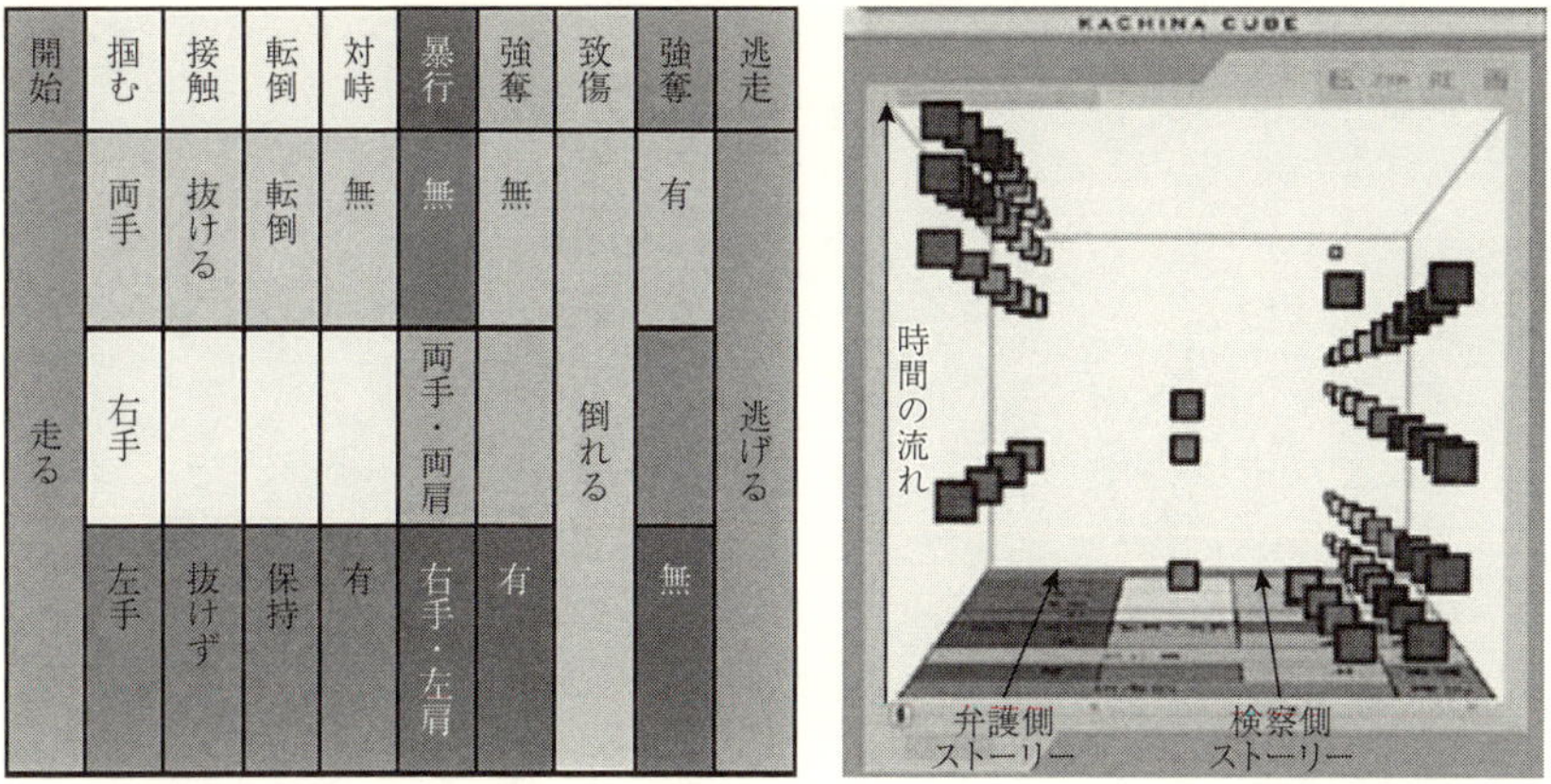

図6　KTHキューブによる供述の可視化(左：概念マップ，右：キューブでの視覚化)
出所：山田・サトウ(2012)

握した。次にTEMを用いて、検察官と弁護人の主張の対立の構図や事件の経緯の中で起こり得た複数のストーリーの枠組みを整理し、概念マップを作成した(図6左)。そしてこの概念マップと、供述が録取された時間をもとに、KTHキューブシステムの中に供述をプロットした(図6右)。

図6右の立方体中の小さな四角(フラグメントと呼ばれる)は、供述調書の中の原文に対応している。立方体の下方から上方にむかって、取調べの時間が流れている。立方体底面の左側は弁護側のストーリー、右側は検察側のストーリーに該当する。このような視覚化によって、一貫して弁護側ストーリーに従った供述を行った者、あるいは最初は弁護側ストーリーを語っていたが、その後検察側ストーリーに変わった者がいるということが理解できる。

このような視覚化の結果、供述に不自然な変遷があることが判明した場合、どの時期の誰の供述調書をチェックすれば、変遷が起きた理由や文脈を知ることができるかを迅速に見つけ出すことができる。そして自白や否認という結果だけでなく、自白に至るまでの変遷を含めた供述の全体を俯瞰することで、合理的な司法判断を下すことが可能になる。現在山田らは、幾つかの刑事事件の弁護団から依頼を受けて、実際の事件に関わる供述調書を分析し、KTHキューブシステムでの可視化を試みている。

現在、KTHキューブシステムによる分析手法は、質的データ分析に準拠した枠組み、つまり分析者が文章を読んで理解し、概念マップを作成し、それに基づいて作成された立方体の中に供述をプロットするというアプローチが用いられている。この手法では、供述の細かいニュアンスまで含めて細密な視覚化ができる反面、供述の理解やプロットに時間を要することや、分析者の主観性が入り込む余地が大きいという課題がある。一方、テキストマイニングによる分析は、コンピュータによって自動的にテキストデータを分割し、出現頻度などをグラフ化するという、量的データ分析に近いアプローチを用いている。このアプローチでは、恣意性の少ない客観的なデータを得られる反面、コンピュータだけでは、語句の正確な意味を文脈に基づいて把握することが困難であり、また方言や短縮形のような、

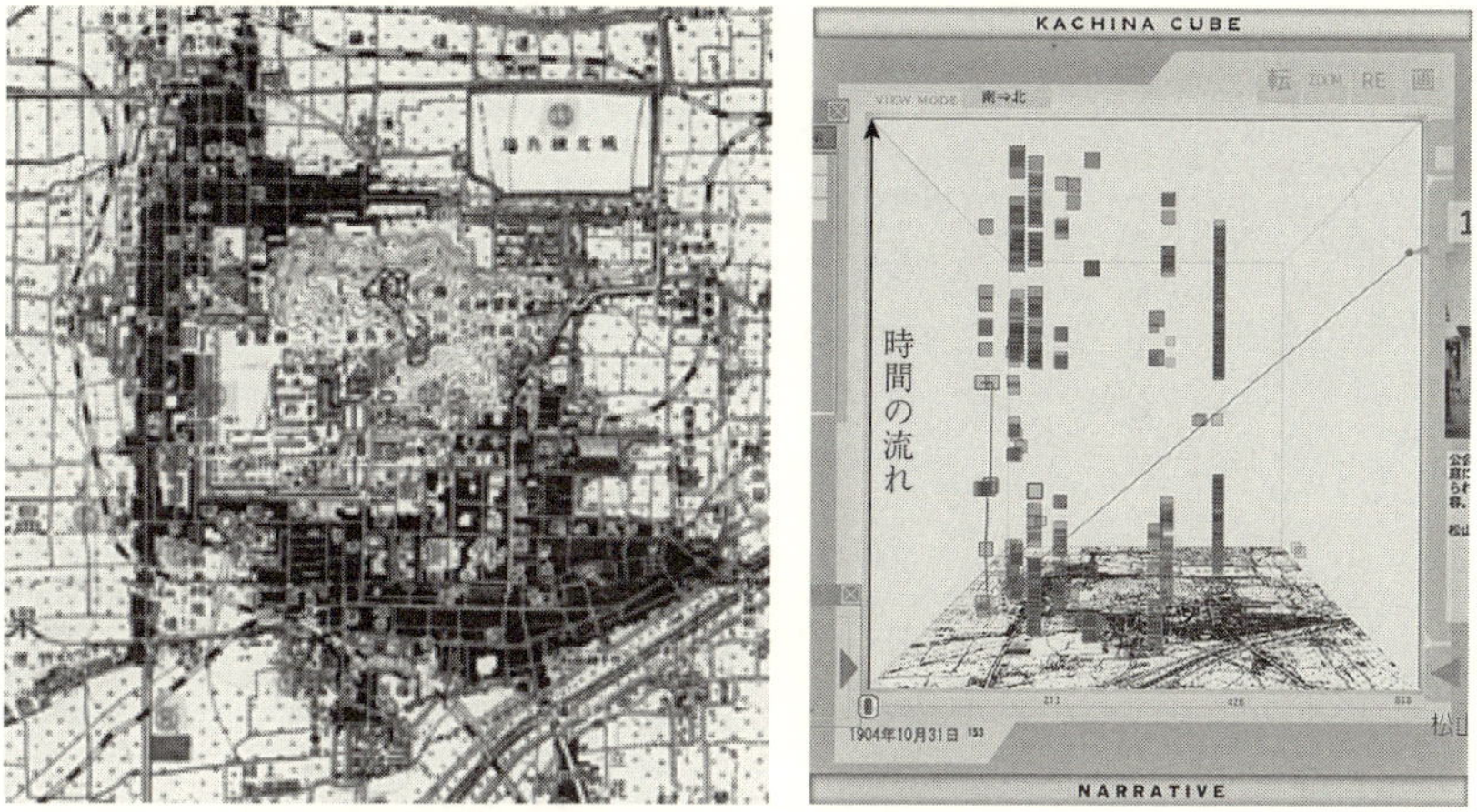

図7　時空間情報に基づく３次元視覚表現の例
（左：日露戦争期の松山市地図，右：新聞記事の３次元視覚表現）
出所：斎藤・大野・稲葉(2009)をもとに作成

辞書にはない日本語を扱うことにも限界がある。

現在筆者らのグループでは、このような質的アプローチと量的アプローチ双方の利点と欠点を考慮した上で、それらを統合した新しい三次元情報可視化の手法と技術開発に取り組んでいる。また、音声認識技術などを活用することで、取調べの録音・録画データを効率良く分析する方法についても研究中である。今後さまざまな事件やデータの分析を試みることで、「森と木の両方」を見る司法判断を支える分析手法と技術の確立に取り組んでいく予定である。

2　時空間情報に基づく三次元視覚表現と可視化

以下では、筆者らのグループが取り組んできた、また今後の発展を目指している、時空間情報に基づく三次元視覚表現による可視化の例を紹介する。

ここで示す例は、刑事裁判での供述を対象とするものではないが、テキストマイニングによる分析と三次元視覚化を組み合わせた例である。**図7**は、日露戦争期に松山市に収容されたロシア人の戦争捕虜に関する当時の新聞記事（『海南新聞』に掲載された一九〇四年三月から一九〇五年一一月の記事）をテキストマイニングによって解析し、そこに含まれる日時と場所(あるいは施設名)を抽出した後、KACHINA Cubeを使って三次元視覚表現に変換した例である(斎藤・大野・稲葉、二〇〇九)。図7左は日露戦争期の松山市の地図である(戦争捕虜収容所として使われた場所には番号が振られている)。図7右は、抽出された時間と場所情報に基づき、新聞記事をKACHINA Cubeの立方体に布置した結果である。立方体の縦軸は時間を表しており、立方体の中のフラグメントは、それぞれの新聞記事に対応している。

図7右を見ると、中央部でフラグメントが極端に少ない「空隙」があることがわかる。これは、戦争捕虜に関する新聞記事がほとんど出現していない時期があることを示している(本図では確認しにくいが、実際は一九〇四年一二月から一九〇五年二月にかけての期間)。この空隙の理由についてはまだ明らかにできていないが、他の歴史資料を調査した結果から、この時期が日本軍による「旅順占領」と重なっており、そのために捕虜に関する記事が控えられた可能性が見えてきている。

このように、時空間情報に基づいた三次元視覚表現を用いてテキスト情報の分析を行うことで、いつ、どの時期に話題が集中しているのかといった情報が可視化されるだけでなく、空隙による「見えないことの可視化」からの知識発見ができる可能性も拡がる。

おわりに

本章では、供述の可視化において「森と木の両方」を見ることを支援するため、筆者らの取り組みを中心に、コンピュータを用いた情報可視化技術とその手法について概説した。またこれらの技術・手法の志布志事件での適用事例を紹介し、さらに刑事司法における情報可視化技術の展望について議論した。

最後に、情報科学の視点から、本章のこれまでのさまざまな議論をまとめる形で、日本の刑事司法が取り組むべき二つの方向性について述べたい。

その一つは、「森と木の両方」を見る刑事司法を実現するために、日本の刑事司法において情報化をさらにすすめるべきであるという点である。日本の刑事司法ではこれまで、容易に書き換えができない紙媒体によって真正性を担保し、署名捺印といったアナログの認証手段を重んじてきた。そのため、他の業界に比べて電子化・情報化が大幅に遅れていると言われてきた。しかし、長期の取調べによって発生する膨大な供述調書や、何年にも及ぶ裁判記録といった資料を効率よくマネジメントし、そこに含まれる情報を俯瞰する手段を用いなければ、偏った情報をもとに判断をせざるを得ず、公正・公平な刑事司法の実現がいつまでもできないという状態が続くのではないだろうか。

刑事司法の情報化が進む米国では、近年「犯罪科学での可視化(forensic visualization)」(Trifas, Brown, & Francia, 2007; Ma, Zheng, & Lallie, 2010; Osborne, Thinyane, & Slay, 2012)という用語が用いられ始めている。この用語には、これまで述べてきたようなテキストマイニングや三次元視覚化手法だけでなく、地理情報システム、コンピュータによる社会ネットワーク分析、コンピュータ・アニメーション、バーチャルリアリティ技術など、近年急速に発展している情報技術を用いた可視化が含まれる。日本国内でも、コンピュータグラフィクスの技術は犯行状況の再現などに一部用いられ始めているが、さらに多様な情報技術が供述の視覚化に用いられることで、リアリティのある形で供述の全体像を可視化することができ、より公正・公平な司法判断が可能となると考えられる。

本章が提起するもう一つの方向性は、日本の刑事司法が伝統的に抱えてきたトンネル・ビジョンを解決しようとする意識を持つことの重要性である。刑事司法の情報化は、トンネル・ビジョンの解消の手段としては有効であるが、そもそもトンネル・ビジョンを持つこと自体が問題であり、それを改善しようとしなければ、形だけの情報化や技術導入にとどまってしまう。例えば我が国では、刑事事件の一部ではあるが取調べ過程の録画が実施され、その映像記録が司法判断で用いられ始めている。しかし最近のある事件では、長期の取調べの映像記録のうち最後の自白部分の映像のみを参照し、そこでの自白に信憑性があることを根拠に司法判断が行われた。これは、まさしく「木を見て森を見ず」の刑事司法である。取調べ過程の全体、そして証拠構造の全体を参照せずに司法判断をしてしまうトンネル・ビジョン的な発想は、情報技術の導入以前の問題として、根本から見直して行く必要があるだろう。

志布志事件に関わった経験から、「森と木の両方」を見るための情報技術の開発に取り組んできた筆者らのこのような問題提起が、我が国の刑事司法における情報化の進展だけでなく、刑事司法におけるトンネル・ビジョンの問題に対する根本的な省察のきっかけとなれば幸いである。

引用文献

浜田寿美男(二〇〇一)　自白の心理学　岩波書店

浜田寿美男(二〇〇五)　自白の研究——取調べる者と取調べられる者の心的構図(新版)　北大路書房

Hearst, M. A. (1999). Untangling text data mining. Proceedings of the 37th annual meeting of the Association for Computational Linguistics on Computational Linguistics, 3-10.

稲葉光行(二〇一一)　テキストマイニング　末田清子・抱井尚子・田崎勝也・猿橋順子(編)　コミュニケーション研究法(pp. 199-213)　ナカニシヤ出版

稲葉光行(二〇一五)　テキストを掘る——コンピュータによるテキスト解析　村山満明・大倉得史(編)　尼崎事件——支配服従の心理分析(pp. 229-244)　現代人文社

Ma, M., Zheng, H., & Lallie, H. (2010). Virtual reality and 3D animation in forensic visualization. *Journal of Forensic Sciences, 55* (5), 1227-1231.

Mazza, R. (2009). *Introduction to Information Visualization*. Springer.(マッツァ、R.　中本浩(訳)(二〇一一)　情報を見える形にする技術　ボーンデジタル)

Osborne, G., Thinyane, H., & Slay, J. (2012). VISUALIZING INFORMATION IN DIGITAL FORENSICS. Peterson, G. & Shenoi,

S.(eds.), *ADVANCES IN DIGITAL FORENSICS VIII*(Vol. 383, pp. 34–46). BERLIN: SPRINGER-VERLAG BERLIN.

斎藤進也・稲葉光行(二〇〇八) 地域の知を集める——協調的ナラティヴの蓄積による日本文化アーカイブの構築 情報処理学会研究報告 *2008-CH-78*(*9*)(pp. 61–68)

斎藤進也・大野晋・稲葉光行(二〇〇九) 時空間情報の可視化による「地域の記憶」の分析手法に関する研究——日露戦争期の松山市を事例として アート・リサーチ, (9), 115–122

サトウタツヤ(編)(二〇〇九) ＴＥＭではじめる質的研究——時間とプロセスを扱う研究をめざして 誠信書房

Shneiderman, B.(1996). The eyes have it: A task by data type taxonomy for information visualizations. *Proceedings 1996 IEEE Symposium on Visual Languages*, 336–343.

Trifas, M., Brown, D., & Francia, R.(2007). Building an automated computer forensic visualization system. In Callaos, M., *WM-SCI 2007: 11TH WORLD MULTI-CONFERENCE ON SYSTEMICS, CYBERNETICS AND INFORMATICS, VOL IV, PROCEEDINGS*(pp. 265–270).

山田早紀・斎藤進也・浜田寿美男・指宿信(二〇一一) 自白供述分析の三次元的視覚化システムにおけるテクノロジー——法学、心理学の融合のかたち 法と心理, *10*(1), 107–109

山田早紀・サトウタツヤ(二〇一二) 供述調書の理解を促進するツールの有用性の検討 立命館人間科学研究, *25*, 15–31

●執筆者紹介

中川孝博（なかがわ・たかひろ）　國學院大學　刑事訴訟法

石塚章夫（いしづか・あきお）　弁護士

山本登志哉（やまもと・としや）　発達支援研究所　文化発達心理学，法心理学

豊崎七絵（とよさき・ななえ）　九州大学　刑事訴訟法

今村　核（いまむら・かく）　弁護士

守屋克彦（もりや・かつひこ）　弁護士

中島　直（なかじま・なおし）　多摩あおば病院　精神科医

大倉得史（おおくら・とくし）　京都大学　発達心理学，保育学，法心理学

村山満明（むらやま・みつあき）　大阪経済大学　臨床心理学，法心理学

大橋靖史（おおはし・やすし）　淑徳大学　認知心理学，法心理学，犯罪心理学

厳島行雄（いつくしま・ゆきお）　日本大学　認知心理学，応用認知心理学

稲葉光行（いなば・みつゆき）　立命館大学　情報科学，学習科学

●責任編集

浜田寿美男
1947年生．立命館大学特別招聘教授，奈良女子大学名誉教授．発達心理学・法心理学．

シリーズ刑事司法を考える 第1巻
供述をめぐる問題

2017年3月23日　第1刷発行

編　者　浜田寿美男《はまだすみお》

発行者　岡本　厚

発行所　株式会社 岩波書店
〒101-8002 東京都千代田区一ツ橋 2-5-5
電話案内 03-5210-4000
http://www.iwanami.co.jp/

印刷・理想社　カバー・半七印刷　製本・牧製本

© 岩波書店 2017
ISBN 978-4-00-026501-0　　Printed in Japan

変革期にある刑事司法に大胆にメスを入れる

シリーズ **刑事司法を考える**（全7巻）

A5判　上製・カバー　平均304頁

〈特色〉

▽刑事法研究者，実務家のみならず，心理学者，科学捜査など隣接分野の専門家や海外の研究者の参加も得て，変革期にある刑事司法をめぐる諸問題を深く検討.

▽冤罪被害者や犯罪被害者，法律家以外の刑事司法に関わる人たちの多様な声を広く集めて第0巻に収録.

▽近年，重要性が増している被害者の視点(第4巻)や刑事政策の視点(第6巻)を取り入れた巻をもうけ，日本の刑事司法システムをめぐる論点を幅広く網羅.

＊第0巻　刑事司法への問い……………………………………　本体2800円

＊第1巻　供述をめぐる問題………責任編集・浜田寿美男　本体3600円

第2巻　捜査と弁護……………………………………責任編集・佐藤博史

第3巻　刑事司法を担う人々……………………責任編集・後藤　昭

第4巻　犯罪被害者と刑事司法　……………責任編集・指宿　信

第5巻　裁判所は何を判断するか……………責任編集・木谷　明

第6巻　犯罪をどう防ぐか………………………責任編集・浜井浩一

＊は既刊

岩波書店刊

定価は表示価格に消費税が加算されます
2017年3月現在